小盘成长股
投资法

[美] 乔治·安吉尔 George Angell 著

肖凤娟 译

SMALL STOCKS FOR BIG PROFITS

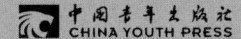

中国青年出版社
CHINA YOUTH PRESS

图书在版编目（CIP）数据

小盘成长股投资法 /（美）乔治·安吉尔著；肖凤娟译.
—北京：中国青年出版社，2023.2
书名原文：Small Stocks for Big Profits: Generate Spectacular Returns by Investing in Up-and-Coming Companies
ISBN 978-7-5153-6837-5

Ⅰ.①小… Ⅱ.①乔…②肖… Ⅲ.①股票投资—基本知识 Ⅳ.①F830.91

中国版本图书馆CIP数据核字（2023）第007780号

Small Stocks for Big Profits: Generate Spectacular Returns by Investing in Up-and-Coming Companies
Copyright © 2008 by George Angell.
Published by John Wiley & Sons, Inc., Hoboken, New Jersey.
This translation published under license with the original publisher John Wiley & Suns, Inc.
Simplified Chinese translation copyright © 2023 by China Youth Book, Inc. (an imprint of China Youth Press) All rights reserved.

小盘成长股投资法

作　　者：[美]乔治·安吉尔
译　　者：肖凤娟
责任编辑：肖妩嫔
文字编辑：宋希晔
美术编辑：杜雨萃
出　　版：中国青年出版社
发　　行：北京中青文文化传媒有限公司
电　　话：010-65511272 / 65516873
公司网址：www.cyb.com.cn
购书网址：zqwts.tmall.com
印　　刷：大厂回族自治县益利印刷有限公司
版　　次：2023年2月第1版
印　　次：2023年2月第1次印刷
开　　本：787×1092 1/16
字　　数：124千字
印　　张：15.5
京权图字：01-2021-1075
书　　号：ISBN 978-7-5153-6837-5
定　　价：59.00元

版权声明

未经出版人事先书面许可，对本出版物的任何部分不得以任何方式或途径复制或传播，包括但不限于复印、录制、录音，或通过任何数据库、在线信息、数字化产品或可检索的系统。

中青版图书，版权所有，盗版必究

目 录
CONTENTS

序　言　　　　　　　　　　　　　　　　　007

第1章　从小盘股获利　　　　　　　　　017

　　小盘股：下一个牛市 / 018

　　去芜存菁 / 021

　　隐藏的价值：小盘股的秘密武器 / 022

　　价值投资者 / 024

　　把握时机 / 026

　　小盘股赢大利 / 028

　　低位买入高位卖出 / 030

　　每只股票都有故事 / 033

第2章　从技术分析入手　　　　　　　　035

　　常用策略 / 038

　　何为技术分析 / 039

　　从哪里开始 / 041

　　支撑位与阻力位 / 042

　　K线与趋势线 / 043

　　"突破"形态 / 045

　　管理好突破形态下的交易 / 047

　　持续与反转 / 049

　　制胜K线 / 051

　　技术分析的真正价值 / 054

时机与价格 / 055

动量法则 / 057

何为做空者？他们如何影响股票价格 / 058

第 3 章　制胜策略　　　061

识别支撑形态 / 062

"三"的法则 / 066

动量操盘 / 067

逆势操作法则 / 069

正确判断趋势阶段 / 073

个别观察 / 074

发现金子 / 078

底部反转 / 082

激进买入 / 084

何时减仓并退出 / 087

趋势性强的股票 / 091

趋势性弱的股票 / 093

反弹理论 / 094

判断反弹时机 / 100

买入时机 / 107

确保低风险买入 / 115

第 4 章　把握买卖时机　　　131

季节因素 / 133

如何结合牛市与季节因素 / 139

如何构建震荡指标 / 140

动量分析 / 144

操盘筛选 / 145

止损交易 / 150

移动平均线 / 152

　　把握市场时机是可能的吗 / 153

第 5 章　首次公开募股　　　　　　　　155

　　基本概念 / 158

　　公开发行程序 / 159

　　如何看懂招股说明书 / 161

　　何为冷却期与路演 / 162

　　后续事项 / 164

第 6 章　公司内部人士的买入　　　　　　167

　　何为内部人士 / 168

　　如何跟踪内部人士的轨迹 / 169

　　小盘股的优势 / 171

第 7 章　小盘股选股策略　　　　　　　　175

　　资产股与概念股 / 176

　　基本指南 / 178

　　基本要点 / 180

　　资金管理 / 183

　　收入与收益 / 184

　　现金流分析 / 185

　　价格销售比分析 / 186

　　资产负债表基本分析 / 187

　　理解投资收益率（ROI）/ 190

　　债务分析 / 191

第 8 章　期权　　　　　　　　　　　　　193

　　基本概念 / 195

期权要项 / 196

如何入手期权交易 / 197

如何运用期权成交量准确判断走势 / 200

交易法则 / 204

第 9 章　通往成功之路　　207

价格低落且不景气时买入 / 209

买入后关注冲高回落信号 / 214

表现不佳的股票 / 220

永远在支撑位买入 / 221

放量下跌信号 / 224

建立赢家思维 / 230

投资者的操作清单 / 233

展望未来 / 239

关于作者　　243

序 言
PREFACE

大约10年前,我度过了我投资生涯中最幸运的一天。那天,我接到拉斯维加斯一个以投资小盘股为生的人打来的电话。我们讨论了一下市场行情并交换了市场信息。打电话的人问我是否去过拉斯维加斯。当然!我每年都要去一次。我喜欢赌一赌体育项目,有时也玩一玩掷骰子游戏。实际上,我已计划好下个月去那里继续我的赌城之旅。他提议我们在拉斯维加斯见个面,一起吃午饭。我在心里默想了一下我们谈话的内容,然后就把这事搁下了。

5周后的一个上午,我打车去了他在拉斯维加斯的办公室,与他共进午餐。由于我们对市场的讨论过于酣畅淋漓,还一起吃了晚饭。那一整天都在谈论一种让我大开眼界的投资——买卖小盘股,它是我目前最热衷的投资。在随后的几年里,我们投资了大约6只股票。事实证明,每一只股票都盈利颇丰。其中,一家总部位于温哥华的小型矿业公司第一量子矿业公司(First Quantum Minerals,FM.TO),后来从只有80分加元一股(买入时)飙升到每股超过100美元!其他的股票——主要是矿业、博彩业、生物技术和石油业——回报率虽然不是那么高,但价值至少翻了4倍或5倍。他不断按9%的比例买入这些鲜为人知的公司的股份(为了低于内部人士10%的报告限额),因此,他拥有的公司股份通常比公司的高层管理人员和董事会所拥有的股份总和还要多。显而易见,他赚了几百万。当然,因为我的投资较为稳健适中,也就赚得相对较少。但就在最近,他的一只股票,由于在安大略省的地产上发现了黄金,一天之内涨幅竟高达42%。长此以往,我甚至不再对这些惊人的数字感到惊讶。但我明白了一件事,那就是:永远不会有什么能和我投资这些小盘股所得的回报相比。

他的秘诀是什么？其实没有什么秘诀，除了努力工作。作为一个坚定的价值投资者，他在他所买的一切东西中都寻求隐藏价值。很多时候，这些小盘股都有极强的增长潜力，只不过大多数投资者都太盲目了，不愿意冒险去买一只潜力不确定的低价股。不信的话，你打开美国全国广播公司财经频道（CNBC），看看他们整天推荐的股票。你很难在其中找到一只6个月内价值翻三四倍的股票。然而这样的涨幅在小盘股的世界里却是家常便饭。此外，由于种种原因，投资小盘股的回报才刚刚开始。未来3年，由于企业家们会在替代能源、生物技术开发和技术领域寻找新的机会，我们将会看到小盘股的价格出现前所未有的上涨。这些新兴的创业者将通过发行新公司的股票来融资，他们新公司的财富和股价无疑会增长。在投资界这个激动人心的时刻，小盘股的赢利才刚刚开始。

对于有意投资这些新兴股票的投资者来说，挑战仍然艰巨。如何选择一个赢家？事实是，许多机会都存在于新成立的公司中，这些公司都未经检验，并且从来没有赚过一分钱。任何人都可以要他们的经纪人推荐一只派息的蓝筹股。但你如何为别人的梦想定价呢？毫无疑问，总会有人能制造出更先进的"捕鼠器"。我还记得20世纪60年代，大学教授跟我们说，"高保真音响设备"是最先进的CD播放设备。而如今，我买了一个只有火柴盒那么大的iPod，小小的，却几乎可以装下我所有的——占据我大部分多媒体收藏空间的CD。谁敢保证现在没有更好的"捕鼠器"制造者，能够利用从未有过的技术开发出全新产品？因此，股票投资者面临的挑战，是如何找到这些潜在的机会，因为一旦成功，那些收益将足够震撼。

为什么还要写这样一本关于股票市场的书

我阅读股票、期货，以及期权交易相关的书已经40多年了。事实上，我曾经写过十几本关于华尔街的书。但是其中没有一本能够使我像在芝加哥交易所经过两周的学习后那样成为一名场内交易员。理论是一回事，用你的钱去冒险投资又是另一回事。

不久前，当我在附近书店浏览众多投资类书籍时，我注意到大多数给投资新手的善意忠告是多么的无用。这些书告诉投资者要分散投资，似乎那才是寻找最佳股票的答案。事实上，这种方法是一种"意大利面"方法，就是把一大捆湿的意大利面甩到墙上，看哪些能粘住。类似的投资类书籍对共同基金或平均成本投资法大加赞扬，使你不自觉地随意买入，尽管你有选股方面的知识。这类书都是告诉你，你买入股票后市场将会上涨。为什么从一开始就买入劣质股票呢？股票有多种方式显示它们的特征。其中一种是一家从前很平稳的公司突然经历巨大的股票成交量。还有其他技术上的线索。但是一只股票的特征可能会从一些简单的事情上凸显出来，比如公司管理层和董事会成员过量买入公司股票。这些与公司密切相关的内部人员，往往会在市场变化之前买卖大量股票。而对于知情者来说，他们能够看懂这些内部人员的动向。这样难得的迹象值得投资者好好琢磨一番。当你这样考虑时，你只需要少量几只好股就可赚大钱。

在本序言接下来的部分，我试图总结出一些寻找价值被低估的低成本股票的最佳方法。如果你相信的是传统的投资方法，那么很可能你学到的知识会受到冲击。就像任何一个行业，奶油只会冲向顶部；只有少数人会赢得最大份额的利润。其他的人只能争夺奶油剩下的部分。出现这种现象的原因在于人的心理作用。并非大多数人想要在股票市场上赔钱，而是大多数人过于厌恶风险以至于他们肯定赔钱。在存在底部购买机会的情况下，大多数人都愿意等待，直到他们的利润是确定的，也就是说他们的交易成本得到确定的补偿。一旦每个人都知道一只股票值得买入，并且这么做了，那么，这只股票的价格肯定下跌。看看人们在股票价格峰值买入的热情吧！

投机与确定之事：克雷研究公司（Cray Research）的故事

今天股票市场大多数成功的公司都是由最初很小的公司创建的。你不断听说微软百万富翁的故事，是因为他们在公司的初创期，价格非常便宜的时候买入了股票。但是通过投资微软这样的股票赚大钱的机会已经结束了。这样的股票，曾经造就了几百个百万富翁，但如今却走势不振。玫瑰已经凋谢了！大机会已经逝去。规则是你必须做到更为前瞻。

一位纽约大学的学生毕业后进入了经纪行业，他给我讲了一个真实的故事。当我思索这个故事时，我发现，找到一只好的投机股票实在是有价值。毕业后，这个朋友在纽约做了一名经纪人。在纽约工作几年后，他决定到加州拉荷亚（La Jolla）的一个经纪公司任职。由于刚到西海岸，他有什么业务就做什么业务，同时，他一边写书，这本书后来渐渐记载的是高净值人士的投资，他们很乐意在投资基金上投入上百万的资金。对于他来说重要的一天到了，这一天一位退休教师出现在他的办公室，希望投入1万美元买股票。这位朋友推荐了一个刚创立的高科技公司，就是克雷研究公司，一家专门研究计算机的公司。我的经纪人朋友一方面向这位退休教师介绍，投资克雷公司是一项有风险的投资，很可能会损失所有资金。另一方面，他告诉退休教师有很大的反转机会。当时，鲜为人知的克雷公司股票只在柜台市场交易。这个市场专为那些不被人所知，不够资格进入主板市场的公司股票交易提供场所。当然，多年之后，这个柜台市场魔术般地变成了现在的纳斯达克市场。

经过仔细考虑之后，退休教师同意购买这只股票并填写了一张1万美元的支票。这只股票就这样被买下，放在了退休教师的账户上。

若干年过去了。

由于专注于高净值客户，这位经纪人朋友停止了与退休教师的联系，集中于为他的高净值客户寻求可观的股票投资机会。他的业务不断增长，事业发达。最后，经过几年辉煌成功之后，这位经纪人朋友决定离开经纪行业，开立自己的公众公司。就在离开之前，他给所有客户打电话，告诉他们他的决定。

就在他打电话给退休教师的一刻，奇迹发生了。

"哦，你好！"退休教师回应道，"我不准备投任何股票了。"

经纪人朋友向退休教师解释道，他不是劝买股票的。他只想告诉退休教师，他将离开公司，另一位经纪人将接管他的账户。

"你说什么？"退休教师质问他，"这只股票一文不值了。甚至连报纸也不再登载这只股票了。"

"一文不值吗？"经纪人朋友告诉他，"你在说什么？你拥有了整个克雷公司了。"

"是吗，报纸上没有这只股票了。"退休教师坚持道。

"报纸上没有吗？"经纪人朋友说道，"去拿报纸来我们一起看看。"

退休教师果真拿来了报纸。经纪人朋友解释说，这只股票在过去几年里已经拆分过许多次了，现在是在纽约证券交易所交易了，不在柜台交易了。实际上，退休教师的股份，当时的价值已经超过一百万美元了。经纪人朋友说，要是他的话，他会卖掉股份，然后投入共同基金。退休教师不能相信这一大笔财富。这事过后，每逢节日，经纪人朋友都会收到退休教师寄给他以表达感谢之情的几大筐水果和糖果。

经纪人朋友后来了解到，这一百万美元的巨大财富改变了退休教师的生活。每次讲到这个故事的时候，经纪人朋友脸上都会露出自豪的神情。

隐藏的"珍珠"

发现克雷公司这一类的机会正是本书的宗旨。不久前，我重新翻阅了《2007年最优质的小盘股》(*The Best Small Stocks for 2007*)那本书，细查了其中一些我推荐的股票的业绩表现。其中，FNX矿业公司（FNX Mining，股票代码FNX.TO）的股票从10美元一股涨到30美元一股。Zix公司（股票代码ZIXI）的股票经历了几次放量飙升，凸显了它的潜力，其价值在过去的一年已翻倍。Beas系统公司（Beas Systems，股票代码BEAS），一家软件制作公司，其股价快速从14美元一股涨到19美元一股。Equinox矿业公司（股票代码EQN.TO），一家在多伦多股票交易所交易的矿业公司，其股价从不到1美元涨到4.7美元一股。当然，我以一美元左右的价格所购买的股票，也是我去年一年所持有的股票，Pelangio矿业有限公司（股票代码PLG.TO），其股价现在已经超过了4美元。这些股票的共同点是，它们都是小盘投机股，投资者人群中很少有人跟踪它们。它们现在在全世界，通过显示屏向投资者显示。最重要的是，在所有人关注它们之前就发现它们。

在本节的余下部分，我概括了几个有助于我们跑赢市场的关键因素。我们不仅必须掌握哪些股票我们可以买入，我们也必须知道如何买入。时机是市场中的核心因素。此外，预备不够充分的买入不一定会带来灾难。我们可以逐渐降低平均成本，这在股票市场职业人士中可谓是一种具有久远历史的传统做法。

本书中我首先强调了进场技巧。一般的原则是：市场会告诉你什么股票将退场出局。简单地讲，你必须知道需要查看哪些因素。此外，如果我们知道查看哪些因素，一旦某只股票想离场，也会给我们提供低风险价格入场的机会。我们看一下北门矿业公司（Northgate Minerals Corporation，NXG）。这只股票在跌至2美元时，市场一片尖叫，这是最好的进场机会（实际上没有任何下行风险）。现在这只股票的价格是3.35美元。

本书还大篇幅介绍了基于时间检验的支撑位和阻力位的计算。这些方法与专业的场内交易员所使用的相同，我们也应该会使用。股票形成支撑位有一个原因。投资者认为，在这个支撑位上股票才值得买入。这是为什么我们太需要了解支撑位和阻力位了。

关于资金的管理这个问题，本书以直白的方式进行了介绍。任何人都有可能是轻率的，只能在少数几个幸运的交易上赚钱。但是专业人士尽可能少地将初始资金落入风险，而是通过使用小钱，使它们在市场中越滚越多来以小博大。你会惊讶地发现，有人会那么笃信，尽管股票价格一再波动，你也不会受到损失，因为你把种子资本投在了第一轮上涨之前。总之，专业交易人士能够非常熟练地运用这一简单的策略。他们一而再，再而三地重复着这个策略。低风险是他们成功的关键。

每一个成功的交易员都会告诉你，在过往的投资中犯下了许多错误。在这一方面，我也不例外。但是我发现，从错误中汲取教训是最好的学习方式。一味的成功容易滋生过度自信。然而，如果我们想要幸存，那么，面对失败，我们必须反思不足，并加以纠正。通常，有一些红线会警示我们哪里出了问题。本书对这方面的问题进行了讨论。但是，不幸的是，真正的教训必须从实践中一手获得，如果你进行交易一段时间，你就会明白这一点。

无论何时，只要可行，我都尽量用真实股票的例子来表明操作原理。在许多例子中，如果我曾经交易过，不论好坏，我都会对所发生的事加入我个人的观察。当大多数投资者疯狂出局的时候正是进场的好时机，对于这一点，我深信不疑。一年又一年，我看到很多人因错误地选择了进场时机而陷入痛苦之中。我们知道，市场中存在从众心理。学会看懂这一点可以使我们在一系列市场动荡和崩盘中站立得住。在接近底部的价格买入股票，然后等待买入的股票如预期飞涨，这是多么令人高兴的事啊！掌握时机的确是一切交易环节的总纲。它是如此重要，以至于我安排了一整章讲述它。

投资者所面临的挑战，是在投资圈还没有发现一只股票时，你已经掌握了这只股票的情况。一开始，你不一定会完全掌握你所持有的股票的情况。但是，如果你对它进行研究，你就会发现，一个公司的真正价值在于它的潜力，而不是技术分析师和专家们所称道的那些东西。这就是为何我能够在第一量子矿业公司（FM.TO）的股票直奔每股100美元之前，以1美元的价格买入。同样，我也能够在和信超媒体（Gigamedia, GIGM）的股价飞涨之前发现这只股票。请记住，每只股票都有它的情况和特性。问题是我们如何发现有潜力的股票。

对于初学者，我安排了一部分对崩盘的技术分析内容。懂得技术分析的基本要素是投资者制胜的关键。同样，如果你想知道何时买入一只股票，更想知道何时卖出这只股票，那么，掌握K线的特征、时间和价格的计算，也是非常重要的。我安排了一个部分介绍最有把握制胜的K线图。但是我们要记住，专业投资者很少猜测股票，而是基于对价格走势图的分析，判断股票何时启动上涨，这些价格走势特征对于有识别能力的投资者来说表现得非常清楚。

我安排了最长的一章为读者解读那些最有可能帮助你获胜的策略。股票中的许多陷阱我们必须避免陷入。我们深信，是不同的观点形成了市场。但是，让人大为不解的是，大多数网络上的股评是多么的不准确。我所购买的百思买公司（Best Buy）的股票就是一个完好的例子，这只股票一路狂跌，以至于这些股评专家们也感叹沃伦·巴菲特也不知所措了。当然，人们都喜欢投资确定的事情。这也是为什么当一只股票出现在美国全国广播公司财经频道时，我早已从这只股票出局。

选股的关键是区分弱势股和强势股。基于此，我安排了一个部分讲解如何建立和运用"交易过滤器"。你会惊讶地发现，当你运用于实战时，你的策略很容易微调，使你很快成为获胜者。

本书安排了一个短章讲述首次公开募股的基本知识。对于一些投资者来说，这些知识可能是吸引他们的专业知识，但是，对于大多数投资者来说，这些知识不一定是关注的焦点。

我最感兴趣的一个主题是内部人士的买入。当你看到一只股票迅速下跌，同时，公司内部人士大量买入，这表示这只股票的下轮行情是上涨。将投资者震出局也是股票市场的惯常手法。问题是，如果"聪明的资金"正在买入，这个时候就有可能是最糟糕的卖出时机。你常常会惊讶地发现，当负面新闻将股价拉下的时候，所谓的经济基本面在一夜之间就改变了。通常，公司内部人士知道公司的真实情况。对于他们来说，何时买入何时卖出并不是投机，他们确定将会发生什么，就好比乔治·布什在卖出他的小型石油公司股票时，他已经知道公司发生了大面积亏损，只是这个大面积亏损的消息还没有向市场公开。幸运的是，总有一些方法可以跟踪内部人士的轨迹。

最后，本书简要介绍了股票期权，包括如何根据期权成交量来判断股票买入和卖出的时机。我们也可以利用期权来获得某只股票的杠杆。

最后一章综合了前面各章的因素。请注意Pelangio矿业放量下跌至每股30美分！我持有这只股票，如今这只股票每股超过了4美元！有时候买卖小盘股只是因为有趣！但是，我们是因为要实现获利的交易。

备注

本书竭力使所列的股票及其价格都准确无误，同时也提请读者知晓，本书并不是在为某只股票背书，或推荐某只股票。投资成功的关键在于把握时机。本书的手稿完成于本书出版的好几个月之前，因此，未能按照股票现在的价格来解释买入或卖出的时机。读者可以将这些股票当作相应策略的展示。不需太多费力，读者就可以找到自己的股票了。

最后，本书旨在为对买卖小盘股感兴趣的投资者提供起步学习的帮助。本书未包含提供法律、会计或其他专业服务，对于读者的投资，作者和出版商均不担责。

第1章

从小盘股获利

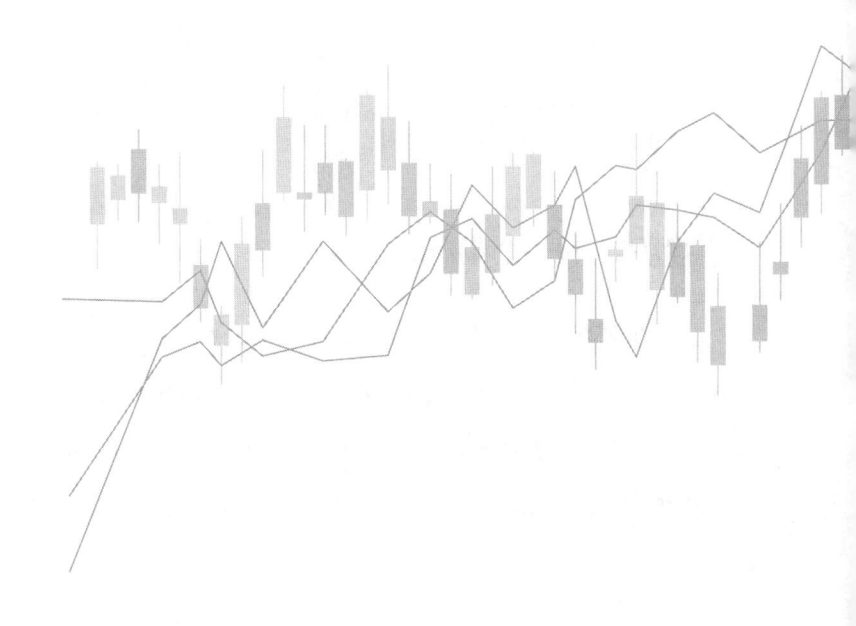

第 1 章

几乎在任何基准下，小盘股都是华尔街新的价值所在，而且也越来越成为加拿大多伦多卑街的新价值所在，在这里有一些世界范围内交易的涨幅惊人的低价股票。不仅如此，在未来的几年里，你将发现这些隐藏的宝石，这些俗话中说的璞玉，会引领指数的增长。我这样说不带有任何虚情假意，因为考虑到目前低迷的投资环境，不可避免地会发生投资周期的变化和小盘股爆炸式的增长。

小盘股带来了一种底部价格的投资机会——一种并非每天都有的机会。我们都知道市场最高点的期望值最高。但是现在，因为市场期望并不理想，对于精明的投资者来说，将大量低迷公司按照明显低估的价格收入囊中的条件是成熟的。便宜的股票，低迷的股票，低价股，小盘股——无论你想要把它们称作什么，它们是下一个新的赢家。问题是：你会以起步价格购买它们吗，还是你选择等待，直到它们的价格升到一套房子的价位再买呢？

小盘股：下一个牛市

现在对市场的认定很简单：随着指数已然再创新高，现在的问题不是下一个牛市是否会出现小盘股价格的激增，而是什么时候出现价格激增。回顾过去，我们可以发现大量的历史证据支持低价股未来持续的爆炸性的增长。譬如，相比于价格更高的同类股票来说，小盘股历来有着惊人的收益。在过去的一个10年期里，小盘股以10倍的优势胜过大盘股。至于收益百分比，小盘股也总是领先。近一年来排名前10的低价上涨股价值增幅超过了261%。在同一时期，排名前10的标普上市股票收益率勉强达到15.5%。

当你从数字的角度来看时，你会发现为何投资者偏好低价股。作为一名投资者，你可以花费5000美元购买5000股价值为1美元的股票（不包含佣金），也可以购买100股价值为50美元的股票。价格为1美元的股票每股价值增长50美分，可以得到2500美元的总收益。那也就是50%的收益率。然而，同样每股50美分的收益增加在每股50美元的股票上，只能得到50美元的总收益。为使价值翻倍，每股价值为1美元的股票仅仅需要上涨到每股2美元。而为了获得同等的收益率，每股50美元的股票需要以每股100美元的价格交易。现在问你自己哪种情况更可能发生：每股1美元的股票上涨到2美元，还是每股50美元的股票增值到100美元？

投资者不情愿随大流购买高价股票解释了为什么成功的公司经常会一分为二拆分股票。通过股票拆分，将股票成本从每股60美元减半至每股30美元来向投资者提供双倍数量的股票，这些公司可以使更多的投资者参与进来。

投资者对于小盘股的热情可能会出于更多原因而不单单是由于低廉的价格。小型公司更有可能刚刚起步或者处于发展的早期阶段。这使得公司有可能存在更大的发展潜力。而且相比于初创的小公司，老牌公司在实现同等水平的增长上困难更大。相应地，当它们的老大哥在实现两位数的增长都有困难时，低价股能达到原有价值的两倍、三倍的增长。小型公司的股票价值实现成倍增长的情况并不少见。

然而，有时候，这些低价股公司经常被忽视。人们偏向于那些久经考验的股票，可能是发放稳定红利的蓝筹股。结果就是，这些低价股中隐藏了许多价值。这些是我们需要去寻找的股票，有点像挖掘藏在矿井里的金矿。毫不奇怪的是，许多小盘股事实上是矿业公司，它们的资源埋在地底下。

几年之前，我恰好发现了这样一只股票，当时一位朋友推荐了一家在多伦多

第1章

股票交易所交易的鲜为人知的公司。尽管公司总部设在加拿大不列颠哥伦比亚省的温哥华，第一量子矿业公司（FM.TO）实际上是位于赞比亚的一家未被发现且资产丰富的小型铜矿公司（见图1.1）。它的隐藏价值就在于其储备资源仍在地底下。当时其股票换手仅需80分。3年之内，铜资源牛市的出现推动该股票价格上升至超过每股48美元！

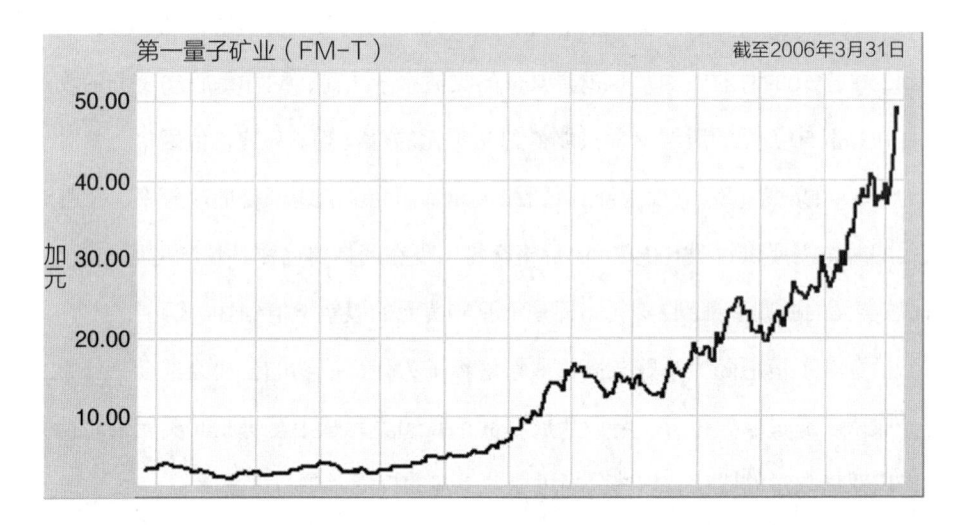

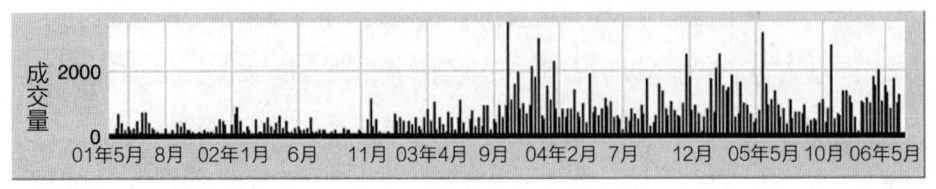

图1.1 第一量子矿业
来源：多伦多证券交易所

尽管这只股票涨势已过，你可以相信还有许多类似的机会。而且，机会并非局限于某一个或另一个部门。你可以在矿业、生物技术、科技或者其他数十个行业获得厚利。机会是无处不在的！

去芜存菁

在接下来的内容中，我将阐述一些关于如何最好地确定小盘股价值的概念和理论。我将详细地说明两种最受欢迎的、不同于传统市场解读的方法：基本面分析和技术分析。我的方法是根据价格、价值和市场行为找出便宜的股票。无论你将其称为购买低价股、便宜股，抑或是购买低迷股票，你需要找到被忽视的、有着丰厚回报的公司。我们不能找那些倒卖的股票。你的时间范围可以是几个星期、一个月，甚至几年。这都取决于你如何能最好地利用合理的价格增长。对于知道去何处寻找这样的股票的投资者来说，利润最高的是拥有远大前景的小公司，因此，我们将在这个领域集中精力。我期待你能找到容易理解和实施的行动指南。

你将学会如何评估和解释股票的表现；你会知道最好的买卖股票的时机。你也将了解为何一些股票不能达到预期的价值。你将发现隐秘的投资陷阱——几乎每个投资者最常犯的错误。

在过去的几年里，我几乎研究了成千上万只股票。有许多股票，乍一看认为其很有前景，但一经分析，却发现并不能达到我们选择股票的标准。我们从基本面角度和技术角度分析这些股票。例如，从一个超过1000只股票的样本中，你或许仅能选择50只股票来进行进一步的分析。进一步分析后的股票数量可能会折半，最终得到15到20只高概率股票。这项任务可能会使人望而生畏，但如果你想抓住最好的投资机会，这是必要的。

选择股票的关键标准是什么？你需要找到价格极具吸引力的小盘股票。所以，你可以将你的范围限定在10美元一股之内的股票。你希望公司能获得投资界一定程度的参与。所以你要把成交量考虑在内。

我尽力避免首次公开发行的股票，因为它们缺乏对做出明智决定至关重要的历史信息。这并不是说首次公开发行的市场没有好机会。首次公开发行市场是有好机会的，但是你必须知道寻找什么以及何时冒险。你将会在第5章得到更多关于首次公开发行市场的信息。

接下来是最重要的基本因素。这家公司究竟是做什么的？公司的商业计划允许它在接下来的几个月或几年里呈指数型增长吗？公司的管理是否健全？管理层是否有经验让一家相对较新的初创企业起步？如果公司存在了一段时间，是否有因素让它在未来腾飞？这样的问题还有很多。

在技术层面上，大量技术指标衡量了一只股票的表现是否优异。我不排除表现不佳的股票。但我们想知道股票不能达标的原因。

学习寻找什么样的股票需要花费时间。然而，一旦你理解了股票选择的关键准则，你将能够快速合理地判断一只股票是否可行。

隐藏的价值：小盘股的秘密武器

如果你想赚点小钱，正如老话所说，先从一大笔钱开始。然而，在小盘股的世界里，隐藏价值是赚一小笔钱的关键。公司拥有什么资本能够使其股价暴涨？在第一量子矿业公司的案例中，关键因素是其在一个政治不稳定的国家里存有大量的铜资源。尽管赞比亚当局近几年已经越来越亲商，它的一些邻国却并非如此。没有人想要投资一家有一天可能被收为国有的公司。

有时，关于股票发展潜力的线索可能是微妙的。在研究第一量子矿业公司时，我发现这家公司在与员工相处时保持着良好的记录。例如，这家公司经营着一家小医院来为员工提供健康保障。这对得出一个结论没有意义吗？一家关心员工的公司也会关注投资者的利益，没有哪家唯利是图的公司愿意克服困难来建造一家医院。这家公司计划在一段时间内保持医院的运转——这确实是一个积极的信号。

几乎在同一时间，《纽约时报》上出现了一篇有趣的文章，文章提到了南非私人高尔夫球场的激增。高尔夫球场和矿业的联系究竟是什么呢？似乎在早期的政治动荡中，私人高尔夫球场就随着其会员逃离非洲而关闭。通常情况下，这些私人俱乐部的会员包含非洲一流公司的管理阶层。这些专业的管理人士恰恰是产生商业收入所需要的人，然而由于政治动荡却被赶出了所在的区域。现在他们正在回归。根据《纽约时报》的文章，新的亲商氛围正重新引发该区域人们对于休闲活动的兴趣，高尔夫就是其中的一项。随着欧洲管理阶层的回归，新的一天开始了。

这种改变也许是不易察觉的，但我很快得出了逻辑推断。第一，这是一家有着大量未开发资源的公司。第二，这家公司似乎确实关心员工的福利。第三，高质量专业管理人员的涌入呈上升趋势，当地高尔夫球场的繁荣就是证据。

第四个要点目前还是未知的。金属（尤其是铜）价格的潜力是怎样的？如果公司果真如其所承诺的，那么一切都准备就绪就可以进行大量投资了。红色金属在全球的需求量加速上升。赞比亚铜业公司的股价从1美元以下上升到了超过26美元！

如果你正在寻找相似的成功机会，你就必须在其发展潜能显现之前感知到它。一个值得关注的方向是生物技术的初创公司。尽管显然充满了风险（几乎所有这些公司在初创期都没有盈利），但是当一种突破性药物或者诊断方法被引进，或者更好的是，获得当地管理当局的批准时，这些公司的股价往往能变为原来的两倍或三倍。以去年我持有的这样一只股票为例。生物技术公司Biomira（BIMO）在其一项药物研究得到有效裁决后，公司的股价几乎在一夜间从80美分直线上升到接近3美元一股（见图1.2）。

另一家专注于专有诊断器械开发的加拿大生物技术公司DiagnoCure（CUR.TO），在推出其专有的前列腺测试试剂盒时，同样迅速崛起，股价从1美元猛增到超过6美元一股（见图1.3）。与此同时，这家位于魁北克城的加拿大公司与位于圣地亚哥的Gen-Probe公司达成合作协议，后者专注于医疗诊断器械的销售和分发。

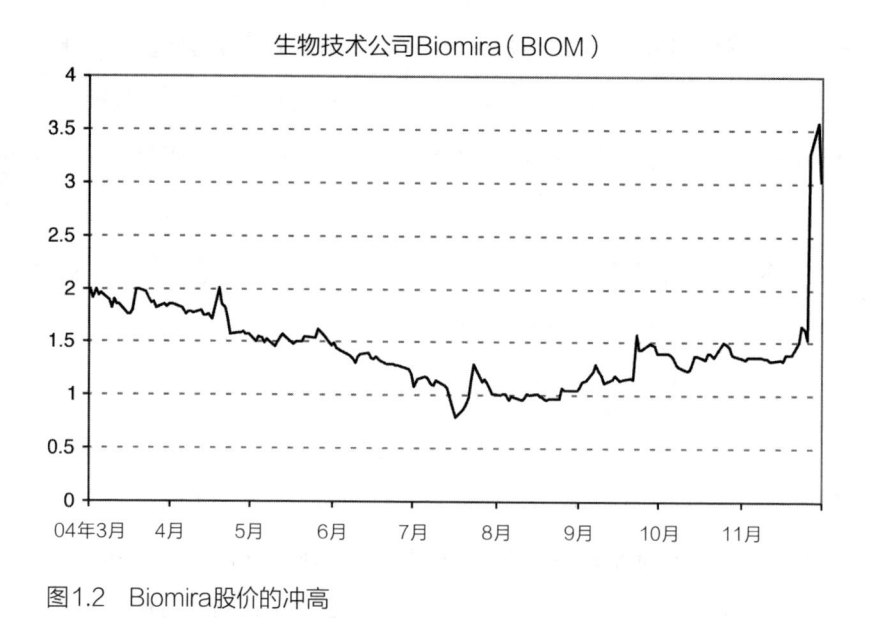

第 1 章

生物技术公司Biomira（BIOM）

图1.2　Biomira股价的冲高

就在最近，Gen-Probe公司已经成为华尔街的宠儿，股价连创新高。在DiagnoCure公司的价值被发现之前会需要很长时间吗？

这些公司是聪明的投资者就价值而言所应该寻找的公司的范例。如果你想在这样的股票中获得巨额利润，投资的时机是至关重要的。但是这些公司的股票是有潜力的——如果你在买卖股票时仔细考虑的话。与此同时，请记住：尽管出发点是好的，即使是最好的公司也会面临困难和障碍。很少有投资者能不被预料之外的收益报告打得措手不及。即使最好的公司也会偶尔表现不佳。所以盈利的道路并不是无忧无虑的。然而，如果你专注于发现公司的隐藏价值，你将在最后发现这样的公司往往能够带来盈利。

价值投资者

不久前，我和一位私人投资者朋友交谈。他的投资策略是：买入基本面良好但不被人所熟知的公司的股票。他自称为价值投资者，通常是在一家公司的消息

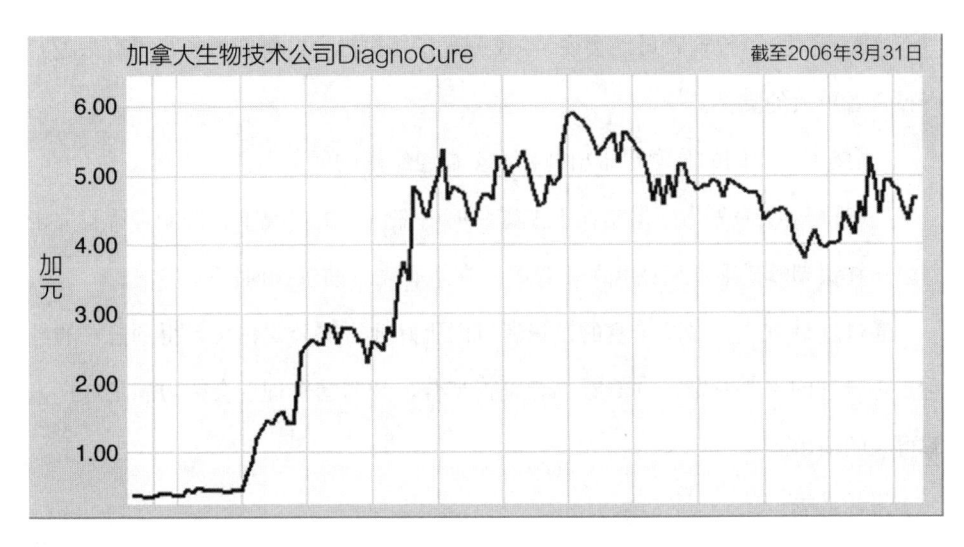

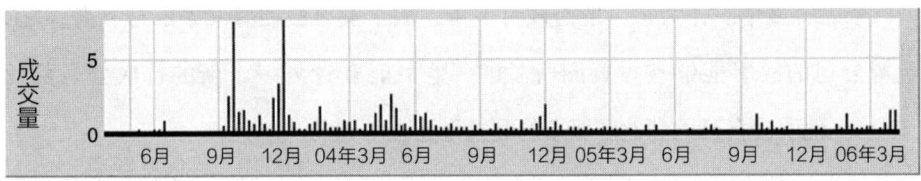

图1.3 DiagnoCure的涨势
来源：多伦多证券交易所

传出之前买入股票。

"这总是让我有点紧张，"他解释说，"当我买入时如果有很多人感兴趣的话。"

他的策略是购买尚未被发现的小公司的股票，包括有待验证资源的公司（矿产和石油公司）、新兴科技公司（生物技术），或处于热门行业（游戏）且有坚如磐石的资产负债表的公司。他可能会与某个有投资潜力的公司的CEO接触并邀请他共进午餐。当一家小公司的CEO看到某人将要在公司的股票上投资几百万美元时，你会惊讶地发现他是多么乐于接受这样的邀请。一位这样的投资者带到桌面上的不仅仅是他个人的投资资本，还有其资金充裕的朋友的资本。他是实实在在地支持公司的股票。

午饭期间，对话的内容总是会转向公司的隐藏价值。

第 1 章

"CEO先生，"投资者可能会说，"我一直在寻找机会，想知道您是否有兴趣获得投资者更大的支持。"

"当然了。我们的公司很难出现在大多数经纪商的屏幕上。"

"我理解，CEO先生。但是在不披露任何内部信息的情况下，您能告诉我关于您公司在银湖岭矿业经营的相关信息吗？在您看来，前景如何？"

通过这种方式，经验丰富的投资者可以更好地掌握公司情况，得到公司的经营是否合理的一手判断，并看看二者是否契合。开明的管理层会努力满足这样来源可靠的请求。

为什么呢？

原因有多个。作为很可能是成百上千、成千上万股便宜股票的持有者，CEO希望公司的故事能够被投资圈所了解。他可能在计划一个新的首次公开募股（IPO）。他明白自己的利益和股东的利益是连在一起的。

从投资者的角度，投资者需要在投入资金前回答几个问题。在这一阶段，与CEO的交谈可能仅仅是一次钓鱼式的打探。投资者需要首先了解公司的管理状况。他能相信这些人吗？他们看起来是前瞻的、坦诚的吗？他们确实拥有他们所说的东西吗？他们是否只是在放烟雾弹？总之，隐藏的价值在哪儿？

把握时机

如果在错误的时点买入，即使是最好的股票也会是糟糕的投资。为了决定何时买入和卖出，必须依靠价格走势的技术分析。技术分析，更像是一门艺术，而非一门科学，它能使精明的投资者发现苏醒前沉睡的巨人。几个月之前，我对几十只股票进行了粗陋的分析。按照我的标准，我迅速浏览股票走势图。很快，我发现了我一直在寻找的东西：经典的碗状或碟状图形。根据图1.4，一家鲜为人知的石油公司令人惊叹。"买！买！买！"

阿布拉克斯石油公司（Abraxas Petroleum，ABP）

图1.4 阿布拉克斯石油公司：已到买入时机？

几乎在任何衡量方法下，阿布拉克斯石油公司（Abraxas Petroleum，ABP），一家在美国证券交易所交易的公司，正蓄势待发。图形的样式是经典的买入标志。这只股票已经做了所有必要的蓄势调整。下一步就是股价的上升。我立刻买入了这只股票。

以低于1.50美元一股成功交易，这只股票在3个月的时间内股价翻倍。但这仅仅是一个开始。后来它以每股高达9.25美元的价格进行交易。

你可能从未听说过阿布拉克斯石油公司以及这本书中提到的很多其他股票。但请问自己一个问题：迪士尼（Disney）、IBM、摩托罗拉（Motorola）或朗讯（Lucent）——更不要说其他数十个备受关注的股票了——上一次在3个月之内价值翻倍是什么时候？很显然，这些股票一度成为华尔街的宠儿。朗讯经常在最活跃的股票榜单上居于前列，一度以超过80美元一股进行交易。最近，该公司的股票已跌至每股2美元。与其关注这些知名公司过去的辉煌，为什么不寻找在接下

第1章

来的几个月或几年里出现在头条新闻里新的——但未被发现的——低价股呢？

小盘股的百分比涨幅常常是在大盘股中少有耳闻的。过去12个月里，道琼斯大盘股仅仅上涨了5%，而记录小盘股表现的罗素2000指数（Russel 2000 index）足足上涨了24%。此外，对于知识渊博的投资者来说，他们不仅关注何时何地买入，也同样关心在何时获利出局。这都是买卖股票时机的问题。

投资者购买股票时是相当不耐心的。当投资者买入股票时，他们通常会认为在这只股票上的投资会引发股票价格的快速上涨。以低价股为例，它们经常处于低迷状态（通常是股价低的原因），公司的股价可能连续下跌几个月甚至几年，直到公司的基本面得到有效的改善，股价才能持续回升。低价股可能需要一两年的时间来形成底部模式。但好消息是，这种底部模式为持续的价格回升提供了坚实的基础。但是投资者必须保持耐心。

股价不会孤立地上涨。即使是最好的公司也会被消极的市场环境所击倒。高利率、公司利润的恶化、政府不计后果的财政政策等因素都可能给股票市场带来负面影响。但请记住，市场是周期性变化的。所以，今日的低价股会是明日的高价股。任何一个熟悉熊市悲观心态的人都很容易看到公司的基本面在一夜之间改变。快速浏览《华尔街日报》的头条新闻就能明白这个道理。上周"利率上涨带来股市暴跌"经常会在这周变成"公司利润提高带来股市飙升"。

时间因素对于明智的投资至关重要。有回报的投资需要远见来等待投资结果的出现。随着时间的推移，你很容易抓住机会在股价低点买入——一些把股市看作博彩、没有耐心、不知情的人会卖掉股票。

小盘股赢大利

低价股可以让你有能力买入大量股票，通常成交价格低于股票的真实价值。几年之前，一位朋友打电话说他买入了一家鲜为人知的矿业公司的100万股股票，当时在多伦多交易所的价格为每股1加元。弗吉尼亚矿业（Virginia Mines, VIA. TO）是典型的资产股。这是一家蓄势待发、坐拥资源的公司，股价会随着大宗商品价格的上涨而上升。这家公司的股票目前以每股15美元的价格交易——对于一家我能够以将近每股1加元，约合76美分购买的股票，这样的收益已经不算差了。参见图1.5。

图1.5 弗吉尼亚矿业：经典资产波动
来源：多伦多证券交易所

不久前，我和我的朋友站在他加拿大西海岸的海滨住宅外，看着他的草坪一直延伸到海边。风景十分壮丽，就像《了不起的盖茨比》里面的场景。

正当我们欣赏风景的时候，我的朋友转向我问道："你还记得弗吉尼亚矿业公司吗？"

"记得。你是第一个向我推荐这家公司股票的人。"

"弗吉尼亚这家小公司的收益支付了这个房子的一大部分钱。"

这是一个带来了巨大收益的小盘股。当你购买时考虑了隐藏价值，你的收益就是有保障的——即使不在今天，也一定在明天或者不远的将来。在你购买时，利润就已经存在了。这就是为什么隐藏价值法如此有利可图。使用这个方法，你可以串联起来一系列让人印象深刻的高收益股票。不久前，我回顾了这位朋友在8年之内推荐的一系列买入和卖出的股票。其中有6次主要的选择同时满足基本面和技术分析的标准。它们都成了赢家。当然，这几只股票都是从价格被低估的小盘股起步的。

最近，我读到了一篇内部人士写的股票报告，报告声称购买每股5美元以下的股票是赚不到钱的。事实上，据这位内部人士所说，大多数低于5美元一股的股票从未涨至5美元以上。在关于股票市场的众多误解当中，这种不惜一切代价避开低价股的态度只是其中之一。另一个误解是市盈率在选择股票时是特别重要的。事实上，一些最好的低价股还并没有任何收益！

很容易想到的两只股票是泰瑟国际公司（Taser International, TASR）和天狼星卫星广播公司（Sirius Satellite Radio, SIRI）（见图1.6）。它们还是低价股时，这两家公司都没有盈利，但是它们后来均股价暴涨！你难道不想在别人还没有听说过这样的股票时低价买入吗？

看一看泰瑟股票是如何从50美分涨到9美元的。

低位买入高位卖出

在低价股票中选择机会需要寻找独特的时机和有前景的基本面。几年之前，正值2000年的互联网泡沫时期，我发现一家矿业公司的股票以接近4美元一股的价格交易。自那时起，这只股票一路下跌至6美分，萎靡不振。当我发现这只股票时，它正以每股30美分的价格转手——增长至原来的5倍。不久后这只股票上

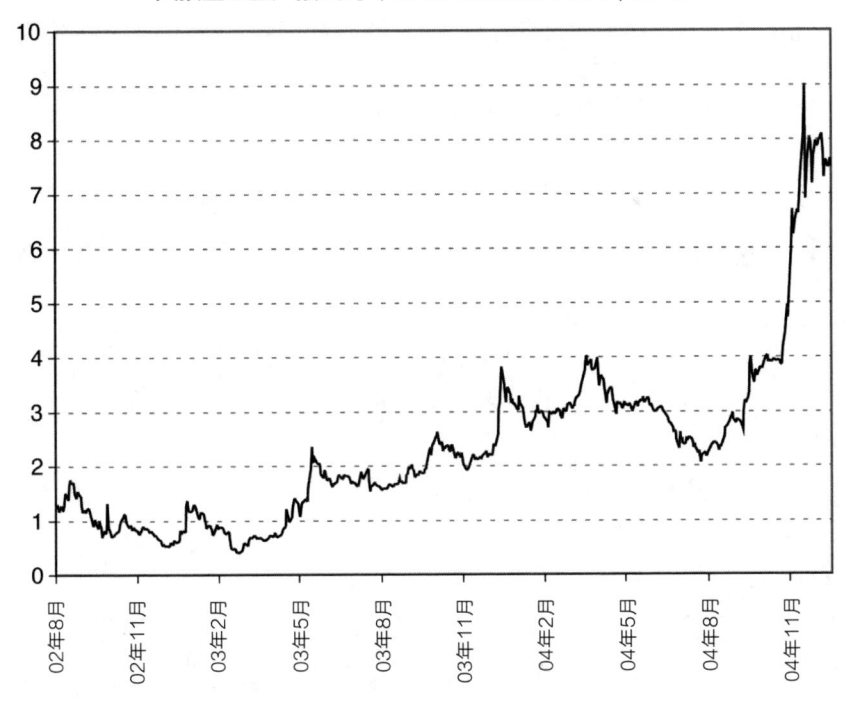

图1.6 泰瑟国际和天狼星卫星广播公司

第 1 章

涨至2.18美元一股。

当你持有新兴资产股时,隐藏价值通常藏在地底下。在这种情况下,公司的价值往往被投资界所低估或忽略。当你持有低价股时尤其明显,因为这些所谓的投机性股票有损华尔街专家的尊严,他们认为你应该买微软、摩托罗拉或者其他可靠的股票。华尔街人士甚至不会看一眼这些投机性股票,生怕会有进取心强的律师指责他们引导客户进行鲁莽的投资。具有讽刺意味的是,这些股票恰恰提供了最受欢迎的机会。

原谅我使用双关语,要找到这样的一家矿业公司需要一点挖掘的时间。又有一次,一位精通于发现鲜为人知的投资机会的朋友率先发掘出一只股票的潜力。这家公司最初的表现并不耀眼(见图1.7)。仅仅以每股15加分的价格交易,北猎户座资源公司(Northern Orion Resources, NTO)策划了一场10股合1股的反向拆股。在正常情况下,反向拆股对投资者来说是一个危险信号,因为这暗示着这家公司

图1.7 北猎户座资源公司

因为较低的股价面临退市。反向拆股立刻使价格提高，但是通常在这项挽回面子的行动之后，股价会下跌。在这个例子中，反向拆股意味着15加分的股票现在价值1.5加元——但是，请记住，现在只拥有原有股数的十分之一。股东现在拥有100股价值1.5加元一股的股票，而不再是1000股价值15加分一股的股票。[注意，北猎户座资源公司的股票随后在美国证券交易所上市；北猎户座公司随后被亚马纳黄金（Yamana Gold）公司收购。]

然而，这家鲜为人知的铜金生产商并非典型的反向拆股的可选股票。简要了解公司的基本面，我们能够发现公司正保持积极的增长势头。公司于近期获得了位于阿根廷西北部的阿卢姆布雷拉矿业公司（Alumbrera Mine）12.5%的股份。一方面因为阿根廷比索的瓦解，这家公司成为世界上运营成本最低的矿业公司。同时，全球铜的需求量急速上升。公司2004年在阿卢姆布雷拉的股份为4900万磅铜和71000盎司黄金。自那以后，更大量的金属资源被阿卢姆布雷拉矿业公司所发现。

这家公司的运行变得如此有利可图，很大程度上依赖于阿卢姆布雷拉矿业公司大发横财，以至于北猎户座获得了超过1.4亿美元的储蓄金。反向拆股18个月后，股票交易价格超过每股4美元，为股东和公司创造了丰厚的收益。我想强调我从这只小盘股中获利的时间已经很长了。但是在选股屏上仍然有其他有前景的公司。

每只股票都有故事

现在你可能已经知道，每只股票都有故事。我在这里仅仅突出了几只股票的故事。当然，关键是在故事变得广为人知之前发现它。你可能惊讶于一些最成功的股票的故事是多么平淡。谁能想到连锁五金商店发展成了家得宝公司（Home Depot）？或折扣的理念最终创造了沃尔玛（Wal-Mart）帝国？或者便宜的汉堡，

第1章

形成了麦当劳（McDonald）产业链？当然，我并不是在说，对于毫无戒心的投资者来说，投资不存在陷阱。马克·吐温曾经讽刺道，所谓宝藏，是指藏于地下的一个大洞，而上边还站着一个说谎者。对于无数的石油钻探企业，以及其他许多投资者曾蒙受损失的企业，事实同样如此。

当你开始调查一项投资的前景时，你或许并不能完全知道你拥有什么。但是这个故事就是去芜存菁的过程。当你发现一个未曾被人意识到的机会宝库时，你的回报就要到了。这就是我们的目标。

在本书接下来的部分中，你将看到我几乎不关注传统的选择股票的原则和指南。有一种可以找到我们正在讨论的具有隐藏价值的股票的模式，但是你不会看到财经频道的分析师对这些股票的评论。坦白来讲，电视上的评论专家认为这些股票太过投机，他们对于人人熟知的迪士尼、通用汽车、IBM和可口可乐更感兴趣。我很自信地说，这些高价的、备受推崇的股票永远不会超越低价股回报的百分比。当一只股票变得家喻户晓时，你可以打赌，它的故事已经进入了投资界的谈资当中。我们寻找的是未被发现的故事，也就是即将成为《华尔街日报》的头版报道的故事。

并非每个人都接受这种打破传统的观点。但是对于那些不愿意花时间在收益率低的股票上的激进投资者而言，这种专注和专业化的方法很有意义。

最后，你还必须明白，找到最好的机会需要艰辛的努力——和一点点幸运。让我们开始吧。

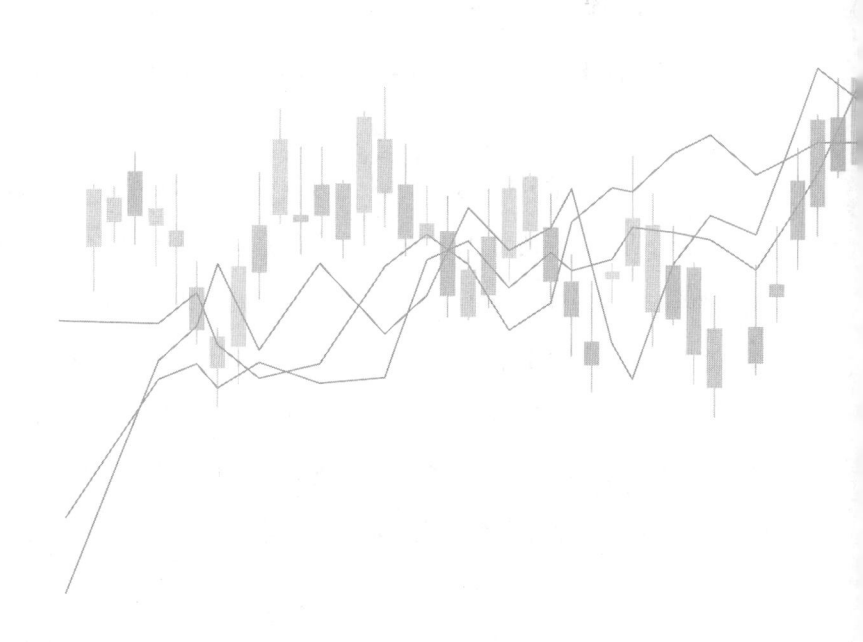

第2章 从技术分析入手

第2章

市场上，有两种分析股票的方法：基本面分析和技术分析。所谓的基本面分析，它关注供需因素在股票价格上的反映；而技术分析，则主要关注的是股价历史和走势形态。公正地说，大多数分析师都告诉你，他们在做股票分析时既分析基本面指标，也分析技术指标。而只有少部分分析师会承认他们只分析一个指标，并辩护说他们的方法是评估股票真实价值的唯一合理的方法。我个人更愿意接受中国菜单式融合的方法——将套餐A的一部分与套餐B的一部分相结合。

不论你最后选择了哪种方法，至少了解基本面和技术分析知识的一些梗概是十分有用的。我并不在这里尝试做全面讨论。相反，我只是列出我们之后将会涉及的材料的基础。如果你还没有接触过股票市场分析，也许这些材料能够满足你补充知识的需求。很多涉及深奥技术的好书都可以阅读。但在这一章，我们只涉及一些基础。

如果"技术分析"这个词听起来很深奥，不要担心。虽然技术分析师，也称图表分析师，有他们自己的命名法，但是这些神秘的名字，正如股票市场中不少奇怪的名字一样，是可以将其表达简略化的。技术分析师可能会谈论股票在突破上升三角后会遇到支撑或者阻力。如果在你读这个句子时感到困惑，大可不必。你只要掌握了这种语言，这些词语将非常容易理解。更重要的是，它们常常标记了一只股票在其价格显著变化前往复变动的重要区域。

那些具有数学天赋的人自然会被技术分析所吸引，而技术分析在某种层面上试图减少人们对某个特定数字价格行为的反应。由于股价表现孕育了太多的情绪，这个试图显然不太可能实现，但这并不妨碍技术分析的信徒对量化价格行为的尝试。

正如股票市场中常常发生的那样，有人在技术分析者的目标上故弄玄虚。正因如此，很多操作实际上很容易掌握，但新交易者常常会对这些操作感到恐惧，而实际上，真正的挑战仍然不过是在投机活动中下注。你可以学会如何看图表，但情绪却更能影响你最后的下注。毫无疑问，你能学会理解技术分析。但是说服你购买10000股你认为可能会亏空的50美分一股的低价股票却困难得多。而这只股票也可能会猛涨到3美元或4美元一股。但这并不会使那些看不到低价股背后价值的新交易者感到慰藉。

技术分析真正的任务是试图将一系列不同却彼此相关的指标捆绑在一起并想出一系列参与市场的策略。正因如此，技术分析，部分是艺术，部分是科学。技术分析者永远不能逃离基本面分析者的"用占卜预测未来"的说辞。当然，技术分析者也会反驳说，股票的供需参数都融合在股价里了。

技术分析在某种意义上只是在量化股价变化，是分析性地理解市场的最好方法。在理想情况下，当你进行市场技术评估时，你就是在与客观事实打交道，而不用依靠你有时波动巨大的情绪。举例来说，客观事实会告诉你，在遇到强力阻力之前上涨会持续多久。或者说，这些事实会告诉你，冲高后价格反向运动会持续多久。这些事实可以被收集与分析。一旦被理解，这些事实就可以为那些尝试赋予市场意义的技术分析者发挥作用。

分析者必须一直在乎那些指示市场风险的指标。不知道风险就像不知道身体哪个部位会长肿瘤的概率。而后者正是你的医生建议你进行年度体检的原因。另外，人们都知道风险常常和收益联系在一起。如果你追求的是安全，你的收益自然和那些把握了风险更高的投机机会的投机者不能相比。当你投资低价股时，收益可能在很短的时间中突破100%。但是有时候，低价股的购买者也可能买到将

第 2 章

要破产的公司的股票，而这时他们的整个投资都会损失掉。一般来说，只有对那些愿意承担潜在风险的人，高额的利润才是可得的。如果你想当这个游戏的参与者，记得要确保自己适应这些潜藏的风险。你可以在购买股票时采取一切手段降低暴露出来的风险，但是造成风险的因素不能完全被消除。也许最好的策略确实就是将风险当作投资体验的一部分承担下来。

常用策略

你也许需要将市场当作一个大悖论来认知风险。那是因为当你购买飞涨的低价股时，许多常用策略都会完全改变。你应该接受低价股有高额风险这个概念。难道投资一家正研发新科技的公司风险会更小吗？天狼星卫星广播公司就是我想到的一个例子。还是你更喜欢被投资界大肆炒作的可靠蓝筹股？某种意义上，你可以说这个思想来自圣经。"后发先至，先发后至"这一概念在低价高风险股投资世界中总是被证实。毕竟，那些不受欢迎或者被遗忘的投资很难成为华尔街的焦点。但购买底部附近的股票却非常明智，因为这就是你赚钱的地方——无人知晓的遗珠变成了家喻户晓的股票。

技术分析不受任何潮流的影响。华尔街中存在技术分析流派已经有125年以上了。过去那时候的铁路股票可能已经离我们远去了，但是那时蓝筹股的价格图表与今天生物科技的图表都是理想的分析对象。股票仍然在支撑位和阻力位区间盘整，它们也会如预期的形态突破并飞涨。数字就是数字，它们不会因为今天流行什么而改变。

技术分析会给你提供数据。剩下的问题就是决定应该跟随哪些数据做出判断。这并不简单。如果你对自己诚实，你会承认总是有两个方面的分析要做：一个是关于为什么股价会上涨，另一个是关于为什么股价会下跌。如果你只做一个分析，你就会被你对某只股票的喜爱或厌恶误导。偏好的不同会使股价移动。

然而你必须以明智的交易计划向前迈进。

交易计划是描绘你应该去向何方的蓝图。技术分析向你提供了规划这一蓝图的方法。在任何明智的交易计划中，你都需要行动指南来告诉你应该何时入场和撤退以接近你的既定目标。理解某只股票的技术情况能够使你估计成功或失败的概率。记住：成功的投资者并不是只挑那些完美的候选股，还要避免挑到那些出现变质迹象的股票。

事实上技术分析师确实面对很高的风险。如何将晦涩的随机指标和斐波那契数字与布林线和移动平均线结合起来？大部分分析师都会告诉你这相对比较简单，因为他们都喜欢自己的，常常是专用的指标。虽然这些指标都会在某天非常奏效，但真正的问题在于：它们在这之后还会有用吗？

技术分析常常在选择成功股票中扮演重要作用。但是只有当个人电脑大量普及之后，数据处理的过程才不再这么折磨人。50年前的人需要几周来分析一只股票，但今天你只需要几分钟。结果是金融交易系统的大量激增。更重要的是，它大幅推动了市场的效率提升。一些过去存在的机会现在不存在了，因为它们被那些借助电脑的机敏的投资者发现并利用了。

何为技术分析

基本面因素告诉我们关于一家公司的事实，而技术因素告诉我们它的股市曾经是怎么样的，它相对的优缺点是什么。简单地说，技术分析者研究的是价格变化。一个技术分析者考虑的是股票是在吸筹还是在派筹，空方力量是在上升还是在下降，长期趋势是上涨还是下跌，另外，其他表明股票健康与否的一系列指标也是技术分析师所考虑的因素。具备足够的知识后，技术分析者就会尽力在投资者中一马当先。一旦新闻被公开了，机会常常就溜走了，而"在甚嚣尘上时买入，在水落石出时卖出"可以作为技术分析者的箴言。

第2章

　　理想情况下，技术指标可以告诉你股票的价格会向什么方向变动。它们也可以向你指示什么时候应该进场或出场。利用技术指标进行交易的迷人之处在于无论你交易的是商品还是股票都不影响，图形都是一样的。低价股、高价股，甚至完全不是股票的东西的技术指标都没什么不同。期权、期货、股票甚至是房地产价格都能做成图表并且能被技术分析预测。如果你的标的物成交量足够大，并且显示为牛市的形态，不论标的物是什么金融产品，你都能赚很多钱。你只要记住带上你的脑子并且记住我们告诉过你的——技术分析部分是科学，部分是艺术。而比较难的，就是你需要判断什么时候相信其中艺术的部分，什么时候相信其中科学的部分。我们都知道，这是不容易做到的。

　　影响一只股票的基本面因素是一方面，而技术因素则是另一方面。但是第三个因素——心理，似乎总在操控市场，这和其他因素都不太相像。股价在20世纪90年代和2000年曾空前高涨，而随后的大跌展示了投资者心理是如何操纵市场的。在完美的世界里，股票会基于其基本面因素决定内在价值，并以此进行交易。但是实际情况却很少是这样的。相反，一只股票的价格常常与其真实价值有所差异，这是由投资者预期股票将会上涨还是下跌决定的。在投资者极度乐观的情况下，一只股票的价格会比其本来的价值更高；而当投资者对未来很悲观时，股票的价格就会低于它的价值。这些情况中存在机会，精明的投资者可以抓住投资者心理所导致的股价高于或低于其实际价值的机会。的确，购买低价股的基本原理，就是在股票上涨前抓住机会入场，然后静待花开。

　　理解技术分析的关键在于观察投资者对股价变动产生什么反应。你真的认为股票市场崩溃，比如在1987年10月发生的那场，真实地反映了股市背后的真实价值吗？为什么一家公司会在一天内损失数十亿美元？事实是，股票的标的公司没有损失价值，但是人们对于这家公司价值的实际认知在短期内发生了巨大改变。所有在1987年股灾中坚持下来的投资者，都等到了他们的股票恢复价值并涨到了更高的价格。因此，在长期，基本面因素会显露出来。但是在短期，我们需要技术分析来告知我们某只股票的价格是被低估了还是高估了。

从哪里开始

对于技术分析者最有用的工具是反映股票每日高价、低价和收盘价的柱形图。你可以用周线图来预测之后的情况，但这只是你的起点。经验老到的分析师最会看的应该是小时图或30分钟图，日线交易者应该经常查询5分钟图。对于绝大多数投资者来说，最好的起点是最基本的日线图，这个图用条形柱子反映每天的价格活动。

柱形图基本是由日价框架和位于其上面或下面的指标组成的。它们可能会比较复杂，所以我们最好只从价格和成交量开始。在过去，制图者需要在坐标纸上手工绘制他们自己的图表。幸运的是，这种日子已经结束了。借助今天的科技，你只需要输入你要查找的股票的股票代码以及你有兴趣研究的指标就可以了。电脑会把剩下的工作都做完。对你股票今天的交易情况感兴趣？你只需要让计算机显示柱状图。让我们来看一看，早上它涨了5美分，中午回落了2美分，并以11美分每股收盘。这张图表会清晰地告诉你它今天的表现情况。你可以轻松地获取5日图、1个月图、3个月图，或者6个月图。借助计算机闪电般的速度，你不会遗漏任何你需要的东西。当然，你的挑战在于如何"翻译"计算机呈现给你的图表。

不久之后，你就会开始发现股价和其影响因素之间的关系。拿股票价格与其成交量之间的关系作为例子。即便是粗略的研究也能发现高成交量会引发股票上涨或下跌。成交量低的缓慢下跌的股票和成交量高的价格崩盘的股票有很大不同。的确，你会说它们也会产生相反的信号。本书后面，我们会用成交量来讨论走势的具体细节。但现在，我们只是想说：不看成交量就谈论股票价格变动的可能性，就像是医生在没有见到病人的情况下就做出诊断。这也许是能够完成的，但是会有很大的风险。

第 2 章

技术分析师的任务是获取图表提供的线索。当成交量提高、价格上升后，抛售这只股票的行为，是意味着上涨行情已经结束，还是有人在获利吐盘？日线图常常揭示市场中隐藏的踪迹或者潜藏的力量。试着看出这些图表真正的意义才是最具挑战性的。

基础柱形图，正如我们之前提到的，结合了高价、低价、收盘价还有成交量的信息。在日线图里，一个条块表现了一天的价格行为。但是你能够放大日线图的局部，只看5分钟图或者1分钟图，你能看到，一个条块代表了更短的时间，这取决于你选择的时间长度。相反地，你也可以浓缩图表来观察周线图等更长时间范围内的图。选择由你自己做。虽然如果要详尽地看完市场里的所有图表，还有许多内容需要介绍，但你绝对不想只见树木不见森林。记住盲人摸象这个古老的故事。故事里面的每个人都只能接触到大象的一部分，所以都错误地认识了大象这个整体。

有很多不同的图形都会反复。某种图形可能会非常可靠，并且向你提供清晰明了的用于判断股价走势的信息。其他的图形不能表示那么清楚的信息，而只会显示一些小趋势。通过研究，你将会发现股价正在经历所谓的盘整区间，它们在这一区间内做准备以便冲高或冲低。让我们了解一下大部分基本的图形，技术分析者正是一直利用这些来做出他们买入或卖出的决定。

支撑位与阻力位

对支撑位与阻力位的讨论是开启技术分析的逻辑起点。支撑区间和阻力区间比起价格大幅度上升或下降的情况更为常见。支撑点是股票在下跌中反转并上涨前到达的低点。一只股票的上涨往往足以吸引卖家离场。增多的卖出力量（不论是获利吐盘还是抛空）常常会导致价格下跌到能让买者重新进入市场的水平。这些买者的购入会支撑股票的价格，股价便停止下跌。这样上下波动的走势就形成了支撑区间。

在区间的顶端，价格遇到了阻力位就会停止上涨——在这一点上卖者将会使上涨的价格停下。在阻力位上，购买这只股票的力量比售出这只股票的力量更小则价格倾向于滑低。简要地说，支撑位就是股价停止下跌的地方，而阻力位就是股价停止上升的地方。

扩展来说，支撑位和阻力位常常会调换身份。一个阻力位在被突破之后常常变成新的支撑位。相反地，一个支撑位被突破后也有可能变为阻力位。

适用于股票在支撑位上突破或暴跌的原则同样也适用于突破阻力位的情况。当一只股票将有大的价格变动时，它会突破阻力位到新的高价。这种突破的现象也说明了关于支撑位和阻力位的另一个很重要的论点。这和由来已久的低买高卖格言相反，在这种情况下，价格永远不会高到无法买进或者低到无法卖出。根据阻力位的定义，一只突破阻力位的股票成交量常常比正常范围更高。因此，为了参与这样一个变动，你必须在最近的价格等级之上买入这只股票。如果股票确实要上涨，这样做不会带来什么问题。但是正如你之后将会了解到的，这样的策略并不意味着没有风险。

K线与趋势线

大部分技术分析师使用的基本图表有三种类型。第一种是柱形图，一根柱子表现给定时间区间内股票的高价、低价和最终价格。一根柱子可以表现某一天的价格，在这种情况下其被称为日线图，它也可以展示更短的或更长的时间区间。你可以看到1分钟的柱形图，一个柱形代表交易中的每一分钟，或者是5分钟、10分钟、30分钟的柱形图，每种柱形图呈现的是不同的时间框架。在另一种情况下，你也可以查看一周或者一个月的柱形图。第二种图表被称为收盘价的折线图。这根线表示的是一段时间里的收盘价。第三种图表被称作烛台图。虽然它比较复杂，已经超出了我们讨论的范围，但你要相信很多技术分析者极其信赖这种制图手段。此外，还有一种称作点数图。这种图表同样超出了我们的讨论范围。但不论你使用的是哪种图表，你都需要对最基本的图表很熟悉。

趋势线提示的是当你跟踪股价时需要理解的最简单的概念。因为股票在上涨或下跌时倾向于产生趋势，技术分析者常常会引入趋势线来证明价格的轨迹。你只需要知道趋势线的一小部分知识。第一，趋势线是从上涨股票的低价或下跌股票的高价开始的。第二，当趋势线破了，它们就会保持破裂不再生效了，这就意味着趋势改变了，股票将由涨转跌或者相反地运行。第三，趋势线出现得越久，它就会越强力。第四，如果这趋势线非常陡峭，它就相对更容易崩溃。

作为一个刚起步的图表分析者，在你拿你的钱冒险之前需要看很多图形。这些图形告诉你什么？你能从中辨认出一个清晰的趋势吗？你能指出这个趋势什么时候会崩溃吗？这是股价变动的结束吗？借助经验，你会开始认识趋势、认识价格变动是如何黏附于某种上升或下跌的趋势的。

图表分析者对趋势线非常关注。当价格达到上涨的趋势线时，买者进场，他们认为这种趋势将会延续，所以购入股票。而不利的地方在于，一旦趋势线崩溃，投资者在趋势终止时的立即抛售是势不可当的。

作为总结，你需要记住以下几点内容：

基本规律。当价格开始形成趋势时，不论是向上趋势还是向下趋势，它就会形成趋势线。在上涨市场中，趋势线是从低点往上画的。而在下跌市场中，趋势线则是从高处向下画的。对趋势线的穿透通常被认为是趋势的结束——即使是暂时的。

将趋势线的突破视作市场信号。如果你考虑买入，你需要寻找的可靠图例是已经被击穿了的下跌趋势线。当价格下跌时，越来越多的卖家进入市场，将价格压得更低。一段时间之后，卖方势力消散，而投机猎人进入市场。持续性的股票吸筹只有在价格先停滞不动而后向上冲高之后才可能出现。市场的缓慢下跌可能会被几次恐惧性的抛售突然且爆炸性地加速。因此，图表分析者必须在绘制下行趋势线时足够小心。趋势线可能被突破，后面很快跟着又一个下降趋势。当然，对于上升趋势线，情况是相同的。

极端情况总是来得非常快。在长久的下跌趋势后的快速触底反弹，可能是价格之后冲高的关键。在底部，股票频频严重超卖；这意味着卖出股票的交易做得太多，而股票将会迎来强劲的反弹。

"突破"形态

突破是经典的牛市图形，它在买者数量大于卖者数量时出现。正如其名字显示的，在突破中股价会离开盘整区间。相反的熊市情况一般被称为崩盘。在突破中，股票的吸筹比派筹多，股票价值也会上升。突破常常会造成价格断崖，这时股票价格会在图形上留出一块空白的地方。图表上这空白的地方常被称为突破缺口。

突破是图表分析新手应该了解的最简单也是最重要的形态。根据其定义，正在突破的股票必须要涨出新高。因此，在突破点买入，是技术分析者最有可能买入的价位。不幸的是，这种策略中的风险令人焦虑，因为正如其定义所言，你在市场一片混乱的买入活动中买到了最新的高价。这个过程中的风险就在于如果突破是假的，市场之后就会又回到支撑位和阻力位之间的摇摆空间。这种形式的图形叫做假突破。对于买者，这种突破失败意味着麻烦。买者可能在价格顶端完成了购买。这种突破失败意味着人们现在更觉得这只股票的价格将会下跌。应对这种情况的最好办法就是在这个价位及时出售止损。

更加激动人心的信号是高成交量下的突破，这常常意味着价格很有可能要往上移动了。这种情况通常是新闻披露导致的，投资者必须立刻在突破时购入，不然就会被远远抛下。典型的使突破达到高潮的新闻事件最好是在开盘前就公开的消息。堆积如山的买单会让股价冲得更高,开盘价会直线上升并且保持这样的势头。这种情况出现时,你就遇到了一个突破缺口。这样的突破是真实的。胆小的投资者可能会谨慎地等待股价因为某些原因下降,但这永远也无法发生,他们的买单永远无法成交。

突破可能是一种充满速度与激情的图形,这常常让对其没有做好准备的新手投资者感到困惑。突破可以反映市场的止损操作行为,在这种操作中股价会短促走高(为了触及止损指令),只有当最初的购买潮平息后,市场才会被拉低。

作为一个新投资者,你必须理解这种现象。止损操作意味着股价是有目的性地走高,以便于引发止损指令。当市场出价进入止损点时,投资者就会购股进场,这就引起了买入活动。在这种情况下,止损操作保护了空头卖家(这指的是一些借股票来卖并在更低价格重新买入赚取差价的人)。一旦市场冲得更高,空头卖家将遇到不少麻烦,因为他们必须要再次购入他们卖出的股票,不论股票那时的价格如何。显然,如果他们必须以比他们卖出价更高的价格重新买进,他们将遭遇亏损。所以,空头卖家会进行止损操作以期保护自己。当止损指令触及时,市场订单就会引发。因为止损操作使得空头卖家的买单增多,买进的活动暂时性地导致股票价格上升。但是一旦这种购买停止,市场就会走入死胡同,随之而来的就是下跌。

正如你可能已经开始认识到的,面对突破,投资者会处于进退两难的困境。当突破到来时,一方面,如果他们没有能在突破到来时马上买入,他们可能会错过这次突然的变动;另一方面,如果他们太快地进场,这所谓的突破可能只是因为止损操作,而股价即将崩盘。所以应该如何决定呢?如果你在这个位置进场,之前所述的两种情况肯定会出现一种:要么马上给你带来收益,要么不会。在第一种情形下,你选对了边,不操作就行了;在后一种情况下,你需要马上出逃。

然而如果你犹豫要不要跟进突破,你就会错过这次股价变动。突破后的价格可能会持续几周到几个月的横盘整理,在这段期间,牛市与熊市进行了长时间的争斗。当如果股价最终突破，那么这次它一定会离开这个区间。如果你为了要不要跟随突破而犹豫，你可能会发生三种情况。第一，你会追逐市场。这就意味着你会付出比你心理价位更多的钱买入这只股票。第二，你会在高点买入，这就意味着你很快会遭受现金（没有发觉的）损失。第三，你可能完全错失价格变动。正如你所见的，这些都不是什么好事。

作为总结，投资者必须记住以下四点：

1. **突破常常是一次价格大变的开始**。正如其定义所言，突破之后的市价会比目前的现价更高。不要为跟上突破花钱而恐惧。如果是真实的突破，价格将持续上升。

2. **确认价格变动**。虽然突破可能是牛市到来的信号，投资者需要当心突破失败且股价跌到横盘区。突破的基本组成元素是价格和成交量。在一次不错的突破中，股价将会走高，而且这常常发生在新闻事件披露之后。这种变动常常和成交量上升相伴。

3. **当心假突破**。突破的变动并不是没有风险的。一次失败的突破会立刻导致突破中入场的买者遭受损失：如果你是突破中失败的买者，承担损失并且马上离开市场。股价一般都是要突破的。如果它没有，去其他地方寻找机会。

4. **突破常常是一种持续性的情况**。突破常作为已经形成趋势的一种确认。这种形态常常发生于首次强力冲高之后的横盘阶段。在这种情况下，突破意味着二次冲高的开始。一般而言，趋势正是由这两次在时间和价格上相似的冲高组成的。

管理好突破形态下的交易

如果你成功地在突破中买入了，这种情况足以令人艳羡，但你也不应该自满。初学投资者常常在应该谨慎时最莽撞，并在应该勇敢时最畏缩。快速、高额的利润常常在市场中成群结队地到来。所以你可以预见以卖出股票为形式的套利会在任何强劲上涨之后到来。在这一点上，你必须做出你处于何种位置的决定。有很多种方法决定在何时获取利润。简单的方法是在上涨3天之后售出股票。股票收盘价通常连续上涨3天后就会引来让股价降低的套利抛售，虽然这只是暂时性的。如果你进行的是长期投资，你应该预估高价大概是多少。在抛售的情况下，要么继续持有股票，要么在无法避免的套利下跌中继续购进股票。

激进的交易者明白他们必须趁热打铁。市场中的7∶3原则是指股价七成的时间都在准备移动，或者只是横向反复。只剩下三成时间来进行不同价格水平之间的移动，可能上涨也可能下跌。在现实情况下，这个原则可能更接近9∶1比例，股价变动可能只占用一成时间。这就是为什么你需要抓住产生趋势的市场。当然，我们在这里只是总体描述。市场作为一个整体，可能在移动中走向死路。你只需要关注你自己的股票是否在移动。

新手交易者很难成为一个激进的交易者。这需要时间，特别是因为新手交易者更可能恰好在不对的时间变得激进，比如在股价的顶端。你发现正确的股票、正确的买入时间时，才是你最应该表现激进的时候。如果你在市场中遇到回落，或者套利下跌，你实际上有一次买进更多的机会。这种时候你需要灵活一些并在价格下跌时买入。你可能记得，在首次跳空上升时，你高价买入了。这是正确的策略。但是，在接下来的突破中，你要在价格下跌时买入。此时你应当理解市场发生了什么情况。

任何的股价冲高都会产生抛售者。较弱的交易势力看见这种抛售，就会认为股价变动已经结束了。他们的卖出就是你买入的机会。一个激进的买者一般会买入3次，这取决于股价的变动情况。首先，你应该在突破时买入。其次，你应该在有人套利时买入。最后，你在随后到来的市场走弱中买入。这种方法就很符合激进投资者的习惯。这第三次买入正是一击制胜的地方。如果你购买3次而股价涨回来了，你也许需要重新考虑你的策略——也许全部卖出你的头寸。一旦进入了市场并建立了头寸，你将要面对另一个困境：你应该在哪里卖出？但是，在强调这个问题之前，我们还是继续关于典型图形的讨论。

持续与反转

所有的形态最后都会演变成两种典型情况：持续形态和反转形态。当然，正如它们的名字所表示的，前者意味着趋势形成之后的持续，后者意味着股价将要反向变动。当市场在支撑位和阻力位之间横盘时，突破表示市场将按照突破的方向行进。但正如我们之前曾提到的，当假突破发生时，反转也是同样真实的。悖论性地，假突破可以在你的股票将要猛烈上涨或下跌时具有非常意义。举例来说，在一张强势筑底的图例中，股票正在构筑强劲的支撑位。而后你可能会注意到支撑位被突破而股票下跌，这常常会导致疯狂抛售。如果股价涨回初始的支撑位，你就得到了你需要的所有确据。这只股票一定将有大的涨幅。

当股价处于顶部时，反转出现的情况会略有不同。股票很少会在顶部停留很久。更常见的情况是它们在强势买入下冲得更高。当买入过度时，空头卖家（那些借入股票卖出并预计他们能够以更低价位买回的人）进入市场并激进地卖出，试着将价格压下来。一旦空头卖家失手，他们将面对即时且痛苦的困境。他们必须买入股票才能平仓了结，以免他们的损失因为持续上涨的股价而扩大。一旦受到惊吓，空头卖家会开始恐慌。你那时将会遇到一次快速的上涨，这是空头卖家在断臂求生。这就叫做空头回补上涨。股价达到顶部的最真实的标志，是市场变得一片死寂。这时，股价只有一种变动的可能，那就是下降。所以你总能看到顶部形成得很快。而这也就是为什么很少有投资者能在顶部出售股票。

从另一种角度来看，持续形态就是股价尝试在继续之前趋势的基础上继续上涨的停留站。但是反转情况则十分剧烈。它们通常在结果完全不明，且几乎人人都被裹挟进的疯狂买入或者卖出中诞生。你会对以下这句华尔街老格言非常认同：牛市总是在忧虑之墙上往上爬的。一个交易者将之描述为将巨石抬上山丘。当然了，下跌则是另一回事。它就像是巨石滚下峭壁。这是对1987年10月的猛跌或者是2000年3月互联网泡沫破灭的情况的最好比喻。交易者应该在他们持有的股票正经历长期持续的上涨时合理地担忧。只要一个趋势线的背离就可能引发巨大的抛售恐慌。

很多分析师都会告诉你，趋势线的背离意味着股价变化的结束。但是，在市场从某种形态突破之前，他们不愿以其他名称来命名市场。虽然我们没有详细介绍每种形态，但你会遇到三角旗形或是旗形、三角形、矩形、菱形、碟形的形态。没有例外，所有这些图形的名字都解释了它们形状的含义。股票停留在其关键支撑位和阻力位的次数也是十分重要的。所以你会听到双重或三重底或顶这样的词语，也会听到所谓的M形态和W形态。再次强调，所有这些都向图表分析者提供了理解图形的方法，虽然这些形态通常难以理解，尤其是在形成早期。

在所有技术分析中，有一件事情是确定的。当某种形态形成之后，每个人都变成了专家。一旦某种形态展现出来，先前对每个人都难以捉摸的市场表现就变成了十分确定的情况了。尝试不要掉入这种陷阱，或者你需要听从那些因其之前在市场中的表现而得到你信任的专家。当股价打破趋势线时，你会像其他每个人一样耐心地等待更高价的到来。对于这种想法的最好矫正方法是分析基于之前市场表现的一系列变量，这些变量会提供股价走向的预测。每个人都可以根据股价走势做出反应。在实际变化之前预测股价行为的变化非常有用，且肯定能使你盈利。技术分析的真正价值在于使用工具预测市场价格的实际走向。

正如你到目前意识到的，技术分析向你提供了一种判断何时进入市场、何时退出市场的工具。太多新手投资者都会在赚取利润或遭受损失时犯相同的错误。他们根据自己的处境、银行账户和仓位来思考。而市场并不知道，而且肯定不在乎你是在什么位置买入或卖出股票的。你对市场的判断因此必须是基于未来会如何变化而不是基于你自己的投资组合。通过关注市场而不是你自己的头寸，你更可能做出正确的抉择。

这条建议说起来简单但做起来难。一般来说，你应该无视那些大众的建议。很明显，人人都想要在底部买入顶部卖出。但是你无论看哪个牛市或者熊市图形，都看不出来底部和顶部在哪儿。在市场的顶部，群众始终如一地对牛市感到乐观；而在市场的底部，你却什么也卖不出去。应该得出的推断是简单的：不要随大流。大量统计数据可以说明，在市场的主要转变中，大众的表现都是错误的。

如果投资像大多数人看上去那么简单，每个人都会变得富有。但是事实证明，普通人因为忽视，每年都会损失大量钱财，而专门从事投资的人，以及他们的近亲——组合经理，那些始终坚持自己做的是正确的，则每天都在损失大量钱财。

对他们的损失有很多种解释，但是最简单的一种就是人类的天性。我们既贪婪又恐惧，不论我们的经济状况如何。两者有些时候只显现一个，但我们的情绪总是能将我们击败。出于这个原因，在买入和卖出股票时不带情绪的分析方法总是表现最佳。

制胜K线

为了寻找值得信赖的图形，图表分析师会寄希望于之前表现最好的图形。当他们找到这么一种图形时，他们就会分析潜力股以期找到一只图形相似的股票买进。一般来说，这种寻找可以借鉴而且正确的图形的做法会产生一种自我实现的情况：因为一只股票产生了牛市行情，买者就冲进市场，股票就会涨价。因此，如果一种图形被证明可以使人获利，投资者就会尝试再次创造同样的形态。他们会一直这样做直到他们在这个图形上损失钱而后寻找另一种图形。如果没有被之前市场证实的图形，那么还有其他周期性出现、大部分人都能接受的图形。作为新手图表分析者，你应该熟悉以下常见的图形。

头肩形

头肩形是所有图形中最值得信赖的一种，头部和肩部正如其名字一样，在图形中有两个易于识别的肩部和一个突出的头部。图表分析者常常会尝试识别颈线，它常常出现在肩部以下。当股价变动开始时，颈线必被突破。有时，股价在真正变动到来之前会暴跌并回到颈线——这就是所谓的回归变动。作为一种反转图形，头和肩可以提示出顶部或底部的位置。底部的反转中头部指向下端，而顶部反转中头部则指向顶端。只要有一点经验，这些图形都很好发现。作为总的原则，从颈线开始的突破的距离和头部顶端与颈线之间的距离相同。开始监控头肩部图形的时间是当"三分之二"出现的时候——在头部形成之后。一旦第二个肩部形成，就可以在突破时买入或卖出，或者等着价格回到颈线再开始部署你的买入。因为绝大多数低价股都是不错的买入候选股而不是卖出候选股，你最好监控头肩底而不是头肩顶。

碟形底

这是一种广泛令人信服的底部图形，因为它花很长时间才能形成而且很容易被发现。在碟形的形成过程中，价格交易最终会横向移动一段较长的时间，形成一个平缓的勺形，就像汤碟一样。最后，在突破之前，图形会展现出把手状，从把手开始的突破非常强力。投资者在遇到碟形底的时候应该耐心。这种图形也叫做杯子图形或把手图形。

上涨和下跌的楔形

这种倾向于作为趋势继续的图形，是股价在继续之前趋势前短暂停滞的中途站。它会以楔形的形状产生，这些趋势持续的图形会让投资者有时间从盈利的价位离开或者在不可避免的上涨或下跌趋势继续之前创建新的头寸。

上升、下降和对称三角形

最好的识别三角形的方法就是它们会在突破之前变得越来越尖、紧。在三角形中，越靠近顶点，价格就越会在更小的区间之内来回波动。在顶点处，价格会突破变高或者变低，取决于形成的是哪种图案。在上升三角形中，当价格到达顶点时，其同时也达到了阻力位；而在下降三角形中，股价在崩溃之前会在支撑位附近徘徊。在对称三角形中，当接近顶点时，价格会在三角形的中线附近徘徊。突破会提示价格变动的方向。

双重和三重底/顶

这可能是所有图形中最明显的。一个双重底在价格两次达到关键支撑位时出现，然后价格就会从这个水平上向上飞跃。相反的就是明显的双重顶，在这种情况下价格会从阻力位向下跳水。三重顶和底就更重要了。原则是当曲线第三次尝试突破支撑位或阻力位时，价格必会变动。不然，如果支撑位和阻力位仍然存在，价格就一定会反向变化。

缺口

我们曾经在谈论突破时简短地谈论过缺口，它可能是一种强力的图形。所谓的动量投资者会利用它们，他们通过高成交量的突破来识别机会。缺口可以显示股价肯定要变动了，或者在其他某些情况下，股价的变动已经精疲力竭了。这些独特的价格变动阶段正如人们为缺口赋予的名字，像是突破缺口、持续性缺口和消耗性缺口。在不同的缺口种类中，动量投资者是股价变动的幕后推手。但是如果你计划利用这些缺口作为入场建仓的依据，你就要小心。虽然突破缺口常常能作为购买信号,但消耗性缺口(正如其名字所示)代表的情况常常是相反的。

技术分析的真正价值

你肯定听说过K.I.S.S.原则（Keep It Simple, Stupid），即坚持简约原则，避免不必要的复杂化。技术分析充斥着晦涩的技术语言，它们会使MBA学生的心跳得更快，却会让一般人摸不着头脑。用另一句话说，它并不是火箭科学。其名字只是提醒穿白大褂的人拿一个写字夹板。你不需要博士学位就能理解股票分析，你只需要开明的思想就能够领先人群一步。这并不能让成功选股的挑战变小。它也可能是困难且棘手的。但是第一准则只关注两件事：什么时候买股票和什么时候卖出。其他的一切都是无关紧要的。

你已经知道了这两个问题的答案。买入股票的时机是它价格低时，而售出它的最好时机则是其价格高时，最好是在顶点，而我们知道这些都是说起来简单但做起来难的。我们已经提过，相当多的投资者不能像他们所希望的那样——在投资行为中赚钱。很多人成为市场中的输家的原因，在于他们不能理解市场里在发生什么。他们不能看懂很明显的事情，比如内部人士在乐观的营收与投资指南报告公布之后卖掉自己的股票。他们不能明白为什么公司永远达不到其期望。他们不能看透安然类事件的实质，也就是在公司里存在十分猖獗的欺骗，而公司的股价却能坚定地上涨。这并不是说这些个人投资者就愿意被洗劫一空。相反，他们只是想要相信自己的判断是正确的。正如你将会发现的，如果你能够学会正确地解读市场，所有的这些都不一定发生。

成功的技术分析是对于市场盲目行为的一剂良药。但很多被误认为是技术分析的东西却只能让真相变得更加模糊，比如过分强调只有内行才懂的震荡、没有意义的统计数据、斐波那契点位、基数方形等东西。技术分析需要回答的相关问题实际上没有那么复杂：股价将变动到什么地方和它什么时候会到达那个地方？

专家们可以坐在一起，并争论股票或证券的技术优势或劣势。但技术分析，和基本面分析一样，其真正的意义在于帮助投资者赚钱。再次强调，技术分析能帮助投资者是因为它具有预测能力。如果你告诉我，一旦趋势线破了就卖出，很有可能我会涌入卖出者的人群，但得不到什么收益。如果你让我在突破中买入，我很有可能就会因此交上好运赚大钱。但是，我也可能买在顶部，因为突破是假的。简单来说，技术分析的传统智慧远远不能满足我的需要。

现在我们说说好消息，如果我告诉你，技术分析不仅可以告诉你股价往哪里变动，也能告诉你它什么时候变动，你会怎样？另外，技术分析还能在众人知晓之前先告诉你关键信息。基于你的时间框架，技术分析可以告诉你股价是否会在几天、几小时甚至几分钟之内达到巅峰或低谷。好处就是你将在价高时卖出并在价低时买入。毕竟这就是不计其数的想要在市场中挣钱的参与者的最终目的。

我们已经提到过这种技术分析是预测性的，能让你超越人群。但是它也必须是反应性的。它使你能够在潜在行动变得人尽皆知之前就读懂价格变动。当然，信号并不总能让你获利。没有什么东西能够一直有效。但是你能够知道你到底是正确的还是错误的，因为你在采取这种方法时将拥有一张信号何时会出现的虚拟地图。

时机与价格

技术分析中的时间和价格方法能够指示股价将会变动到哪里，以及它何时变动至此处。时间与价值的解释是简单的。趋势，包括上升与下降的趋势，会在两次冲高的部分中出现。这两个部分在时间和价格上都是可识别的。这种趋势能在几个月或者一早上的交易过程中观察到。因此，你可能会在早上看到上涨趋势并在下午看到下跌趋势。虽然这种趋势对于短线交易者来说很重要，但毫无疑问长线交易者需要持续更久的趋势。

第2章

你怎么样判断市场是否会发生变动？很简单，你只要观察就好了。某只股票的价格会非常清晰地告诉你答案。它会上涨或下跌。如果它一直横向移动（震荡），不要管它。这是否意味着你会损失这次变动的一部分收益？肯定会。但你需要让股价告诉你它会向哪里变动。这是第一要义。

假设你持有很多，像是25种或者30种低价股票，股价都在7美元之下。你可以使用计算机编程来了解哪些股票曾经涨了其价值的5%到10%。而后为了标记出最好的股票，你可以让电脑读出哪些股票的成交量超过了其一般成交量的50%。现在，你就让价格和成交量都超常的股票留在了候选区内。

下一步，观察正在移动的股票。这就对了，观察它们但不要急着买入。每个人都可能冲进市场并买在顶部。新手更容易这样做。股价方向——我们假设是上涨的，会告诉你应该做买者还是卖者。现在你知道你想要买进某只股票。但你要在哪里买入呢？至少等到股票停止上涨无疑是很有道理的。你需要寻找的是信息，关于这次变动会持续多久和它是否能够保持价格的信息。这只股票可能只是昙花一现。在这种情况下，一旦变动结束你就需要将这只股票置之不理。买入一只猛涨的股票可能是一个很大的错误。

因为这种关于时机和价格的观念可能对于绝大多数读者而言都是新鲜的，让我来告诉你分析股票必须要完成哪几个步骤。另外，因为时间和价格是两个独立的变量，我们一次只介绍一个。以下是为了确定股票的目标价格的步骤：

1. **寻找一只正在变动的股票。** 这就对了，在一系列图表之中寻找并且锁定一只已经开始变动的股票。不要管那些正处于下跌趋势的股票，关注那些正在上涨的股票。

2. **衡量股票由低到高变化的量。** 你正在寻找的是单个的上涨趋势。量化这次趋势的绝对低处到高处之间的距离。做好关于这个变化量的笔记。举例来说，我们假设某只股票从3.50美元的低点开始变动并涨到了5.00美元一股。这次变化的距离，也就是1.50美元。这就是本趋势第一次冲高的量。

3. **等待价格反复**。当投资者在第一次上涨上套利时，会出现套利下跌。这种抛售无疑会让价格下跌。我们假设：因为这种情况，以上这只股票下跌到了4.50美元一股，这时股价稳定了。
4. **计算盈利目标**。盈利目标由第一次冲高的价值加上股价回落后震荡的价格（或者横向盘整的价格）核算。这也叫做均衡价格。在我们的例子中，盈利目标或者卖出点应该在6.00美元一股的水平上（4.50美元的均衡价格+1.50美元的第一次冲高价值=6美元的盈利目标）。
5. **在均衡价格上买入**。在我们的例子中，均衡价格是4.50美元一股。
6. **在盈利目标价下单卖出**。在6.00美元一股时卖出。

简单来说，这就是你利用价格计算决定哪里买入与哪里卖出的全部所需知识。现在，我们转向关于时间的理解。

以下是决定交易时机的原则，也就是股票应该在盈利目标价交易的时间：

- 计算第一次冲高的天数。第一次冲高完成之前经历了多少个交易日？在我们的例子中，也就是这只股票在首次冲高时花了多少天从1.50美元涨到5.00美元，我们假设它总共花了3天时间从底部冲到顶端。
- 将第一次冲高的持续天数加到横盘后突破的那天。将突破的那天设为第一天，数出首次冲高花了几天：1天，2天，3天，等等。在我们的例子中，第三天是卖出的目标日。

我们现在有了价格与时间的目标。你知道你应该在横盘后突破的第三天以6.00美元的价格出售这只股票。这就是时机与价格的精髓。

动量法则

动量投资者，就像是时间和价格分析师，会找寻股价中清楚的信号。对于动量投资者来说，成交量是关键。成交量高且股价上涨的情况是动量投资者的梦想

第2章

大秀。当股价上升时，它也会途经很多阶段。它们被反映在图形中出现的各种缺口，比如突破缺口、持续性缺口和消耗性缺口。在任何缺口中，股价的变动背后都有动量投资者的身影。但是如果你想在趋势尾部上车，你必须要小心。

当股价涨得更高时，投机性行为的程度也会上升。机智的动量投资者能够理解他们必须参与股价变动的吸筹阶段（一般情况下发生在开始阶段），而后他们利用派筹阶段作为出售的机会。不明所以的买家总会在顶端出现。他们的购买让股价提升到不切实际的高度。

在动量阶段，价格持续走高。指示价格变动的终点的是价格上升的速度。在市场达到其高点的过程中，上升速度能反映出买入的质量。这种买入会在价格上涨时经过独特的阶段。一开始是吸筹阶段，而后是加成、投机和派筹阶段。

动量投资者以他们进入与离开市场的速度著称。他们寻找的都是那些具有高速、可预见的高额收益的股票。当他们找到一只候选股票时，他们马上买入这只股票。而后他们马上套利撤退并寻找下一个动量投资的机会。不用说，那些寻找动量投资机会的新手交易者就像是飞蛾扑火。他们被火光吸引并很快燃烧殆尽。无论基本面多么坚实，能够在持续性的投机行为中不打退堂鼓的股票都是罕见的。

正如你可能发现的，动量投资者的买卖时间并不长远。他们的交易时间段短则一个小时，长也不超过10天。所以不要将动量交易变成长期投资。如果你想要以这种方式获利，你必须跟随聪明资金的做法来做。

最后，虽然我们提到缺口是动量操作的一个特征，但它们并不总是出现。因此，你肯定不能坚持找缺口来作为你动量交易的基础。

何为做空者？他们如何影响股票价格

因为我们之前对购买低价股很感兴趣，我们强调了进场交易买卖行为中买的一方，而在达到目标价格以后卖的一方变得更重要。做空交易是不错的市场策略，但是当我们谈论低价股时它也会带来问题。其中一个问题是大部分证券交易所都不允许他们的客户做空股价在5美元以下的股票。另一个问题是一个人在进行空头交易时有非常真实的风险。你必须平仓了结，或者将你的空头头寸买回来，不论股票的价格是多少。所以，如果你做空一只股价为9美元的股票而它却涨到了18美元一股，你一股就损失了9美元，而你获利时最多也就赚9美元。另外，你无从得知这只股票能涨到哪里。而它最多也就能跌到0美元，这是肯定的。所以当你做空时，你的利润有上限，但你潜在的损失却是无穷的。

讽刺的是，空头常常给股票买者提供了潜在价值。因为他们必须要赎回其空头头寸，所以在股价上升时他们会构成一种持续的购买力量。如果股票暴涨到了更高水平，做空者必须要跟随买家进入市场，就像是动量投资者或者其他感兴趣的投资者一样。他们的买进会给牛市的劲头添一把火。这对于在低位买进的初始买者来说是一件再好不过的事了。另外，他们的购买提供了可贵的流动性（这就意味着如果你想套利，会有急切的买家接盘）。无论如何，你都应该关注你想要购买的股票中有没有空头交易者。

做空股票中也有一些心理因素值得我们注意。你是在与别人的未来对赌。当股票上涨时，每个人都有利可图：作为投资者的你、经纪人、公司，甚至是得到此公司服务或产品的顾客或者客户。除了破产案律师，谁还能从股票崩溃中获利？就算你只是做空一只股价仅为50美分或者1美元的股票，为什么要承担这种风险呢？这些股票的价格能——也确实是——在一个晚上翻两三倍。这就是你应该买它们的理由。

第3章

制胜策略

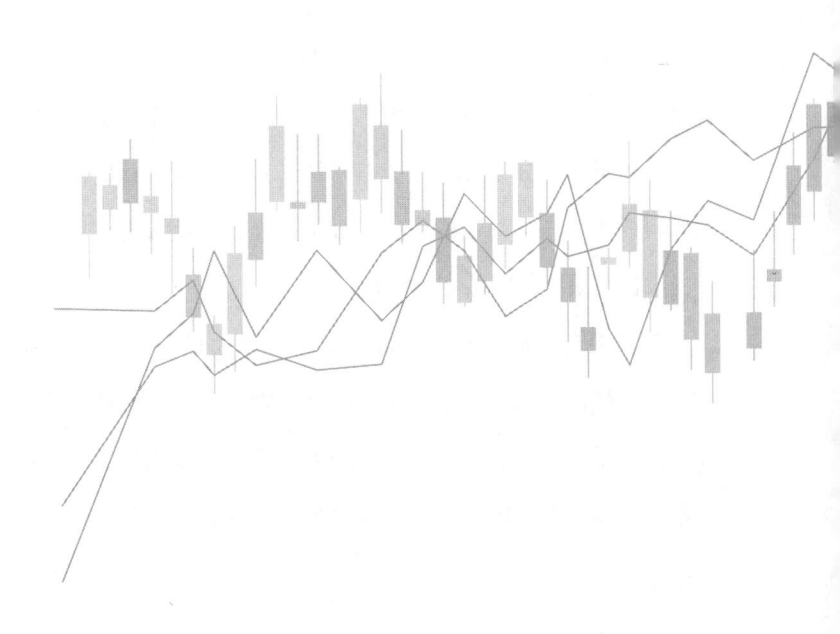

第 3 章

在读完技术分析这一章后，毫无疑问你急切地开始识别各种形态并寻找那些合适的股票。这是可以理解的，因为找出和买入可盈利的股票是一项能够产生回报的行为。但是你应该从何处开始呢？在成百上千的低价股中，你如何找到最优的那只？一种方法是从基础着手，随着你对市场的理解程度的加深和相关知识的增加，在简单策略的基础上进一步建立更复杂的筛选标准。我们在前一章中讨论了一些基本走势形态。现在让我们将理论付诸实践。

识别支撑形态

开始调查的一个方向是识别出那些正在下跌，并且已经显示出支撑形态早期迹象的股票。对于低价股来说，支撑的概念至关重要，因为这为你的购买行为设置了一个低位。如果支撑位能够保持，正如它所应该的那样，你在建仓时就能识别风险的大小。支撑位的作用是吸引买方，这些买方认为支撑位是低价位，他们在支撑位吸筹，同时持守这一价位。

在识别支撑形态时，你将发现你需要大量证据来证实这种支撑形态确实存在。一个快速下跌的市场是不会得到支撑的。在长时间的跌落后可能会出现一个峰值。但是这种形态更可能是被胆大妄为的人操纵的，而非感知股票价值的理性买家所支撑。支撑形态需要时间才能建立起来。

你从何处开始呢？关注价格整体跌落的市场。除了少数例外，股价往往跟随整个市场的平均水平而变化。因此，当市场整体下跌时，许多股票都有类似的图表模式。股价的下跌将会持续一段时间。然后支撑位被打破，价格降到更低的水平。在这一价格变动的最后，你会遇到所谓的"投降"，在这一阶段即使是最忠实的多头也会放弃并卖出。如果你能冷静地观察这种形态，谨慎地等待机会，你将发现便宜货真的很多。

在"投降"阶段之后，股价倾向于横向波动，但也有时高有时低。此时同样不是进入市场的时候，而是对股价变动进行一系列分析的时候。在这一阶段，一个重要的转变正在发生。知情的、聪明的投资者正耐心地买进不知情的投资者所放弃的股票。市场的整体悲观是显而易见的，权威人士会声称金融界的世界末日即将来临。这是寻找优质的低价股的最佳情景。

要理解当一只股票的价格开始上涨时，并非仅有一个支撑位，而是有很多。股价在突破前，在盘整区域内交易。随着一只股票到达新的价格水平，新的支撑位也被创造出来；当股价在支撑位附近交易时，买家会进场买入股票。

我想起了一位朋友曾经讲过她在飞机上遇到一位对冲基金经理的故事。对话总是围绕股票展开，这位基金经理告诉我的朋友他多么看涨一只股票。在旅途将要结束时，我的朋友决定买入那只股票。然而，出于保守的天性，她问了最后一个问题。

"如果这只股票价格下跌我该怎么办？"她问道。

"不要担心，"这位基金经理回答说，"我们不会让这种情况发生的。"

关键是，基金经理有足够的资金和信心支持这只股票，在必要时可以单打独斗。不必说，这只股票价格大幅上涨。

现在我并非在说明，你需要一个主要的市场参与者来为你提供利好信息，进而使得交易有利可图。你可以学着自己解读市场，这样的话，你就会更容易识别支撑区域，即聪明的投资者吸筹的地方。

第 3 章

最近我在一只积攒了两年多的股票上也经历了类似的情况。这只股票,和市场平均水平一致,在几个月内连续走低。我并没有惊慌,而是将其看作加仓的合理机会。最后我在价格下降时买入了超过50万股股票。在被证明是主要支撑位的底部,新闻是完全绝望的。投资者以低于他们买入价的价格卖出股票。你找不到一份看涨股票的研究报告。在价格低点创造一个强有力的支撑形态后,股价缓慢地回升。股价在过去的5个月里实现翻倍,并且在良好的业绩和未来预期收益的推动下,股价有望显著提高。这确实是经典的翻转故事。我曾经想过在价格低点卖出一只股票吗?从来没有。

像这只股票一样的良机不会每天出现,但是你需要知道如何在良机出现的时候观察到它们。讽刺的是,最好的机会有时出现在看起来最黑暗的时刻。找出良机的关键是学会识别支撑形态。

投资者往往被引导着去购买具有长期支撑形态的股票,但是即使是这种久经考验的策略也会存在缺陷。请看图3.1中福特汽车公司的长期走势图。近年来,至

图3.1 福特公司股票长期走势

少在3次不同的时点下，福特以不足15美元一股的价格抛售股票。在每种时点下，这只股票都得到了支持并重振。看起来似乎15美元的价格是福特股票的长期支撑位。但随后福特股价跌至7.98美元，15美元突然成为头部的阻力位而不是支撑位。福特目前的股价为每股8.40美元，远低于此前的支撑位。

股价呈阶梯形上升。所以在某一水平上存在主要的支撑位时，你也可以在上升的过程中找到中间支撑位。在福特走势图的例子中，低于15美元的下降过程被证明是这只股票的大势已去。随着原有长期支撑因素的消失，股价在波动中走低，随后稳定在8美元之上。

在寻找主要支撑位和中间支撑位时，滑动图表，找到过去的主要支撑位和阻力位。缺口区域是寻找股票支撑位和阻力位的典型区域。规则是，缺口将被填补，所以如果你有一个五六个月前发生的缺口且价格从未在缺口区域内进行交易，那么就在这个区域内寻找支撑位或阻力位。当然，股价走高时，缺口区域表示阻力；股价走低时，缺口区域提供支撑。这完全取决于今天的价格相对于图表上缺口区域的位置。

对于52周的高点和低点也同样如此。市场会按一定的方式记住这些关键的支撑和阻力水平的位置。而且，止损单往往集中在这52周的高点和低点周围。因此，你会发现支撑位和阻力位通常只被突破5美分或10美分，形成了新的52周的高点和低点。

技术分析是不精确的。所以当你逢低买入时，买入的位置就是支撑位。

这种方法的另一优势是它能够使风险降到最低。如果你坚持在支撑位附近买入，支撑位被打破时立即卖出，你就降低了下行风险敞口。如果你同样能允许市场上涨而不急于获取小利，你就能做到经典的市场格言中所说的，截断亏损，让利润奔跑。不幸的是，太多投资者的行为恰恰相反。

第 3 章

"三"的法则

"三"的法则指的是恢复趋势之前支撑位或阻力位被测试的次数。在第三次尝试中，支撑位或阻力位应该会被打破。如果未被打破，价格将朝相反的方向运动。如果你观察巴恩斯集团公司（Barnes Group Inc., B）两年的股价走势图（见图3.2），你将会发现主要支撑位是24美元一股。在两年内，这个支撑位被检验了3次。在每一种情况下，支撑都是有效的。在第三次也是最后一次测试后，巴恩斯集团的股价飙升了10美元。几年后，巴恩斯形成了19美元一股的支撑位。在第三次试图突破支撑位失败后，巴恩斯股价大幅上涨。

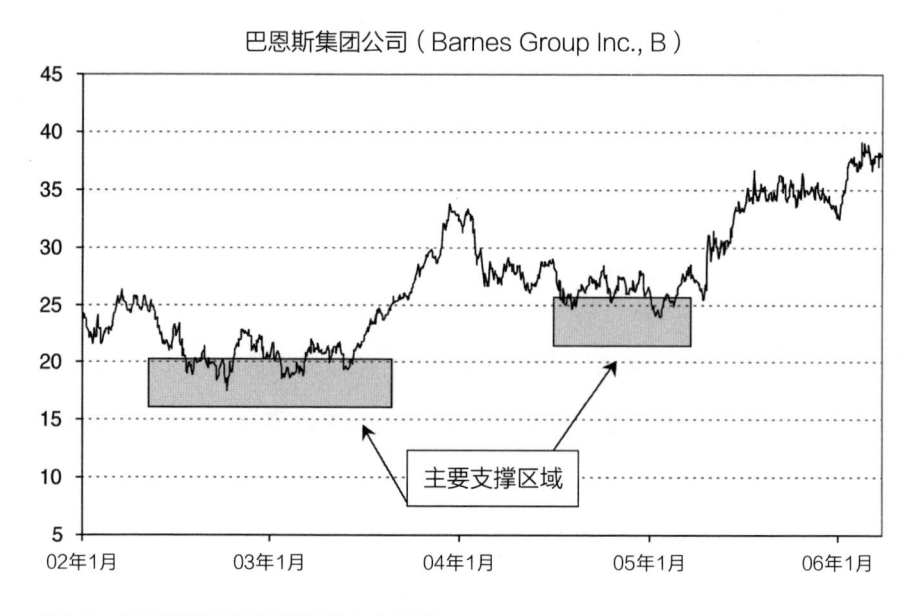

图3.2　巴恩斯集团公司股票2年走势图

你会看到这3种试图突破主要的和中间的支撑位和阻力位的尝试。只要记住：在第三次尝试时，支撑位或阻力位应该会被突破；如果未被突破，价格的逆转将要发生。

当你观察价格走势图时，试着去识别关键的支撑区域。几年前我持有一家石油服务公司的股票，有着6美元一股的强劲的支撑位。尽管偶尔会跌破这个价格，这只股票在我持有它的大多数时候股价保持在6美元以上。随后，股价上涨至每股10美元以上，我从此获利。在我卖出这只股票后，它跌落到——你猜对了！——6美元一股，长期的主要支撑价。

关于这家石油服务公司，有一个有趣的故事。在某次公司股价跌破6美元时，一个新闻事件让股价走势变得艰难起来。再一次地，我将这次的价格下降视为一次买入机会，在交易低点买入股票。很显然，我不是一个人。后来我了解到，这家公司的CEO在股价跌至谷底的那一天买入了数百万股。几周之后，消息转为看涨。那时股价飙升至10美元以上。基本面改变以反映股票技术面的快捷程度是多么令人惊讶。

当你在支撑位买入时，你就是在给自己创造有利的机会。关键是，如果支撑位偶尔被突破，也不必惊慌。如果支撑位是合理的，股价将会反弹，就像它在图中显示的那样。偶尔，你将看到支撑位在股价下跌的过程中被突破。很显然，这反映了一个问题。但是一般来说，在市场疲软时以支撑价买入，你将会获得收益。当然，如果市场已经趋于高位，需要在中间支撑线处买入。记住，市场永远不会高到不能买，也不会低到不能卖。如果你遵循这些简单的规则，你将不会后悔。

动量操盘

这项策略不适合胆小的人，但事实是，这往往是获胜的法宝。这是一项需要投资者在场外花费大量时间直到时机成熟出手的激进策略。你经常发现你全仓持有A股票，而真正的机会却存在于B股票上。你的问题是：你的钱全部投入了A股票。所以你需要做好充分的准备，有备无患。

要抓住机会来进行强大的动量操盘，需要把握两个关键因素：价格和成交量。因为大多数的价格变动至少在3天之内是有效的（记住，"三"的法则适用于市场中的大多数情况），你必须愿意迅速行动。较大的百分比涨幅通常是良好动量的第一个信号。此外，这往往表现为一种突破。顺便提一句，这就是这项策略很难实行的原因。你真的想在股票处于新的高位时买入吗？很多投资者发现这在心理上很难实现。你也需要看到较大的成交量，远超过正常的成交量。价格百分比变动和成交量数字相对容易识别。难的是扣动扳机，采取行动。

利用动量操盘这项策略的一种方法是在信号发出前准备好采取行动。你可能会跟踪一只股票，希望看到动量信号。一旦信号发出，你就必须毫不犹豫地行动。

动量交易的时点是股价下跌且跌速放缓之时。首先，价格开始盘整；在这一阶段，动量显然自下向上变化。其次，股票被投资者寻找低估机会时慢慢吸筹。在盘整过程中，当股价开始调整到支撑位之上时，注意寻找碟形走势。在此阶段，股票蓄势待发、准备突破，并且比平时成交量更大。

具有讽刺意味的是，股票准备大幅上涨时的一个典型迹象是股价降至新低。此时，股价上涨的所有希望消失。最后一个抛售止损点已经触及，卖出是显而易见的。这时，你需要认真追踪股票的表现。如果确实毫无希望，可能会出现更低的价格。你可能刚刚注意到股价创下了52周以来的新低。但如果股价出现迅速回升，可能收盘价位于一天交易价格的最高位，这就是一个典型的逆转迹象——一个真正强势的、吸引着动量操盘者的逆转。关键点是：与预期不符的走势预示着反转。

以最近的鹈鹕金融公司（Pelican Financial Inc., PFI）为例，股价从52周以来的最高位每股7.40美元一路跌至5美元附近，5美元区域被证明是这次走势的最低点，如图3.3所示。触底后，鹈鹕金融公司的股票走势呈现出一个清晰的上升三角模式。当股价接近三角形的顶点时，动量操盘者随着股价高涨纷纷买入。你需要在这些交易发生前判断出交易可能发生。一旦突破发生，股价会迅速高涨。

识别此交易发生的关键是股价未跌破此前52周4.75美元一股的低点。股价走势创下新低（打破原有的支撑位）但未跟进走势是逆转的关键。接下来，上升三角形的盘整是股票准备好大幅上涨的信号。

鹈鹕金融公司（Pelican Financial Inc., PFI）

上升三角形态

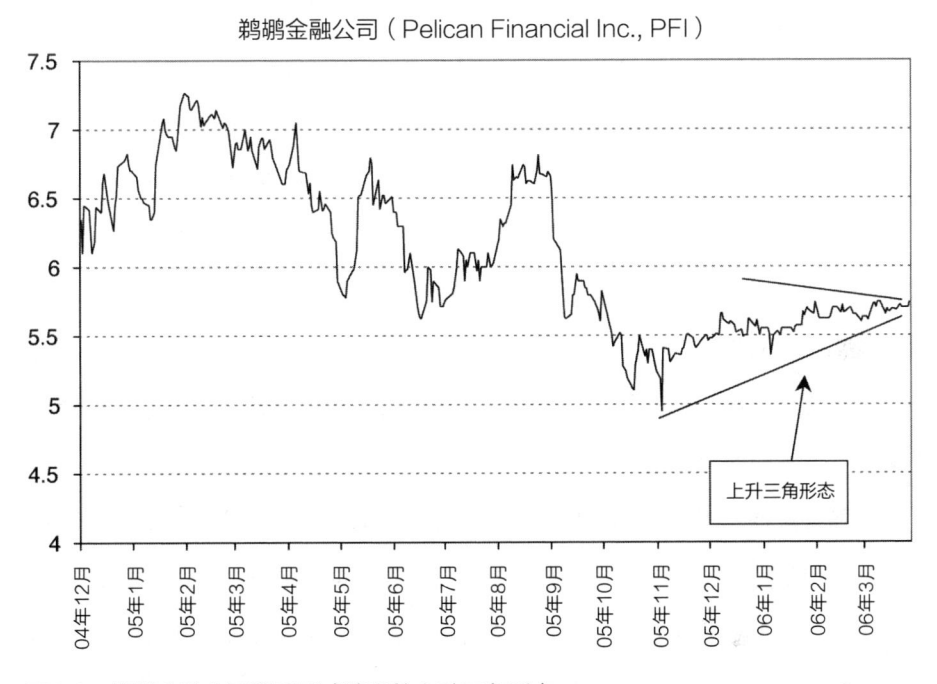

图3.3 鹈鹕金融公司股票形成清晰的上升三角形态

逆势操作法则

逆势操作法则的理论家将会告诉你，在重大转折时，大众的判断总是错误的。这个观察已经被许多研究过牛市和熊市中投资者行为的股票分析师反复证明过了。这很显然是一项悖论（这个定义虽然具有明显的矛盾，但在一定程度上是正确的）。为何绝大多数投资者在判断重要的最高位和最低位时会犯错呢？一度被誉为"逆向思维分析之父"的汉弗莱·尼尔（Humphrey Neill）这样解释说："当每个人都以相似的方式思考时，每个人可能都是错的。"（《逆向思考的艺术》）

第3章

换句话说，任何单方面的思考都可能意味着相反的情况将会发生。

想想2000年3月的互联网泡沫的巅峰。你知道有多少人认为那是一个获利的时机吗？更可能的是，普通投资者在股价高位纷纷买入，而非卖出。当然，在股价触底时会发生相反的事情。熊市控制了局面，没有人想要在熊市的环境下购买股票。具有讽刺意味的是，制胜策略就是逆向选股。然而，自然的倾向是顺应传统的智慧。这就是为什么微软（Microsoft）、沃尔玛（Wal-Mart）和迪士尼（Disney）经常出现在最活跃的股票榜单上。这些明显蓬勃发展的公司有望在市场中继续增长。然而，这里存在一个悖论。成熟公司的股票不太可能有较大的百分比涨幅。不受关注的公司——更不用说不知名的公司——在低点交易时更有可能表现出可观的收益。

如果你想要赢，你必须寻找和发现这些鲜为人知的宝石。以下是一些鲜为人知和不受关注的股票的名字，但注意我并不试图强调任何一只股票：

- **科瓦德通信集团**（Covad Communication Group, DVW）。这家位于加利福尼亚州圣何塞的全国性宽带和数据通信服务提供商最近在美国证券交易所上市。在大型交易所上市，而非像其他几百个公司一样在非主板上市，这对于一家公司而言总是一个加分项。这家公司的股票以接近52周最低价的价格交易，随后大幅上涨，如图3.4所示。

- **艺术科技集团有限公司**（Art Technology Group, ARTG）。这家总部位于马萨诸塞州剑桥市的软件制造公司以不到每股1美元的价格交易，最近报告公司收入同比增长了41%，如图3.5所示。

- **健康管理系统控股公司**（HMS Holdings, HMSY）。这家为医疗的支付方和提供方提供服务的公司在成本控制方面蓬勃发展。该公司在52周最高点的9美元一股和最低点5.19美元一股中间盘整。该公司通过3次强有力的测试后形成了6美元一股的支撑位，健康管理系统控股公司不久后股价攀升至30美元以上，如图3.6所示。

科瓦德通信集团（Covad Communication Group, DVW）

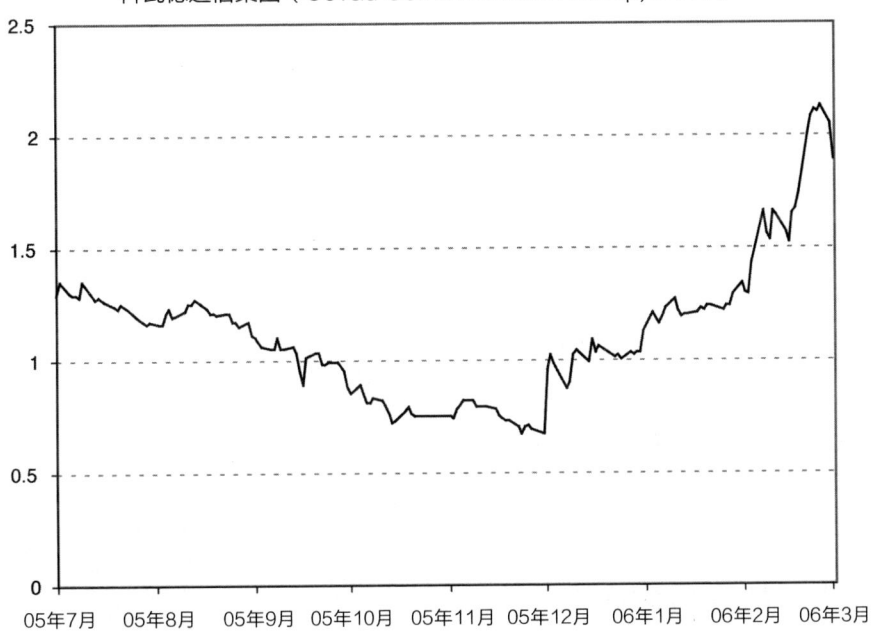

图3.4 科瓦德通信集团

艺术科技集团有限公司（Art Technology Group, ARTG）

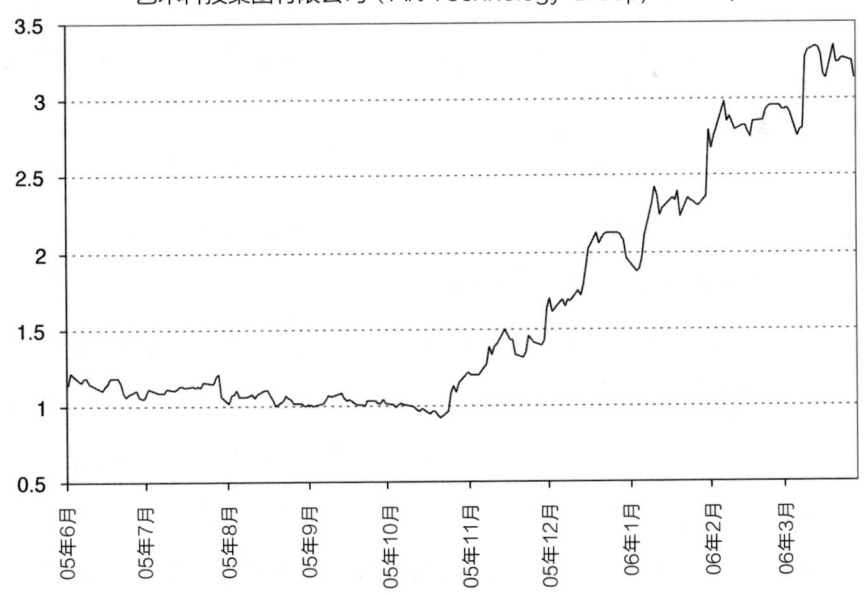

图3.5 艺术科技集团有限公司

健康管理系统控股公司（HMS Holdings, HMSY）

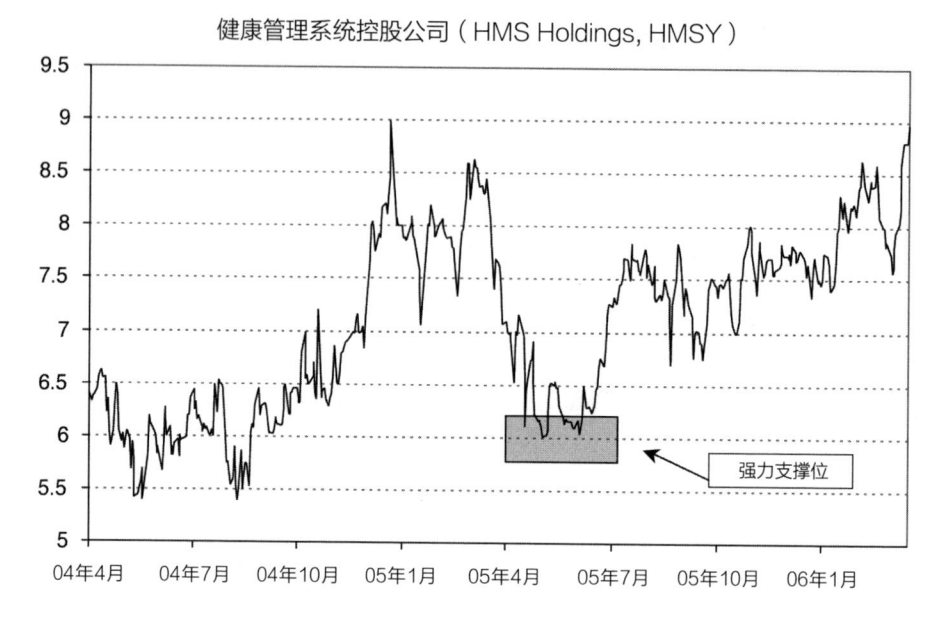

图中标注：强力支撑位

图3.6　健康管理系统控股公司

还有数十个可以被认为是鲜为人知或不受欢迎的股票。它们通常股价较低或接近52周最低点。这些股票提供了价格上涨的最好机会。这些股票中有些属于热门行业，有些则不是。它们的共同点在于，它们都还未引起华尔街投资界的注意。

以捷迪讯光电公司（JDS Uniphase, JDSU）为例。其股价从每股3美元下降一半至每股1.5美元。公司股价在该价格处形成强大的支撑位，在数月不受投资界青睐后，公司股价蓄势待发，如图3.7所示。

很显然，在选股时，每个人都喜欢赢家。问题是：这些股票能成为赢家吗？矛盾的是，如果你想要选择最终能够成为赢家的股票，你应该经常从失败的股票开始选起，至少是一个目前不受欢迎的股票。股票暂时不受欢迎可能有很多原因。公司的发展可能不尽如人意，例如收益不佳、混乱的管理或高昂的启动成本等。但这些挫折可能只是暂时的。任何盈利能力的恢复都可能使公司股价大幅上涨。

作为一个逆势操作的投资者，你需要在大众抛售时买入。重要的是，大多数百分比增幅较大的股票都曾经落魄，它们并不来自众多投资者青睐的绩优股。

捷迪讯光电公司（JDS Uniphase, JDSU）

图3.7　捷迪讯光电开始上涨形态

正确判断趋势阶段

股票往往以可预测的趋势上涨或下跌，包括长期趋势（大趋势）、中期趋势和短期趋势（小趋势）。理想情况下，我们总能观察到一个主要趋势的开端。但这是十分困难的。大熊市和大牛市不会自己表明身份，市场分析师在宣布新趋势的到来时总是姗姗来迟。事实上，当人们开始谈论新趋势时，那一趋势很可能要回调了。对于投资者来说，此时上车面临的风险很大。

在我们关于走势图模式的讨论中，我们已经提到图表分析师可能根据特定时

第 3 章

间跨度的走势图，来识别长期或短期走势。例如，日交易者可能会对5分钟走势图更感兴趣；相反，长线交易者可能会满足于周线图。当讨论趋势时，你应该理解，这些时间跨度也有一定的随意性。

个别观察

在最近的一个季度末，我决定任选3个时间段来分析我持有的一只股票。尽管我很清楚股票的走势，但这些图表提供了图形化的证据，证明这只股票正显著走高。在短期，我选择了5天；对于中期，我观察了30天的走势；对于长期（显然，这是相对的），我选择了3个月，也就是90天。结果显然鼓舞人心。

5天收益　　**30天收益**　　**90天收益**

4美分　　　16美分　　　24美分

上述结果说明，股票在短期、中期、长期都处于上升趋势。然而，如果我退回到90天之前，则会发现一个完全不同的画面，因为股票在那时正经历一个重大低点。然而，我持有的第二只股票刚刚经历了52周新高后的大幅抛售。我知道短期和中期的趋势是下跌的。然而，长期趋势显然是上涨的。这告诉我，最近的下跌只是暂时的。这是第二只股票的同期数据。

5天收益（损失）　**30天收益（损失）**　**90天收益**

11美分　　　　　　16美分　　　　　　56美分

正如你所看到的，三种趋势同时运作但并不一定一致。后知后觉再看，如果我当时预见到股价急剧地下跌，我一定会抛售第二只股票的。（我本可以以今天更低的价格重新买入。）但总的来说，我仍然看涨这只股票，准备好持有这只股票直至再次突破52周的高点，这可能会在4周后的下一次财报公布时发生。

在这里，股票在本季度初期再一次处于低迷状态。它曾大幅上涨，却只能在紧张的投机者惊慌失措时被打压。在我看来，这次股价的走低纯粹是技术性的。基本面依然良好。假以时日，我完全相信能以更高的价格卖出我的股票。

在这两个例子中，我能够在市场下跌时仍然持有自己的股票，因为我相信股价一定会上涨。回顾过去，我发现，和所有的低点一样，股价触底的特征是焦虑的投资者大规模抛售，而意识到股票价值的投资者大量积累，寻找在价格低点买入的机会。现在，3个月过去了，我想我们知道谁有能力利用好的投资机会。

如何知道市场正从看跌转向看涨？答案很简单，你不知道。事实上，重大的趋势变动常常在最后才被人意识到。所需要的是有根据的猜测。一种策略是从短期开始分析股票的趋势，并在时间上进行推进。你可能会在不景气的市场中得出看涨的短期趋势；接着，随着时间的推移，中期趋势可能是看涨；最后，你可能会进入一个全面的牛市，而权威的专家会说，"我曾经告诉过你会这样"。

我们在这里谈论的正是"门下冒烟"的典型表现，我们必须在消防部门被召集之前发现房子着火了。当然，在这个例子中，我们使用相同的比喻来表示"烧着"的好运。

努力在趋势变动之前捕捉到变动趋势的技术分析师，试图通过监测一系列可能给出股票超卖的早期信号的技术指标来将股票排序。最高收益的获得发生在股票的主要趋势刚刚从下跌转为上涨时，这不足为奇。然而，为了捕捉到这种趋势，你需要经常密切关注股票的短期走势，通常是每日走势。有两种简单的方法可以发现哪些股票有这样的特征。一种方法是查看当地报纸上最活跃的股票名单。第二种方法是查看高收益率股票的排行。通常，这些名单上的候选股是那些根据可靠新闻或强劲的财报信息可以判断出已经脱离盘整模式的股票。这些股票往往占据头条——至少在它们股价飙升的时候。一旦有其他股票占据头条，它们

第3章

往往会被新闻界遗忘。但这可能是一个重要的趋势即将开始的提示。当然，除非有一个一天的奇迹证明确实如此，否则我们要格外小心，因为股票欺骗众多投资者在高位买入后会价格回落。到目前为止，我们无须强调股价变动需要高成交量的配合。异常的高成交量是几乎所有准备好产生高收益的股票所需要的。

尽管一只股票在首次突破并开始上涨时会得到一些宣传，但真正得到公众的认可是在股价翻两倍或三倍之时。那时你会在CNBC或者新闻头条上看到这只股票。检验这种论断的一种方法是在主导的网络平台上追踪那些被认为具有良好前景的股票。通常，看一眼股票走势图就会发现股票运行良好。几年之前，在我以27美元一股的价格买入5000股百思买公司（Best Buy, BBY）的股票后，我亲历了这种宣传跟随价格的理念。当时，沃伦·巴菲特也表达出对该公司的兴趣，并且在吸筹股票，但很多权威人士认为股价被高估了。当股价达到37美元一股时，我卖出了我的头寸，很快获得了50000美元的收益。在那时，我对我成功的投资感到满意。然而，直到它以高过50美元的价格交易时，它才成为真正的热门股票。现在，这只股票已经以每股80美元左右的价格交易，分析师们强力建议买入！当我以27美元的价格买入百思买公司的股票时，他们在哪儿？（注：百思买随后进行了三对二拆股。因此，股价回到了55美元附近，如图3.8所示。）

毫无疑问，你能够理解，给出较强的买入评级通常是相反的卖出迹象。这与运动员出现在《体育画报》的封面或一家公司登上《华尔街日报》的头版类似。一旦你到达了一个显赫位置，接下来的必定是下行之路。"趋势是你的朋友"，这句老话我一直不太认同。你如何了解趋势？我们谈论的是短期趋势、中期趋势还是长期趋势？任何人都可以在股价急剧上涨后观察价格走势图，并宣布股价上涨的趋势。但是这意味着这个趋势将会持续吗？

一旦价格走势开始，并以该趋势持续下去，那么交易的趋势很容易判断。但是市场中经常会出现恼人的弊端和获利抛盘。当不可避免的获利抛盘出现时，你可以指望的是，许多投资者将在错误的时间抛售股票。对于那些具有远见、预见到股价会上涨的投资者来说，这确实是一个机会。当事件发生时，你需要问自己的一个问题是：这种下降是否代表趋势的改变？通常情况下，你需要寻找低价加仓的机会。

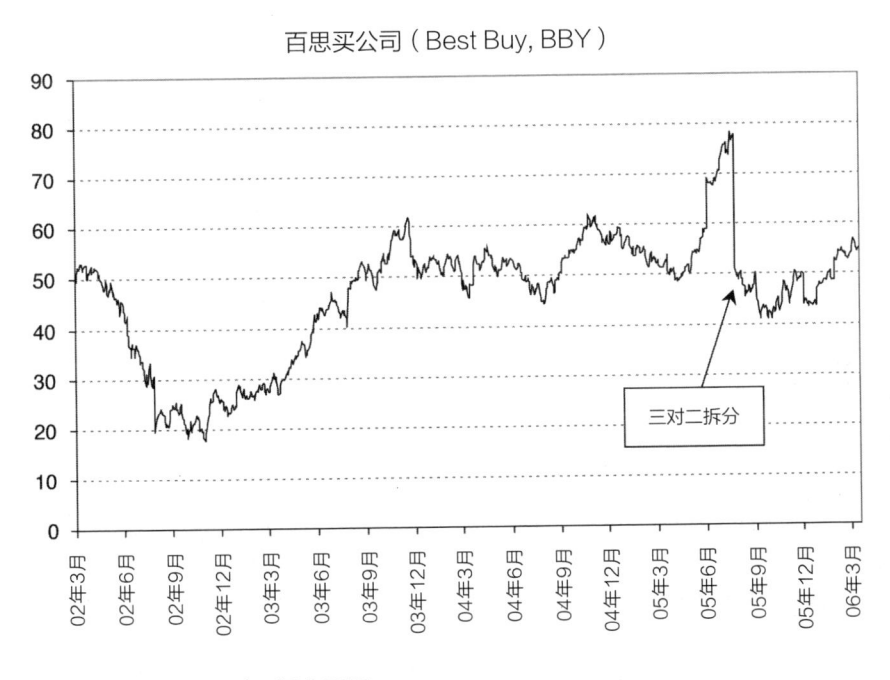

图3.8 百思买三对二拆分股票

不要在获利抛盘冲击市场时被蒙蔽，试着预测股价大幅上涨后的下跌。我们的价格和时点研究表明，回调是健康且可预期的。由获利抛盘或其他因素导致的股价下跌是健康的，因为它为下一次更高的股价埋下了伏笔。从某种意义上说，可以预料到，没有什么东西会永远直线上升，即使股票注定以高价交易。如果你快速浏览图3.9，奎斯特通讯公司（Qwest Communications, Q）的年走势图，你很容易发现该公司的股票，四舍五入后每股有2美元的收益，从大约2.75美元一股上升至4.75美元一股。根据斐波那契计算法，由于市场通常会回调初始波动的0.681，因此支撑位大约距离最高位1.25美元，即3.50美元左右。这正是奎斯特通讯公司停止下跌的价格。这次下跌给了新进入的买家一个在回调中买入的机会。

该股最近创下超过10美元一股的52周历史高位。

趋势可以成为你的朋友——如果你知道自己正在做什么的话。

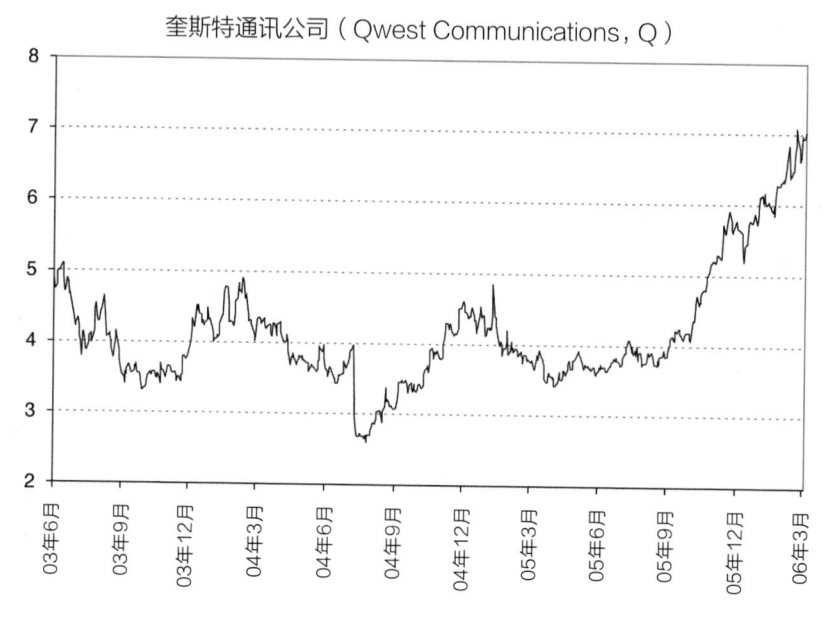

图3.9 奎斯特通讯公司

发现金子

没有什么比市场更令我惊讶。我经历过许多不受欢迎的股票成为正当的高价股，而华尔街的宠儿跌落神坛的情况，我唯一的反应是：还有什么更新鲜的东西吗？我曾经持有一家备受瞩目的手机公司的股票，事实证明，该公司一整年在纳斯达克表现倒数第二，正因如此，该股票比其他3300多只股票都要差。随着股价从10美元以上持续下跌至零，公司管理层发表了一份又一份关于公司生存能力的声明，股票分析师不断在公司的电话会议上讨论管理层的问题。当然，我们听到的无非是一场骗局。最后，这只股票没能得救。

这样的经历提供了强大的动力，让我们不再被这种谎言影响自己的投资决策。然而，任何对我们投资活动的坦诚评估都表明运气的成分仍然存在。问题是，我们的感知经常被不远的过去所蒙蔽。几年之前，我继承了一小笔钱（确切来说是18000美元），我想将这笔钱投入股市。我买入了一家小型医疗保健提供商的股票后，就几乎忘记了这项投资，因为起初的价格轨迹是横向的。后来的一天早上，我正在观看（NBC），节目报道这家规模不大的医疗保健提供公司的股票被停牌了。

我迅速拿起手机给经纪公司打电话，担心发生最坏的状况。

"那只股票怎么了？"我问电话业务员，"我知道股票已经停止交易了。我希望公司没有破产。"

他正在电脑上输入符号。

"没有，先生。好消息。它看起来要被收购。"

"如果是那样的话，一开盘就把股票卖掉。"我告诉他。

一夜之间，我18000美元的投资增长到了50000美元！我获得了某种非凡的好运。之后，我用这笔现金买入了一辆全新的保时捷。

如你所见，一个人可以一直做正确的事，却是错的。相反，你也可以做错误的事情，却变得正确。是因为运气吗？可能是吧。但是我更倾向于相信我们值得拥有我们自己创造的运气。总之，一切都是来之不易的。如果你让自己处在获胜的位置上，你将总能获得你的份额和好运。几年之前，我在一个人手下工作，他经常说，"我们一直在做正确的事情"。当然，他的意思是照顾好客户，寻找新客户，一步一步建立业务。他获得了巨大的成功。

在股票投资上，你必须做同样的事情。并非每只股票都可以成为赢家。这是肯定的。但如果你坚持采取正确的步骤，你将会发现能成为赢家的股票。

我们已经提到，在探寻低价股时，每个人都喜欢能成为赢家的股票。但结果表明，仅仅关注已经被证实是赢家的股票是错误的。被低估的公司很少出现在赢家名册上。你更可能在52周股价新低的股票名册上找到便宜股。股票天然是周

第3章

期性的。所以，今天的赢家不太可能在接下来的几个月里复制过去的成功。这里再次强调，逆势操作理论被证明是有效的。为了说明一个不受欢迎的股票如何可能成为明天的赢家，请看棒球统计数据。当纽约洋基队最近陷入低迷、地位下降时，全国讨厌洋基队的人感到高兴。但洋基队是一个实力强大的团队，不会长期萎靡不振。他们取得了令人印象深刻的连胜，地位重新爬升。通用的法则是，任何偏离正常标准的过失（或高或低）都将回到中心。棒球统计数据和股票都是如此。因此，那些失宠的股票应该被视为升值的可能候选者。

领先的商业出版物，例如《财富》《福布斯》《投资者商业日报》和《巴伦周刊》，一直刊登着最受人推崇和不受欢迎的公司名单，读起来很有趣。所谓的华尔街宠儿备受推崇，然而不受欢迎的股票常被嫌弃。同样的股票每天都出现在报纸最活跃的榜单上并非巧合。这些股票享有最高的参与度。投资者对这些经常登上金融出版物头版的股票保持着热爱。朗讯、迪士尼、微软、沃尔玛甚至摩托罗拉得到的关注总能比最底端的500只股票加起来还多。令人惊讶的是这些股票常常表现平平。这引发人们思考，投资者真正在追求什么。《财富》很擅长推出"精英股票"和"最不受欢迎的股票"榜单，你可能认为后者难以望其项背。但数据表明事实恰恰相反。似乎受欢迎程度不总是股价未来表现的衡量指标。

对于股票分析师，股价是股票成功与否的最终裁定者。分析师可以炒作一只股票，可能使股票出现短期回升。但最终，公司在股价上起作用。公司表现的好坏一定会反映在股价上。

投资者面临的困境是，如何区分那些真正毫无希望的公司——如世通公司和安然公司——和那些表现低迷却可能准备好东山再起的公司。一旦管理层解决了阻挡公司前进发展的问题，即使是濒临破产的公司也能变得高涨起来，这不是什么秘密。我们都知道宾州中央运输公司的故事。一些航空公司甚至能经受住破产的风暴，成为能独立生存的公司。从濒临破产中成功解脱出来的公司能有一个光明的未来。在另一方面，伯纳德·艾伯斯（Bernard Ebbers）被判处25年也不是巧合。

有时，仅仅一个糟糕的财务报表就能让股价大跌。我见证过许多意外，明白投资者是出了名的不忠诚。他们想要持续稳健的盈利，否则就会抛售。在一份不尽如人意的财务报告发布后，他们惊慌地出售股票，也说明了他们行为的疯狂。公司仍在运转。假以时日，收益总会提高——而且，在通常情况下，股价会高于原来的高位。

再一次强调，赢家是在股票下跌时还继续持有的股东，或者那些买进支持股票的新投资者。

最后，我们都能理解为何股价会在坏消息发布后下跌——但是"因谣言买入，因新闻卖出"现象使得股价在利好消息出现时下跌又是为什么呢？这个奇怪的现象发生在投资者预期与现实不符时。没有公司能被持续预计表现优异，就像六年级学生不能精通医学知识一样。如果市场存在机会，那就是一家公司表现出强劲的增长势头但股价却下跌的时候。在过去的几年里，我见证了许多这样的情况，管理层确实有所改进，但公司股价却继续下跌，因为收益并非稳健到符合投资者的预期。显然，有一种良药能解决这种特定的市场情绪——买入股票！

我已经提到过在市场上创造你自己的好运的理念。我的意思是做那些可能带来好运的事情。我个人的方法是聚焦一些股票，密切关注它们。我们曾经听到过，"不要把鸡蛋放到一个篮子里"。但这却正是我建议做的事。因为持有大头寸的小盘股能够获得巨大的收益。当你真正多样化投资，就像权威专家建议的那样时，你就不会注意到你正在关注错误的股票，而未聚焦于几只股票。这种把鸡蛋放到一个篮子里并小心观察的方法会出现意外吗？当然会。你可能选择了错误的股票。但通过聚焦几只股票，你能够高度关注你持有股票的细微变化，从而为丰厚的收益开道。

底部反转

我们都希望在股价触底时抄底买入。这种迹象在事后是很容易识别的。但是当它发生的时候，股价下跌的底线通常却很难发现。发现底线的第一步是在心中预想这样一种底部形态。股票的走势前景相当不明朗，而且卖出量往往是压倒性的。所以，如果你想用你的情绪来判断是否接近底部，一个可靠信号是，你感觉你不会再想买这只股票了。市场的利空情绪在触底时达到顶峰。在这样的情绪下，没有人想要买进时，也许就是你应当买入的时候。

这些年来，我做过很多抄底的尝试。我十分坚信摊平成本的做法（在股价下跌的时候，我买进更多）。通常来说，你所购买的股票的价格不会跌到零，虽然这在少数情况下是可能的。所以你必须谨慎对待。如果你发现自己变得过度激进并且执着于寻找买进的机会，你可能正在走向破产。你应当激进一些，但是不能搞砸。资本市场流传着这样一句话："我在第一次下跌的时候买入，第二次下跌的时候我也买入，第三次就轮到我下跌了！"这意味着是人们自己引起的恐慌，让大盘跌到了新低点。虽然这种说法很明显是夸大了，但是仍然有一定的道理。

大盘在最高点和最低点时都会表现得十分过头。我的一个朋友在谈及预测触底情形的时候，这样说道："这个行情不会再上涨了"，他又补充说，"直到最后一个多头都死掉了"。当然，所谓多头，是指那些买入股票的人们。这是弥漫整个市场的情绪。要使股价上涨，它必须先下跌。这就是为什么事实常常与期望的情形相反。例如，投资者预期获得正收益。他们就会做一件符合逻辑的事，那就是争相报价使股价更高。当所公布的营收如预期一样时，股价如落石一般跳水。或者，投资者确信美联储降准会抬高股价。当利率确实下降时，股价也崩盘了。股市中还有许许多多像这样纯粹违反常理的例子。记住"逆向思维分析之父"汉弗莱·尼尔说过的话，"当每个人都以相似的方式思考时，每个人可能都是错的"。

在任何行情触底时，你都可以打赌说每个人错了。如果他们对行情的判断是正确的，他们可能会忙着买入而不是卖出。不久之前，当我持有的一家公司股价正在明显地触底时，我在雅虎金融（Yahoo Finance）上观察了这只股票的讨论区的评论。评论完全是向一边倒："到此为止吧。我跑路吧。我不会再买这只股票了。""这家公司马上就退市破产了。""管理层又骗了我们。""看看别的股票吧。""这只股票不再会涨了。"3个月内，这只股票的价值翻倍了。这种纯负面的情绪反而让我感到自信，因为我意识到人们的判断在关键转折点时很少是正确的。确实，当你发现自己的观点和大多数人都相同时，就该担心一下了。

正如你所看到的，正确的买入和卖出都是一个孤独的过程。我在交易所做交易员的那段时间里，我发现人们漫无目的地游荡在交易所内，试图找个人说话。"这些债券肯定会涨，对吧？"他们会这样问。这被称为谈论你的头寸，它明显地表示出他们看涨这些债券但是已经失去了希望。他们寻求认同，来确定他们是在市场正确的一边。

在图表中，你可以看出"心灰意冷"是如何表现的。你会看到新的低点一天又一天出现，直到最后一根稻草压死了骆驼。那就是这个过程结束的标志。确定过程结束的依据是收盘价。如果收盘价在急剧跳空向下后又收于更高位，你就有了技术分析中所说的反转日。这是全力买入的标志。要进行这个操作，你必须知道最后的低点已经确定了，并且这个低点必须有支撑。你还必须动作迅速，因为不久后爆炸性的反弹就会发生，这常常是被短线操作者拉升所致，在争分夺秒的行情中，他们会惊慌地买入。

如果你一直在关注你的股票的走势图和趋势线，你会注意到，下跌的趋势线在价格开始上涨时就已经被打破。触底日的成交量往往会双倍乃至3倍于日常成交量。股票不可能在真空里发生如此戏剧性的变动。

一旦趋势改变，并且趋势由低位向高位转移时，你就必须开始执行你的买入计划了，寻找价位的波谷处然后增加头寸。新的趋势形成了。

回顾这样一段反转，你会发现三件事：第一，在触底前完全没有看涨情绪；

第3章

第二，当股价暴跌然后反转时伴随着成交量的好转；第三，当人们盲目地抛售时，买入是需要勇气的。如果你能够完成这些壮举，你理应得到来之不易的丰厚回报。

如果你想要找到一只具有买入机会的股票，请看花旗集团（Citigroup，C）。花旗集团，四舍五入后52周内交易价格的波动范围在45美元与50美元之间，目前正在低位附近交易。如果52周的低价能够保持，股价将不可避免地出现逆转，如图3.10所示。

花旗集团（Citigroup，C）

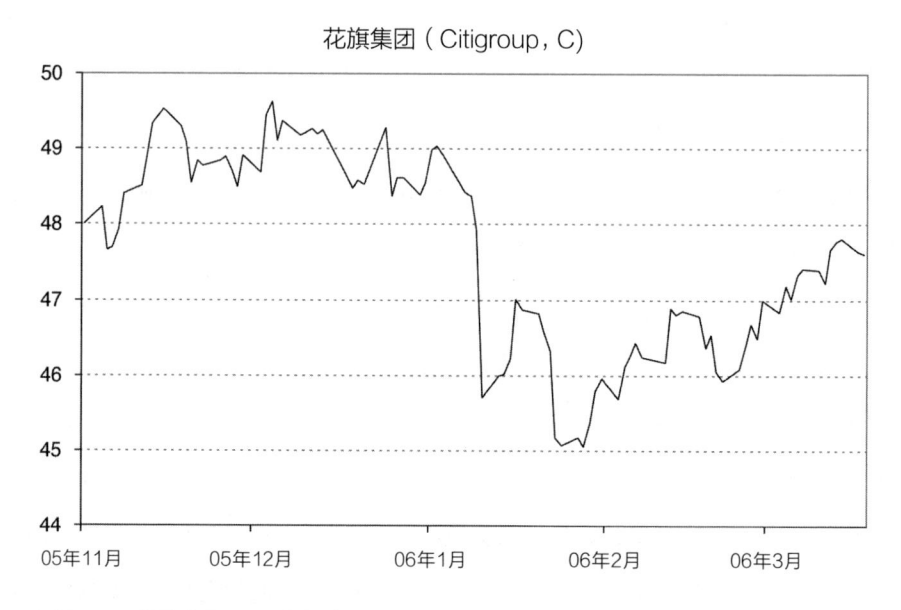

图3.10 花旗集团：买入机会

当股价走高时，新的买入肯定意味着低点的走势已经结束。再看最后一眼，花旗集团正以48.41美元一股的价格进行交易。

激进买入

仅仅能精确指出市场趋势是不够的，除非你愿意做一个聪明且富有锐气的买家去利用那些趋势。当你仅仅想了解一些信息而非想要赚钱时，要谨慎买入，即我所讲的试水式买入。知晓何时何地买入是一门真正的艺术。正如我们已经讨论过的那样，发生在任何一个从一个交易水平走向另一个水平的突破都是绝妙的机会。随着获利盘的退出，首轮趋势开始放缓，第二个、第三个机遇便会明晰起来。抛售会不可避免地拉低价格，而价格下降就是你该买入的时机。三轮绝妙时机的买入之后（铭记"三"的法则），你就可以舒舒服服地坐着，等待价格上涨。

当然，有时再继续买入会太晚。在这个阶段，继续持有你手中的股票是没问题的。但是不要增加头寸，因为风险回报比无疑会随着价格升高逐渐对买家不利而对卖家有利。如果出于一些原因你没能在突破和随后的降价阶段买入，身为新人，不要试图追高。这种铤而走险的买入风险极大。

如果你发现自己正在摊平成本（即股票降价时买入更多），你必须遵循"三"的法则。在盘整范围之内，"三"的法则对于降低你的总体买入成本十分有效。然而，3次低价买入的尝试后，股票会恢复上涨的势头。如果没有恢复，你可能在计算上犯了严重的错误。你得做出一个决定，是放弃，还是继续持有股票？

我们已经讨论过在突破时买入的概念，以及买入新高的策略如何将我们投入高风险行情中。然而，逆趋势策略要更复杂一些，因为你正在以更低的价格操作，或者在进行逆中期行情交易。你必须知道，股票价格最大限度的逆趋势移动不能超过初始移动的0.618（或者约60%）。从定义上来讲，当用此策略买入时，你需要一个有力且清晰可辨的回升趋势。正是与上升趋势相反的下移提供了买入机会。此外，0.618的回撤基准是你所能够承受得起的最大价格回撤，明白这点很重要。有一个悖论：价格略降低一点时买入是正确的，但是降低一大截时买入就不是什么好主意了。换言之，在盘整阶段买高比买低强。背后的原因是股票在确定的技术模式内交易。一旦股市跌得太厉害，多头就会感到焦虑并转为空头，并且，如果下跌趋势持续，很快全球股民都会想抛售股票。只要目睹任何一次市场的骤降，你就会明白这句话的真实性了。

第3章

根据我们刚才讨论的影响因素，基于先前的支撑位或趋势线的价格回落是增加头寸的好时机。将钱投入股市后，技术分析师们经常试图获得最大百分比收益。他们想通过在尽可能接近中期波动的底部时买入，以将风险最小化。因为支撑位、趋势线，以及最终0.618的斐波那契回撤位是预计中价格停止下跌的位置，也是大众买家盯着的位置。当然，违反这些重要的位置中的任何一个都可能代表着一切都玩完了。也就是这个时候，你会被动离开股市，价格也会骤降。

股票不同，往往交易模式也不同。这是另一个你应当将交易范围限制在少量股票的原因。这样做你会在股价起伏时依旧安心。假设你知道你的股票以及应对新闻事件时它们会如何表现，你就不会在一次虽不熟悉但正常的波动中被震出市场。举个例子，我拥有一只公众持有相对较少的股票。即便是微不足道的新闻也会让股票大起大落。因为我明白这点，我知道当好消息冲击市场时它就会迅速恢复，所以我并不在意它的下跌。

然而，你必须为这样的情形做准备：一只股票不再像以前那样交易，并且开始违背规律和理性。这种事有时发生在高度投机的股票上，它们会突然间吸引一大批追捧者。价格波动可能并不真实。不幸的是，这种事经常发生在股票几近登顶时。这时股价大幅上涨，而投资者们会欣喜若狂。要警惕这种感觉。这意味着离灾难已经不远了。当你不相信你在股市上赚的钱时，你会不可避免地遭受报应。出售股票以获得利润；结局近在眼前。

股市自我修正模式不复存在，便是股市进入所谓的加速上涨的信号。当越来越多的买家在高位买入，却发觉股价一再升高时，股市的上涨不再受获利吐盘的影响。接着便是一个自我实现的预言。最后的买家高位买入之后，价格只有一条路可走，那就是下跌。任何毫不犹豫一路直上的股票都不可避免地会给最晚加入游戏的买家造成损失。在加速登顶的最后阶段买入的投资者不是激进，而是鲁莽。市场是在恐惧和贪婪的循环往复中进行交易。当贪婪压倒性地支配了市场时，这种情形就出现了。有句老话是这么说的："多头能赚钱，空头也能赚钱，但是猪头却永远被宰。"

何时减仓并退出

  不是所有你买的股票都能盈利。所以，不要指望每一笔交易都赚到钱。我们的思路应该是让盈利超过亏损，但从许多投资者的交易行为里你看不到这点。他们紧紧抓住亏损的股票不放，而从盈利的股票中只赚取些许短期利润，而不是任利润增长壮大。每年我的体检都会提醒我一些交易者是多么没有头脑。我的医生自认为是个投资者，他经常告诉我，"有了利润就去兑现，你就不会破产"。但我只想说："医生，药不能停。"如果你任亏损在失败的交易中连连攀升，为追逐蝇头小利而让良机溜走，那么即便有了利润就去兑现，你无疑也会破产。如果每一笔我赚的钱等于20笔小额的亏损——即每笔成功的投资盈利足够抵消亏损，我知道我就能发财。幸运的是，这不是我的胜败比率。但这个道理很重要。胜败比并不重要，重要的是胜败的相对规模。

  我们的流行文化过分强调胜利，当提到承认失败时，投资者们的单纯经常使我震惊。CNBC的分析师说的话会让你有种没人亏过钱的印象。此外，我也被这些要求分析师说明他们是否持有股票的新的披露规则弄糊涂了。对我来说，持有股票是愿意说到做到的证明。我希望分析师持有股票。事实上，如果股票值得一买，为什么投资者要听信一个没买过这只股票的分析师的话呢？也许评论员称赞这只股票只是因为分析师的经纪行想把股票甩给毫无戒备的公众罢了。

  大部分进入市场的投资者都未曾想到交易不利的一面，这并不令人吃惊。那么假如他们错了呢？他们有退场计划吗？总的来说买股票是危险的，但低价股尤其危险，因为高风险股票的炒作总有太多难以预料的东西。投资界广为人知的信条是：报酬总与风险相称。无论你有多成功，你也无法摆脱风险。那么为何不明智行事，接受风险呢？每次我买入好的小盘股时都会想我可能在犯大错误。事实证明，其中一些的确如此。但那并不意味着我惧怕风险。我的理念是接受并管理风险。

新入行的投资者经常从他们自己的财务状况出发处理风险管理的概念。这无疑是处理风险的错误做法。风险与你经济来源的规模无关，而与你买卖的相关股票的价格活动有关。当投资失去意义时就该带着亏损离开股市。股票可能已经打破支撑位或违反趋势线；换言之，技术情况已经改变了。与你买入的价格太高从而撤出股市全然不同的是，现在这场暂时性的受挫已经侵蚀了你的股票。股票不知道你持有它们。市场也与你无冤无仇。从股票价格上涨的机会和你的底线（你的钱）的冲突入手是看待这个问题的另外一个方法。别想钱，想想你手中的股票。

当你从完全的投资新人成长为职业投资者后，你就会发现，经验更丰富的玩家具有极强的风险意识。当股票价格翻一番时，职业投资者不会思量再三，想着至少要获利。标准规则是在这个阶段减少一半头寸，留下另一半等待市场继续上涨时获得额外利润。但是交易新手们对待风险更漫不经心。他们将好运看做理所应当，而且随着财富增加愈加自信和傲慢。简而言之，老手了解风险，而新手不了解。这就是投资新手不断被卷入灾难中（如近年来的互联网泡沫）的原因。老手将这些灾难视为反常现象（这也的确是反常现象）并且离开。新手仍在为他们的命运哀叹。有句鲜为人知的阿拉伯谚语是这样说的："拿走你想要的，并为之付出代价。"这句话直击责任这一概念的核心，而尝试危险系数高的冒险，无论是投资股票还是环航世界，都需要责任。

明智地交易股票的责任有一部分在于管理风险。传统观念认为头寸应被止损指令保护。从理论上来说这样很好，但同现实往往有很大出入。按一定价格出售股票的止损指令一旦触及就变成了成交指令。这意味着你的股票将按照一定价格卖出。按照市场的情况，成交价格可能与初始止损价格相去甚远。这完全取决于执行经纪人在哪里为你的股票找到买家。因为止损经常集中在可预测的地方——

比如52周低点下方，或低于支撑位和趋势线的地方——它们很容易被经验丰富的投资专家们操控，这些专家明白一旦止损价被触及，市场就会死灰复燃。明确地说，市场下跌时，你的卖出会带动更多的卖出。卖出的狂潮将造成市场下跌，至少暂时会如此。此时，在你将股票低价卖出时，快速利用止损指令的专家们将会进入市场并买入。下一步就是上涨，你的股票也加入了上涨的行列，但此时你已经离场。如果你不相信这种完全合法的事情会发生，问问自己，为什么你能以止损指令卖出股票。对市场老手来说，利用止损指令震出投资者是常规操作。它也被称为虚报高价或虚报低价，这取决于止损价位设置在哪里，以及市场的总体方向。

还有一个讨厌的问题，即被称作超前交易的、备受喜爱的非法行为。当市场内部人士（比如场内专家）接到买入特定股票的订单时，超前交易就会发生。他预见到一笔大订单造成的影响可能会动摇市场，所以他抢在客户之前用自己的账户买入这只股票。客户的订单将以更高的价格成交，这种情况下，专家可能向客户出售，也可能不会。而根据订单大小，专家的利润可能达到上百或上千美元不等。

如果你在挫败中感到失望，不用担心没有方案能解决止损问题。你需要考虑当时的情况：对于你的总体价格目标，市场短期内会如何表现。我们买入低价股时大多都是在试探市场。在预期的低点买入叫做抄底。（在某些时候这种做法被叫做空手接飞刀。）我们用有限的方式尝试寻找一只在未来数周或数月反弹后会看起来便宜的股票。我们做出在这个价格买入的决定，可能是出于一些根本性原因，或者也可能出于纯粹的技术原因。我们可能只是想抓住一只会上涨的股票。风险在于股票可能继续下跌——或者，干脆变得一文不值（但愿不会如此）。过去10到15年间我曾有过4只相互独立的股票跌得一文不值。其中一只实际上已经证明了它很能赚钱，因为我察觉到不祥之兆并退出了。其他3只则为我敲响了警钟。有一只是互联网泡沫股票，我仅持有100股。但还有一只以6位数的亏损告终。一位知识丰富且理性的投资者怎么会犯这种错误？其实很简单。你降低了防卫，拒绝接受现实提供的信息，通过激进买入，你将问题复杂化了——简而言之，这些都是导致灾难发生的完美条件。解决这种愚蠢的唯一答案是自制力。在时间和价格上你都必须设立目标，然后严格地执行达到目标的各项标准，不然就必须尽快离场。老话说得好，好心常常会办坏事。

在下达止损指令时，请记住我们说过的关于上涨前的新低的情况。在止损中抓住最后一次行情是本书介绍的最古老的经验。不要成为在52周低点卖出股票的那种人！要避免这种情形的出现，我更喜欢使用一种被称作心理止损的策略——不是在经纪行操作止损，而是将止损位记在你的脑海中。那样一来，如果在最近的低位继续探底，你也不会在底部止步。这需要很强大的自制力。如果下移是合理的，你必须甘愿离场。到底应该设置止损吗？这取决于你承认错误的能力，以及你观察市场的密切程度。不设置止损位不是说如果市场形势不利于你，你也不会离场。相反，你是愿意离场的，但是你不希望被专家利用止损指令将你震出市场。

我们已经提到不是所有股票都以相同方式交易。一些股票要比其他股票动荡。在设置止损时你必须将这种波动程度的区别考虑进去。波动性越强，止损点应设置在距离市场价格越远的地方。衡量波动性的一种方法被称作贝塔（beta）系数。贝塔系数测量某只股票相对于其他股票而言的波动性。贝塔值高的股票需要比贝塔值低的股票在更远的地方设置止损点。严格止损的明显弊端在于，你的头寸在市场随机游走中被抛售，并且股票在你离场后飙升。

止损操作也可用于保护你的收益。一旦你的某只股票产生盈利，你就可以使用一种叫做追踪止损的策略去追踪走高的趋势。追踪止损点将随价格水平升高。然而，你必须在每次想改变止损点的时候移动它，因为它并不能自行改变。如果你有提供全面服务的经纪人，你可以让经纪人去为你追踪止损。同样，弊端在于价格的暂时性下跌会触及止损位。

一些投资者使用过去的低点设置止损位。这种做法挺好，只要你明白，通过将止损点位设置在正好低于支撑位的地方，你就有可能遇到止损触及而离场的情况。正如你所见，止损位的设置是一种艺术，它经常让投资者置身于进退两难的境地。如果你设置了止损位，而止损位被触及时，你可能会后悔；如果你不设置止损位，你也可能后悔。最后，无论设置止损与否，你都必须记住将损失控制到最小是很重要的。小的损失一旦发生，很快就会被遗忘。但若你固执己见，让小损失变成大损失，这种错误将在未来数年都缠绕着你——更不用说它对你的退休账户造成的损失了。

趋势性强的股票

有些股票的趋势比其他股票更明显。通常，当我买进一只股票，而它成功地走高时，我会卖掉它然后转向其他股票。我很少会回头交易同一只股票。但有些股票会给你留下这么一种愉快的感觉，就好像它们是你许久未联系的老朋友似的。你乐意听闻它们的近况，虽然不会打电话去联系。库力索法工业公司（Kulicke and Soffa Industries，KLIC）的股票就是这样一只留给我美好回忆的股票，公司制造半导体组装工具，是电脑芯片制造商用于将电路封装到已完成装置的焊接线设备的顶级供应商。公司处于一个多多少少与半导体工厂共命运的周期性市场。

我对库力索法的喜爱始于几年前，那时我以5美元和6美元之间的价格买进了8000—9000股，然后股价迅速地涨到了9美元到10美元之间，我就是在这个价格出售的，见图3.11。我记得股票的走势就像法拉利在公路上驰骋一般。没有意外，有的只是稳步上涨的股价。我一卖出股票就把关于它的事情全抛在脑后了。几个月前，我在浏览一些图表时发现了库力索法。它的股票已经跌到了5—6美元的支撑位水平，和我几年前购买时一个价格。

第 3 章

库力索法工业公司（Kulicke and Soffa Industries，KLIC）

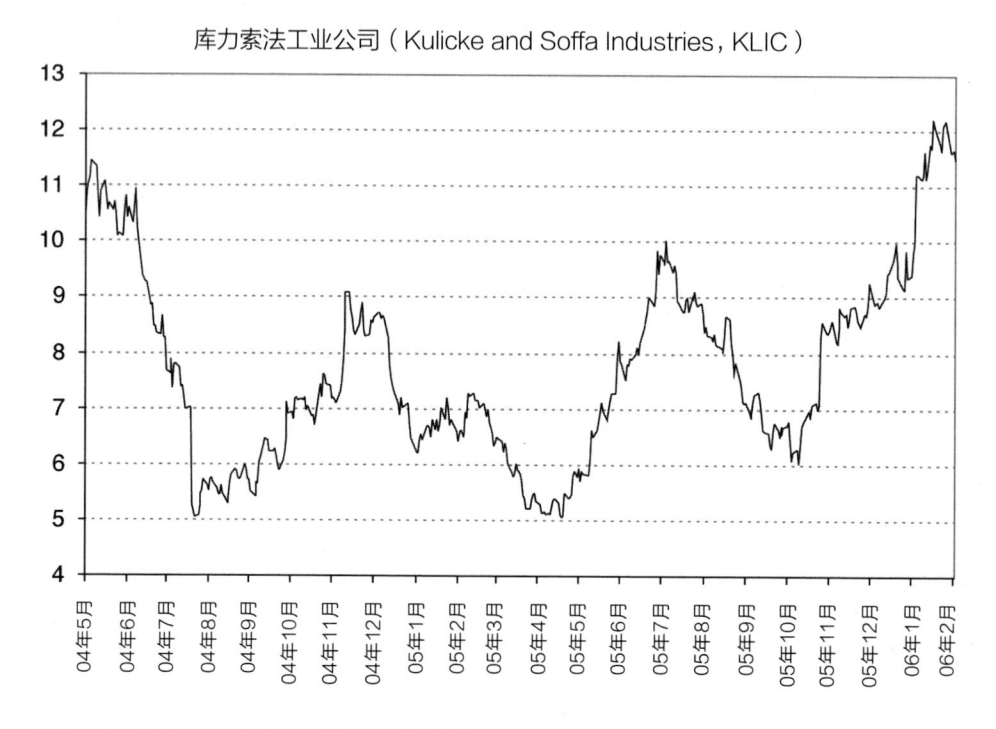

图3.11 库力索法工业公司：周期性市场的例子

我认为这可能是买进的大好时机，但是正如同市场上经常发生的那样，我同时还把心思花费在其他股票上，随后我就走了，没有买它。最近我又一次瞥到库力索法公司的图表。库力索法又一次拥抱潮流，回升至9美元、10美元一股的水平。这只股票真像块叫人喜爱的蛋糕。

当你发现某只周期性股票的趋势总是很好时，要保持对它的监测。在库力索法的案例中，假如你是卖空者，你可能在下跌时损失掉同样的钱，因为这只股票在两个方向上趋势都很强劲。当然，从逻辑上讲，股票停止下跌的位置应该是之前的支撑位。然后它掉转方向，又回到了从前的阻力位。我不是建议你们在旧的阻力位买入——或者甚至是卖出。但是某些股票的特征，比如趋势性强，是会持续的。很显然，有些股票是你可以一次次回过头来买的……就像和老朋友相处一样。

趋势性弱的股票

在另外的一些情形中，有的股票的表现代表着公司所做的一切都是错的。几年前，在激进买入一家初创的、未经市场检验的生物科技公司股票时我犯了一个大错，公司表现得像一个优柔寡断的少年。因为关于它突破性的新药的传言满天飞，股票到处都有人买。然而，尤其麻烦的是管理层坚决不肯妥协的态度，他们拒绝向股东或者新闻媒体坦露任何事。他们甚至不肯告知金融界公布其收益报告或者召开新闻发布会的日期。我经历着一次又一次挫折。股价持续震荡，反复掂量后，我放弃了，蒙受了巨大的损失。我从未想过我会对某个公司或者某只股票有着如此强烈的厌恶之情。

然后有一天电话响了。

"你看到关于那只股票的新闻了吗？"我的一位朋友问道，她提到的是这家生物科技公司的股票代码。

"啊，"我说道，"别再跟我提那只股票。"

"有些东西正让它上涨，"她说道，"两天内它已经翻了一番了。"

"别再跟我提那只股票。"我重复。

"那好吧，我打算买它了。"她坚持。

"买它？你是说你要卖吧。"

"我现在就要买它。"她说。

"去吧，"我回答，"去抄顶吧。"

于是她真的这么做了。那之后，股票一落千丈，并且开始表现得像是……呃，一个罹患多重人格障碍的青少年。我随后了解到她已经亏本抛售了。我对于放弃这只股票并不后悔。

回首这段经历，我记得，我将这只股票的潜在爆炸性表现错误地理解为它即将上涨。股价的波动不过是华尔街对炒作的反应罢了，除此之外什么都不是。无论何时你看到"突破""爆炸性增长""未开发的潜力"这样的字眼,就要当心了!这是个没有收益却有着失败的药物测试经历的公司,甚至图表看起来都像是在向你竖中指。公司给出的承诺与现实不相符。而股价最终反映了公司未遵守的承诺。它跌下来了。

我们在这讨论的是两种极端情况:走势理想的股票和被过度炒作、存在潜在欺诈性的高价股票。在主要交易所的上千只上市股票中,这两种股票比比皆是。

反弹理论

主张在赛马场设置障碍的专家会告诉你,纯种马在两场或三场比赛中表现差劲,但它们经常会恢复领先。根据这个理论,优良马匹的能力非常突出,它们不会让充满障碍的旅程或一开始糟糕的表现阻止它们前进。另一理论是,有一些已经证明会取胜的马,它们的训练员甚至可能用某些比赛作为未来高风险比赛的准备。换言之,他们不是真的打算获胜!

在股票世界里,你也可以将这个理论转换为,一家暂时失宠于投资者的优质公司会反弹回到它先前的高度,或者与此截然相反地,一家在股价竞赛中领先的公司可能会跌落到一个更加现实的水平。

我的关于库力索法的经历无疑对这一事实作出了阐释。当股票跌到它原先的支撑位水平时,说实话,我很惊讶。我原以为股票会在更高的水平上找到支撑。但是一段时间后,像其他很多股票一样,库力索法上涨到了先前的高位,如果它要突破甚至升得更高,你可以轻易发现这上涨是必然的。为什么有些股票会持续反弹到过去的阻力位?

一种近年来在学术界广受欢迎的观点是,股价纯粹是随机的。也许是这样。但根据我的经验,我可以告诉你,从市场中赚钱的专业投资者绝不是随意行事的。年复一年,这些人占据着利润中的大头。就像任何一家有竞争力的公司那样，是金子总会发光的。这所谓的随机漫步理论表示股价受机遇影响而活动，但是有明显的证据表明市场赢家在利用交易技巧，而这交易技巧并不是随机的。

然而，另一观念更不倾向于接受随机漫步理论。这些金融研究者越来越多地支持这样的观点：股市模式可以被分析，并且成功交易。技术分析人士通过证明价格模式确实有其规律和原因而日益获得声望。他们的结论是：也许在未来，价格可以通过其过去的表现来预测。

我乐意看到这样的研究，即量化股票在3轮强力突破支撑位的尝试之后的上涨动力。我们也可以反过来问这个问题，假如股票3次挑战阻力位，并且在第三次尝试突破时失败，会发生什么。它会转低吗？

反弹的理念很吸引人，因为许多轶闻证据表明，在股票触及主要支撑位之前，卖家会很高兴地看到许多操作的机会。那时，无论他们卖出多少，每次卖出都会遇到更强的出价，股价总是会上涨。

一个理论是，市场总是对新闻反应过度，对好消息和坏消息都是如此。根据这个理论，正面的营收报告可能使股票上涨，形成不错的卖出环境；反过来，糟糕的营收报告会让股价跌落，形成震荡局面。这意味着你该在股价下跌时买入，在上涨时卖出吗？这么说其实并不准确。一些突破和反弹显然会消失。但如果你的股票突破了，它真的会上涨——至少在不可避免的获利吐盘发生之前都会如此。

虽然谈论各种市场理论很有趣，但通过反弹理论我们能推断出什么呢？一是价格被打压的股票更倾向于反弹。库力索法在6美元的时候买入，比在10美元的时候买入更好吗？显然如此。更多的证据表明，在一段固定时间内价格更低的股票比起同一时间段内价格更高的股票可能在未来表现更好。换言之，较高价的股票已经完成了上涨，但较低的那些还没有。

看看有着各种麻烦的KK美国甜甜圈公司（Krispy Kreme Doughnuts，KKD）这个例子。这只曾经的高价股在近几个月损失了超过78%的市值。去年一年，该股

第3章

在约13美元与2.50美元的区间内交易。它的现价为3美元。通过对其走势图的粗略观察可以得知，它已经在两个不同场合挑战过3美元的支撑位。如果不了解基本信息，有人就会认为在KKD位于5美元至3美元之间时，谨慎买入是值得的。坏消息已经出来了，任何额外的负面消息都可能会被认为不重要了，见图3.12。

KK美国甜甜圈（KKD）

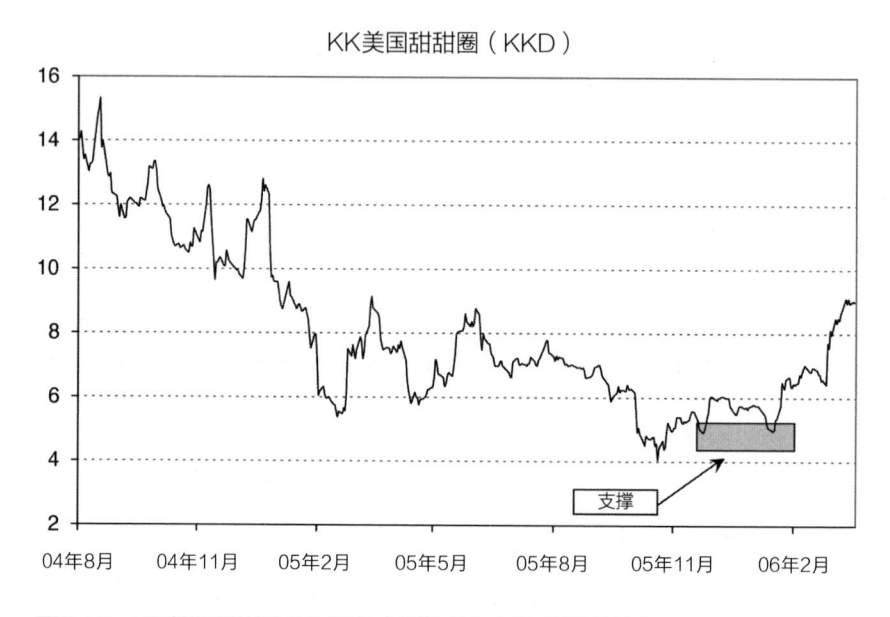

图3.12　KK美国甜甜圈公司显示支撑位位于3美元/股的迹象

借用我们的赛马来类比，考虑一下这个情况吧：当赢面很大的领先者退缩，并声称只是为了钱时，他的形象就会在一定程度上受损，因为人们期待他赢得比赛。下次他再跑的时候，他的赔率就可能更高了，因为赌徒们不再对他的能力抱有信心。当然，对他的支持者来说，如果他赢了，更高的赔率就意味着更丰厚的回报。在股市中，研究清晰地表明当完败的股票（不可能成为赢家的股票）被发现并走到终点时，会创造可观的收益。

你能从低价股中锁定几十只候选者，它们会成为明天的大赢家，这点几乎无须质疑。甚至对一些股票图表的随意一瞥都能找到潜在的反弹候选者：

- 受石油繁荣推动，钻井所有者灰狼股份有限公司（Grey Wolf, Inc., GW）的股票随着关于高油价的利好消息传出，从低于3美元急涨至8美元，见图3.13。

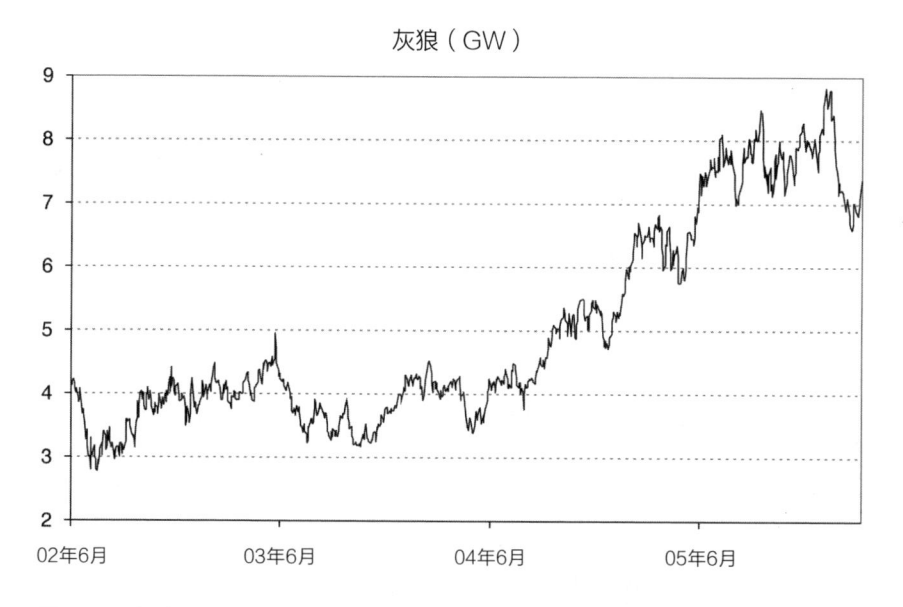

灰狼（GW）

图3.13 灰狼因利好消息急涨

- 总部位于中国香港的欧陆科技控股（Euro Tech Holdings, CLWT）已经在3美元的价格水平上形成了强大的基础。显示未来股价走高的图表呈碟形模式，见图3.14。
- 医疗股埃斯卡隆医疗集团（Escalon Medical Corp., ESMC）在最近几个月遭遇了沉重的下跌，从每股13美元跌到3美元以下，见图3.15。
- 吉纳莱公司（Genaera Corporation, GENR）是一家生物制药公司，它已经从每股4.35美元的52周高点跌到了每股1.32美元的52周低点，见图3.16。
- 柯诺基无线通信（Knology, Inc., KNOL）是无线服务供应商，在美国东南部9个州都有市场。在现阶段的触底反弹之前，股票已经形成了一个强劲的支撑位，随后涨至20美元一股，见图3.17。

第 3 章

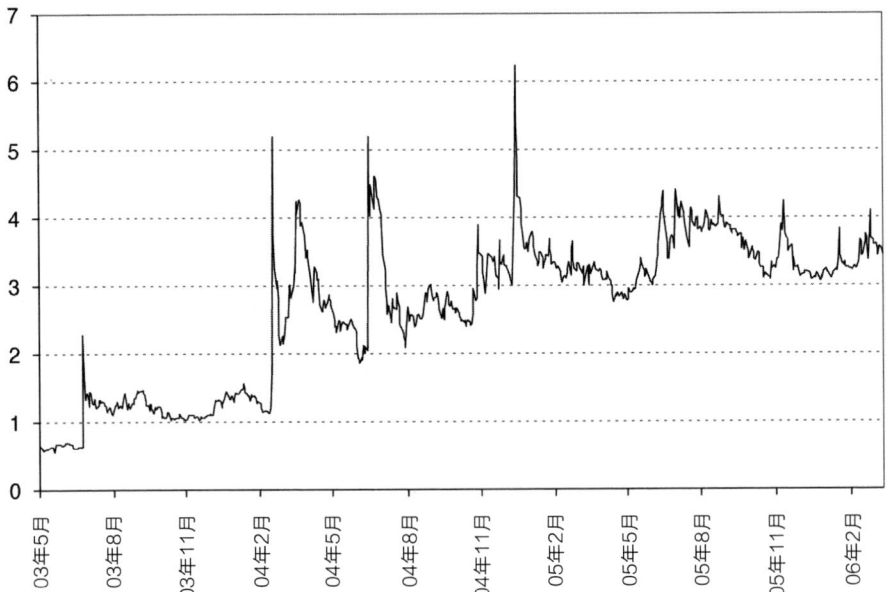

欧陆科技（CLWT）

图3.14　欧陆科技表明未来股价走高

埃斯卡隆医疗集团（ESMC）

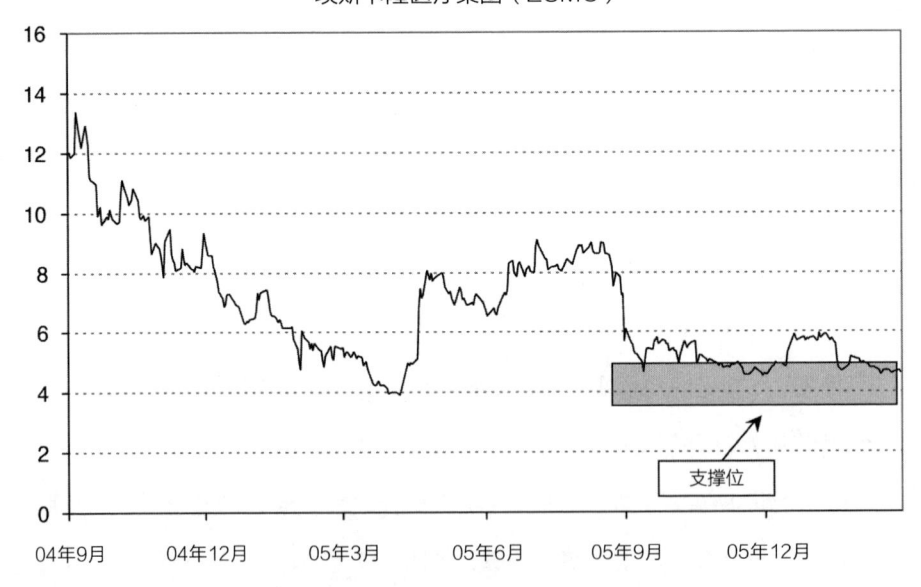

支撑位

图3.15　埃斯卡隆医疗集团的下跌

吉纳莱公司（GENR）

图3.16 吉纳莱公司在其52周低点

柯诺基无线通信（KNOL）

图3.17 柯诺基无线通信触底反弹

第3章

判断反弹时机

　　投资者是一群没有耐心的人。我知道这点，因为我曾在期货市场做过日交易者。我的投资期很少超过30分钟。但当你着手于长期股票买入时，你是在参与到一家成熟公司的成长过程中，而那会花费时间。即便精确找到股票触底是理想的做法，但它的困难也是人人皆知的。你可能买早，也可能买晚。只要你最终能在接近底部的时候买入，就没有多少区别。

　　在序言中，我强调过每个公司都有自己的故事。你会发现，一家公司的自传是一个变化多端的故事，它逐月逐年地改变着，正如同分别处于20岁、40岁以及60岁的你一样。你成长着、改变着，公司也一样。我想起马克·吐温的一句话，是关于一个年轻人的，这位年轻人说道："当我16岁的时候我无法相信我爸爸是怎样一个蠢人。但是当我20岁时我无法相信一位老人能在4年之内学会多少东西。"公司的成长过程经常在投资者视线之外发生。今日启动的商业计划可能在数年内都无法产出成果。出于这个原因，你必须选择一家未来几年会有所成就的公司。

　　当一家公司不被看好时，最好的机会就出现了。这就是专心寻找最棒的交易和最便宜的股票的时机了。当你以1美元一股的价格买入某只股票，随后以10美元一股的价格卖掉时，这真是一笔好得无与伦比的交易。在你拥有它的时间内，股票的价值增加了。对于新买家来说，10美元一股可能是合理的。但是回头看看，你不会相信你曾用1美元买到过同样的一股。

　　你怎样才能找到如此好的买卖呢？首先你需要就可能的边界打开思路。无人知晓未来，但是新科技、新发明使我们未曾知道其存在的东西成为可能。只要有正确的管理，公司就可以实现自我转变。它们可以实现扭亏为盈。它们可以和其他公司合并或者通过首次公开募股筹集现金为现阶段运转融资。有无数种会实现的可能。

　　几乎所有的这些公司运作都需要花时间。它们不会在一夜之间完成。结果就是，投资者们需要耐住性子，让管理层有时间将计划落实到行动上。最好，你对你想买的股票有所研究。但是有许多事情是有可能出错的。你不但要选择正确的股票，也要选择正确的买入时机。你会面临股票选择风险和市场风险。即便是最好的股票在糟糕的市场上也会被击沉。所以，如果你的股票表现不好，可能你需要看看市场状况。我们最近的市场已经连着下跌几个月了。因我买入股票多时了，毫无疑问我买早了。如果等待，我本可以为自己保住大量金钱。但是当然，我在那时并不知道这一点。通过观察几十份价格图表，我意识到自己并不是一个人。整个市场都在下跌。

最终，市场在某天悄无声息地触底了，而现在，几个月过去了，我们之中坚持度过下跌的那些人开始看到了可观的增长。我强烈地认为，最低点已经过去了，更重要的是，虽然现在处于初始阶段，反弹才刚刚开始。根据现在的价格图表模式，好日子还在后面。

为了充分获得某个反弹局面的潜在收益，你可能要等上18到30个月。大多数投资者都想要看到确定性。这就是他们从不打算在价格大幅增长的早期阶段买入的原因。股票只有在走高的时候才会开始吸引人。这也是每个人都想买迪士尼、沃尔玛或是微软的原因。它们的故事已家喻户晓。重要的是，真正的上涨加速出现在股价转折之后的第二年和第三年之间。为了得到股价上涨的收益，显然你需要在正确的时间出现在正确的地点，而这要求你趁早买入。

股票不会将即将上涨这件事宣之于众——但它们经常会透露出这一点。对此，分析师和其他市场权威们在公布某只股票的到来时总是迟到，这点人尽皆知，他们很少赶在发生之前就预测到股票的上涨。正确的做法是，在其他人发现某只低价股之前就把它找出来。发现这样一只股票的地方是你订购的本地报纸，上面会有某只股票创下新低的专栏。诚然，有些股票是遭到致命打击，并且再也无法恢复。但是其他那些股票仅仅是遭遇了暂时的下挫。对于股票的走势，图表是不会撒谎的。如果你发现某只股票已经跌到了低位，而且正在横盘整理，它就

第3章

可能正在积蓄基础。股票最终会在这个基础上以更高价格进行交易。你需要寻找被守住的支撑位，或是虽被打破但随后恢复到支撑线以上的支撑位。你也应寻找上升三角形和指向更高价格走势的图表模式。

不要期待立竿见影的结果。不受宠的股票通常要花费数月才能恢复昔日光彩。一旦你查看了走势图，你就会发现有些股票在最终突破日到来前会呈紧密盘绕状。这就是你应该买入的信号了。一旦突破发生，股票就不会像突破前那样以低价进行交易了。

许多股票被归入这个类别。它们会被打压而大跌，并经历一段时间的盘整。然后它们才会上涨。第一次大涨之后跟随着一段时间的先跌后平，提供了另一个在更高位买入的机会。此时，随着第二次大涨的出现，趋势还会恢复到更高的水平。这就是典型的被市场忽略的股票价格回升的过程。

TIBCO软件公司（TIBCO Software, Inc., TIBX）的走势图是最近不受欢迎的股票的完美例子，见图3.18。最近一年它在5.50美元的低点到13.50美元的高点之间摆动。经历一次重大的触底反弹后，股票被投资者厌弃，重现了其大多数回到低点的活动轨迹。接着是盘整，标志着另一个在升至过去52周高点之前买入的机会出现了。我们怎么知道股票不会跌到支撑位底部之下？我们不知道。但是当支撑位持守很久的时候，出现这种情况的可能性不大。在6美元到7美元的支撑位水平上没有买家经历太多不幸。与此同时，卖家们看到他们的卖出遇到了强势买入。至于说股票会在哪里登顶，看看上次完美的上涨线就知道了。股票已经显示了它的上涨能力。最近它涨至每股8美元。

如果你回顾好几年前，你会发现时代华纳公司（Time Warner Telecom, Inc., TWTC）是只相当便宜的股票，售价在1美元以下，见图3.19。现在机会来了。两年之内它飙升到12美元以上一股。这个时候，股票看上去要重回原来的轨迹——它的确如此。价格随后降到4美元一股，在5美元水平上形成了强力盘整模式。自那时以来，它就不可阻挡地开始了第二回上涨。现在它的交易价已经突破每股20美元了。

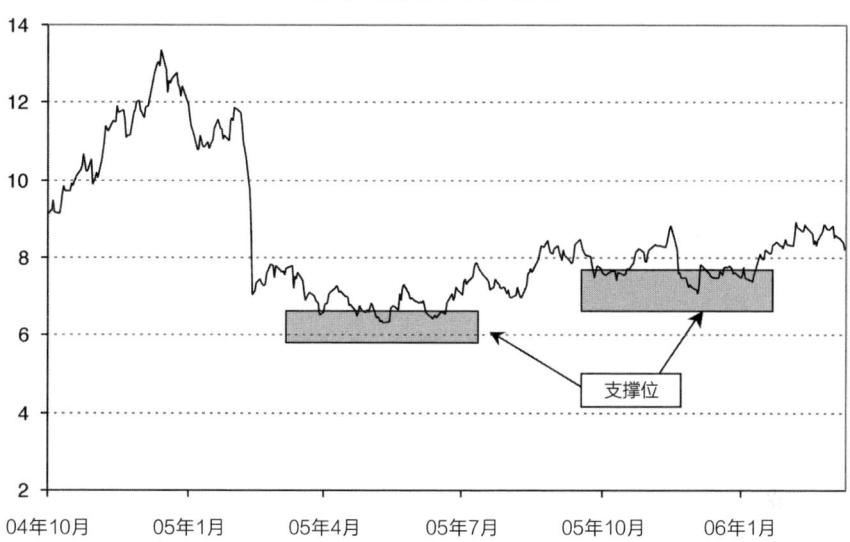

图3.18 TIBCO软件公司不受投资者欢迎

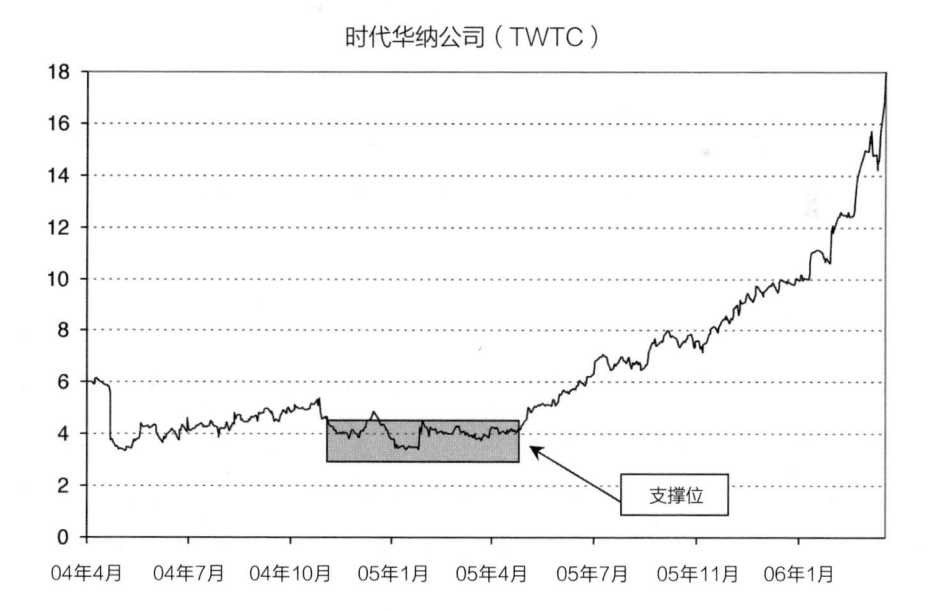

图3.19 时代华纳公司：机遇

第3章

捷迪讯光电（JDSU）的股票直到最近都濒临崩溃，但现在正吸引大批投资者，见图3.20。过去两年，这只股票一次次让投资者失望，但是走势图表现出不同的情况。在形成强力支撑，吸引并鼓励投资者买入后，股票就大涨了。

图3.20　捷迪讯光电引起投资者兴趣

位于堪萨斯（Kansas）的Aquila公司（Aquila, Inc., ILA）是一家我非常熟悉的公司，因为我过去持有它的时候，其股价大约是现有价值的10倍。我很幸运，我在这家公司的股票开始从每股超过35美元滑落到不到5美元之前很久就卖掉了它。现在，它的交易价接近每股3.5美元，这家电力天然气设施公司52周以来在4.24美元到2.90美元之间摇摆。在这些水平上，股票显示出它还会涨的迹象，即便它不可能再次涨回峰顶，见图3.21。

Aquila公司（ILA）

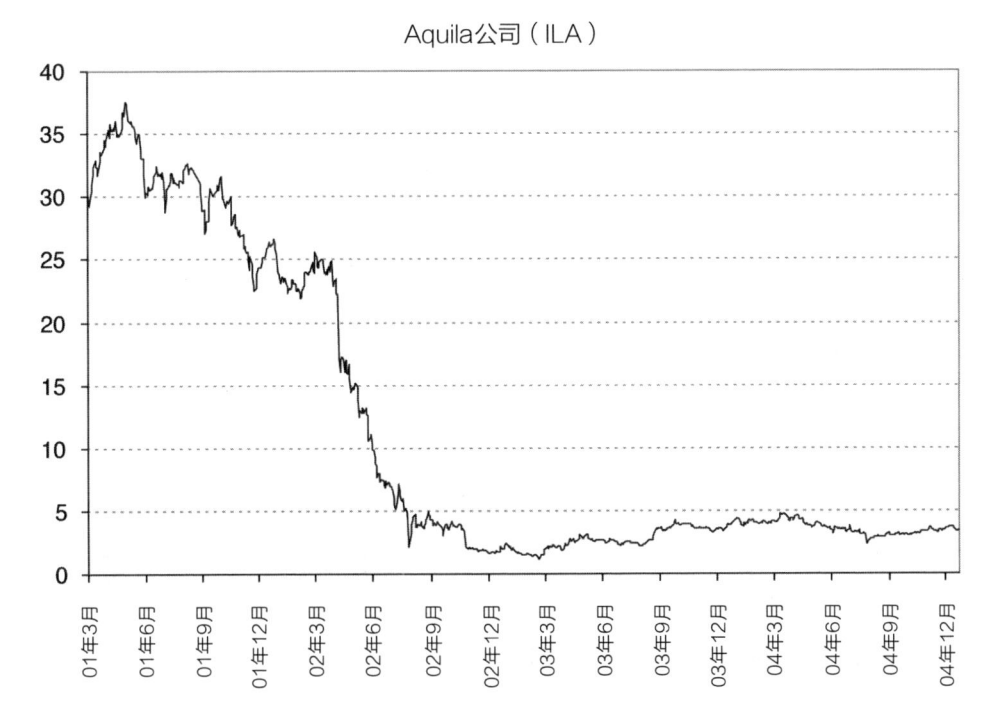

图3.21　Aquila公司的下跌

Zhone科技公司（Zhone Technologies, Inc.,ZHNE）为电话公司和有线网络运营商建造通信和网络设施，这家公司的股票是典型的落后股。几年前，它的股价高达6美元一股。随后便跌到2美元以下。去年，股票一直在1.06美元和1.64美元之间进行交易。现在，股价大约是每股1.20美元，见图3.22。

虽然在你阅读本书的时候，这几家公司可能无一能提供买入机会，但它们都说明了即将反弹或经历了反弹的股票的潜力。可以肯定的是，许许多多其他股票也有相似的潜力。总部设在加拿大的RIM公司（Research in Motion, Inc., RIMM）是当下流行的黑莓无线设备销售商，它发行的股票是落后股的另一个突出案例。它曾一度卖到约50美元一股，而这个公司的股价在跌到10美元以下并停滞了几个月之后，在分拆前价格猛涨至每股超过100美元。现在，股票交易价超过100美元一股，而它曾经极为廉价，低于10美元，见图3.23。

第 3 章

图3.22 Zhone科技公司：典型落后股

图3.23 RIMM：另一典型落后股

买入时机

什么时候该买入？简单地说，是当股票预备上涨的时候。详细的答案需要更多解释。让我们聚焦在这个等式的买方——卖空的对立面，开始我们的讨论。卖空在市场中有着一席之地，但当你关注低价股的时候，就如我们现在所关注的，你还是要侧重看市场的多头方面。

正如你从我们迄今为止的讨论中看到的那样，股价出于一系列原因，经常失去投资者青睐，然后价格遭遇沉重下跌。就像首秀赛中胜率为80∶1的赛马不明白获胜的概率很低一样，公司也几乎无一例外，不能在处理好日常运营之余同时留意股价。除了突然制造的意外结果，公司很少能提高股价，除非它竭尽全力。结果就是，公司经常在技术上严重超卖。这意味着出于大把原因，市场中的偏见会使公司股价低于实际应有的价格。

我们不需要去深究公司被技术性超卖的诸多原因。原因层出不穷——糟糕的收益、衰退的市场、管理层的欺骗、一场没有成效的电话会议，以及各种官司。重点在于，公司股价一直在跌，对精明的投资者来说，有一个潜藏的大好机遇能利用这个机会。我知道你们在想什么：太好了，快告诉我怎么做！

第一步是设置一个内置的雷达屏来监测市场中技术性下跌的股票。长期存在的趋势线崩溃过吗？价格活动会触发止损。股价应该会开始下跌并以更低的价格交易。看跌情绪滋生。在此阶段，对局势不断攀升的绝望感为下一轮股票的牛市播下种子。但是几乎没有人观察到这个事实，因为卖家都正忙着抛售。在仓促离场的时候，下行的动能便积蓄起来了。在适当的时候——可能是几周，也可能是几个月——最后的卖家也抛售结束。这时，你肯定还记得市场不能在真空状态下实现突破。一只股票售出，就会有一只股票被买入。然而，它可能不是以一对一的形式发生的。100个卖家可能在惊慌失措中向同一位资金充足的买家售出股票。股东数量可能下降，但股票数量大抵不会下降。我有个朋友，他通常以几百万股

第3章

开始买入公司股票。你以为他是从3位或4位卖家手中获得这些股票的吗？不。他在这里买入10000股，在那里买入5000股，几周或几个月后，他才完成全部头寸的买入。

在底部，股票可能一直遭遇贬值。但通常，底部形成于一系列恐慌的、痛苦的卖出活动，且时不时地被价格尖峰所打断。这种价格活动对于买家和卖家来说都不能让人神经放松。看跌的幽灵不会轻易散去。即便暂时的回升也会首先遭遇大量的卖出。但最终，支撑位会持守下来，而股票会上涨。当下跌得以充分平息后，技术指标立即转向积极。这是趋势改变的信号。基本面将进一步实现一致。

看一下升阳微系统公司（Sun Microsystems, Inc.）的情况，它是曾经的华尔街宠儿，近年来却已失宠。这只股票近年来一直在3.50美元和5.5美元之间往返。股票以倒"V"形形态完成了它的跌势。现在，它的交易价接近19美元，见图3.24。

升阳微系统公司

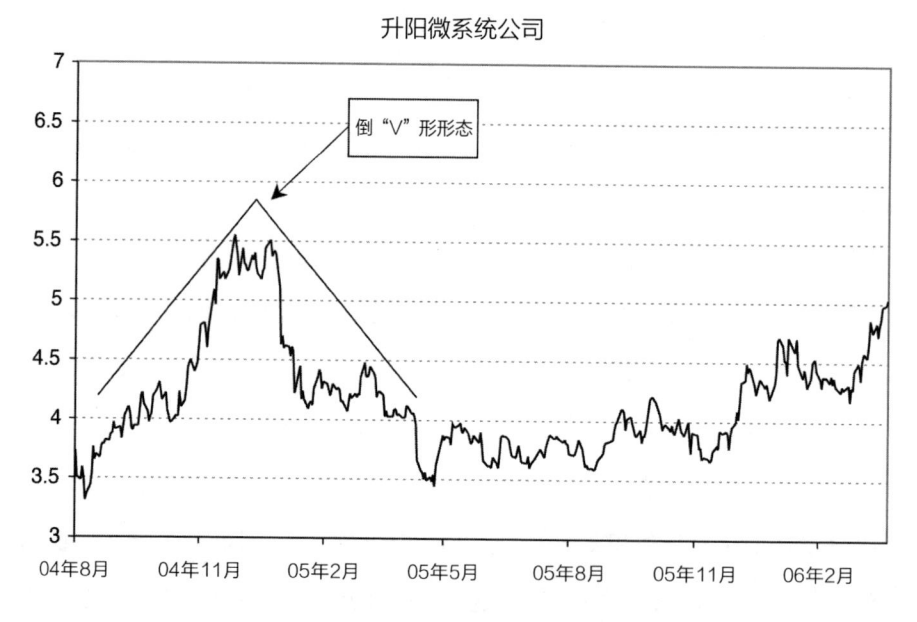

图3.24 升阳微系统公司触底反弹

股票在5.50美元登顶后，在3.50美元的价格是处于超卖状态吗？当然是。许多技术指标（其中大多数我们还没有讲到）都指向超卖状态。问题在于，没人愿意空手接落刀。升阳微系统公司需要花费时间重新获得投资界的热情支持。

一些股票会在恐慌性抛盘的过程中结束熊市。之前提到的捷迪讯光电，当它跌到每股1.32美元的52周低点时，就经历了这么一天恐慌性抛盘。股票在接近日波动范围高点的位置上收盘，这是下行结束的信号。之后它上涨到每股超过1.75美元，现在的交易价为4.11美元。恐慌性抛盘标志着从5美元以上一路长期持续下跌的结束。

可以说捷迪讯光电恐慌性抛盘准确地指向了它熊市的结束吗？即使没有什么是确定的，但对于公司股票持有者来说，漫长的噩梦可能终于过去了。股票近几周已经有了非凡的成交量。

粗略地浏览朗讯科技公司（Lucent Technology, Inc., LU）的走势图，就能清楚地知道，最近几个月公司的下跌趋势已突破，公司的股价开始走高，见图3.25。像朗讯那样的公司，会有许多投资者很不开心。仅仅几年前，股价以每股超过80

图3.25 朗讯科技下行趋势

第 3 章

美元的价格猛跌,在底部1美元到2美元之间找到支撑。任何发生在像这样的股票上的反弹都会吸引认为"有总比没有强"的卖家。虽然如此,因为恐慌性抛盘最后还是发生了,公司的股票最近就有了上涨的势头。

技术分析的一个基本教条是,让股价活动来说话。技术人员会迅速忽略根本因素,因为他们相信股票的所有故事都归结为一个数据,那就是市场价格。买卖双方就特定股票的内在价值在市场价格上达成一致。买家愿意在这个价格上购买,而卖家也愿意在这个价格上售出。

因为你有了已确定的均衡价格,买卖双方在此价格上达成一致,你需要一个反作用力进入市场,驱动价格上升或下降。这里不乏提供这种反作用力的因素。也许某位分析师就股票提出买入建议,或者公司的CEO可能在CNBC上露面。也许,美联储会降低利率,然后整个股市可能享受好几天更高的价格。金融圈有句名言:市场总是对的。那就是说,无论你的预期、梦想、希望如何,你最终必须尊重市场赋予股票的估值。华尔街专家们可以轻易称赞某股票前途光明,但是市场更清楚这一点。这一概念的生动例证就发生在安然公司最后的时日里,公司CEO肯尼斯·莱(Kenneth Lay)以公司前景一片大好,以及他自己——董事长本人——也实实在在地买了股票为理由安抚他的员工,他们中许多人一生的积蓄都在公司的股票上。这当然是个谎言。莱已经卖掉了他的股票。市场没过多久就看穿了这个谎言。股价暴跌,并且最终落在"0"这一真实的价值上。

记住,作为未来的技术分析人士,你要让股票技术状况告诉你它要向哪里运行。当你看走势图时要思考:这只股票将会向哪里走?触底的股票经常会形成一个基础,这是强力上涨的信号。一只股票可能会处境艰难但不致崩溃。或者,一只股票可能低迷且无望回升。这二者截然不同。让大众去买热门股票吧。真正的利润由那些低迷但没有彻底失败的股票创造。

谈到热门股票,快速浏览一下微软公司的股价。过去一年,微软股价在每股31美元到26美元之间(见图3.26)。大多数时候,股票都在走低。现在股价大约为35美元。这只股票每个人都想要。但问题是为什么呢?

微软(MSFT)

图3.26　为什么微软如此受欢迎?

我们比较一下微软的价格活动与另一只不为人知的股票的价格活动,这个公司是位于圣地亚哥的因美纳生物科技公司(Illumina, Inc., ILMN)。因美纳公司股票从位于4美元的低点出发进行了两次典型的走高。第一次走高股价从每股4美元涨到了每股10.50美元。在一次可预见的价格回调和盘整之后,股票在7美元的位置上形成了支撑,接着价格翻了一番,每股超过16美元。因美纳股票现在的交易价格为56美元,见图3.27。

当我听说你买卖低价股赚不到钱时,这是我想到的典型的价格活动的类型:一只以4美元进行交易的股票涨到了27美元。除此之外,如果你回到两年之前,你可以以2美元的价格买入因美纳股票。所以相对于最近更多买家以4美元一股买入,你已经获得了100%的收益。这是只落后股吗? 当然是的。它低迷——但是没有崩溃!另一方面,微软的买家只能满足于分红。3年前微软的股价就在20美元以上。现在，它的价格也才刚刚超过每股28美元。

因美纳公司（ILMN）

图3.27　因美纳：一个更好的选择

永远不要低估落后股的反弹潜力。位于加利福尼亚圣克拉拉的互联网软件供应商极速网络公司（Extreme Networks, Inc., EXTR）是一侧登上高峰却在另一侧遭遇重挫的典型案例。在技术层面上，这只股票做好了反弹的准备，见图3.28。

同样的情况也出现在伦敦的丹卡业务系统（美国存托凭证）（Danka Business Systems ADR, DANKY），去年一年，公司股价从4美元跌到1.25美元，之后反弹到每股2.80美元。随后抛售便在这个价格进行，见图3.29。市场中有种观念，就是股票可能会在它曾经交易过的价格上再次进行交易，而有的股票却从未从首次公开募股的低价上涨。

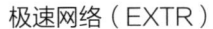

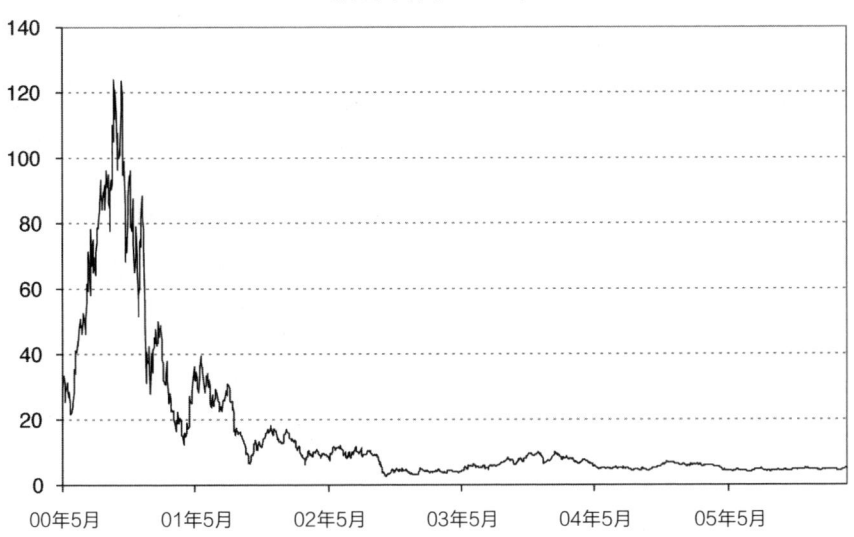

图3.28 极速网络：准备反弹？

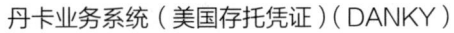

图3.29 丹卡业务系统：也准备上涨？

我们已经提到过,当股票突破并预备上涨时,追踪成交量是很重要的。但成交量提供的一些细微线索也能告诉你反向运动将在何时来临。成交量是技术分析的重要工具,因为通过它我们可以窥见买入和卖出的质量。总的来说,成交量随趋势而变。但当次级趋势(例如价格回调)和(上涨的)主要趋势发生冲突时,成交量的缩水会告诉你次级趋势已经过去。例如,股票在强力上涨,接着发生了不可避免的回落。你要在何处买入?要在下跌基本终止,成交量缩水时买入。比如说你的股票日均成交量为100万股。如果某天成交量达到400000股,且价格在小范围内波动,股票将有机会重启上涨之路。当然,同样的情况也适用于主要趋势是大幅上涨的时候。成交量在顶部缩水,标志着向相反方向的下跌趋势的开启。

花点时间开始监测你的股票的成交量吧。毫无疑问,你会发现,即便在突破日成交量上涨,成交量真正的上涨会在突破的后一日出现。它的出现将在意料之中。大多数投资者会在冒险投入资产之前等待股票表现出一些承诺,在这种情况下,成交量的激增会在次日出现。然而,第二天结束时,股票易出现获利吐盘的情况。第三天结束时,技术状况会转向彻底的危险。出于这个原因,如果你错过了首次突破,你最好还是等待不可避免的获利回调,在低成交量显示获利回调结束时再买入。

总结一下:当超买市场快要登顶时成交量会下降;当超卖市场快要触底时成交量也会下降。在两种情况下,成交量的表现都是反弹的标志。股票只在上升大趋势完整无损时才会随成交量的上涨而上涨。重要的是要了解成交量所处的市场情况——而不仅仅是市场是否会暂时性上涨或下跌。

另一个需要密切关注的地方是大触底时的成交量。我们已经讨论过当最后的卖家卖出后,股票经常是被严重超卖,趋势可能会逆转,股价回升得更高。这种大触底经常发生在股价自由落体时高成交量交易时段之后的低成交量出现之时。寻求触底的股票,股价下跌,而成交量很低,同时很快会向高处反弹。当收盘价处于当天股价波动范围内较高的一端时，形势就尤其好，因为这是典型的反转日模式。在这个例子里，成交量在技术层面上证实了价格活动。卖出已经结束了。现在是时候成为积极的买家了，因为现在的几率对市场多头有利。

然而，还是应该提醒一句。看上去是大触底的形态可能并不真的是。鉴于市场是完全不遂人愿的，股价可能跌到低点之下。对此，抄底者可能着实感到恐慌，导致市场跌得更低。但又是一个存在着机遇的时刻。你可以经常在市场的指令下买入突破股。如果买入立刻会盈利，你就会知道你现在拥有一个在技术上十分强势的市场。几乎所有人都不愿意买入一只正在创新低的股票，这很好理解。这就是为什么几乎没有人能精确地买在最低点。

确保低风险买入

风险意识强的投资者会尽一切努力在接近有效支撑位的地方买入。通过之前的讨论，你会发现所有买入活动的风险并不都是相等的。如果你试图在底部买入，比如在接近52周低点处买入，那会是一项危险的操作，即便股票在技术层面上是被超卖的。谁能说股票不会继续被超卖？那些喜爱用反映市场相对强弱的随机震荡指标的人，会急于告诉你，在市场出现转折前，这项指标很早就能将技术上的弱势显示出来。出于这个原因，聪明的投资者不断完善他们的技巧，以便找到低风险股买入的机会。

可能最安全的买入位置是在大幅上升的反方向运动中。那个时候，股票显示出即将到达某一位置的迹象。反向运动只是股票在急剧上涨后停下来喘息片刻的一种方式。出于这个原因，分析师永远都在计算股票冲击高位时的回调水平。

在这些计算中，最闻名的当属0.618斐波那契（Fibonacci）回调。身为中世纪的数学家，斐波那契试图找到似乎遵循某种数学公式的宇宙的真理。几个世纪以来，0.618的威力似乎成了他最为经久不衰的贡献。

第3章

从操作层面来说，关于这个简单的公式的使用，有两件事情你需要知道。一是买入止损和卖出止损往往都聚集在这个点周围。二是市场的反向活动可能会接近0.618的水平，但不会真正到达它。这两句话的含义是：首先，你要小心地利用接近0.618的止损点；其次，你要在接近0.618之前买入。

当你使用斐波那契回调点去买入股票时，你仅需要计算回调前股价波动范围的大小并乘上0.618，然后用波动范围的高位价格减去计算得出的这一数字。

举个例子，某股票走高，从7美元涨到10美元。因此，这一趋势的长度是3美元。当市场开始反方向走低，用3美元的涨价幅度乘以0.618。四舍五入后的答案就是1.85美元。然后用涨幅的高位价格，在这个例子中是10美元，减去这一数字。得出0.618回调价格为8.15美元（10美元-1.85美元=8.15美元）。

当股票接近这一价格时，它们应该能找到支撑位。这笔交易被视为相对安全的，因为你可以将卖出止损点设置于回调价格之下，从而限制风险。当然，上行潜能远远超过造成损失的下跌风险。

这就是这个理论的核心。你也可以在下跌市场测量0.618这个数字。当然，在下跌市场，0.618精准定位了上涨时的阻力位，与下跌时的支撑位相反。

现在让我们来看一些最近在上涨的股票，看看上涨前反向运动稳定在哪个位置：

- 安捷伦科技公司（Agilent Technologies, Inc., A）最近从每股21美元涨到了25美元。0.618回调数值约为22.50美元。反向运动在上涨10美元，涨到33.50美元以上之前，在23美元价格附近停止。现在这只股票接近每股35美元，见图3.30。

- 摩托罗拉公司先是从大约8美元涨到了20美元，然后反向运动稳定在14美元以上。然后它回升到24美元。0.618回撤价格大约在12.50美元，见图3.31。

- 高露洁棕榄有限公司（Colgate-Palmolive Company, CL）股票从每股44美元涨到每股55美元，上涨了11美元。0.618值约为48.20美元。下跌的反向运动找到的支撑位刚刚位于每股49美元以下，见图3.32。

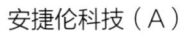

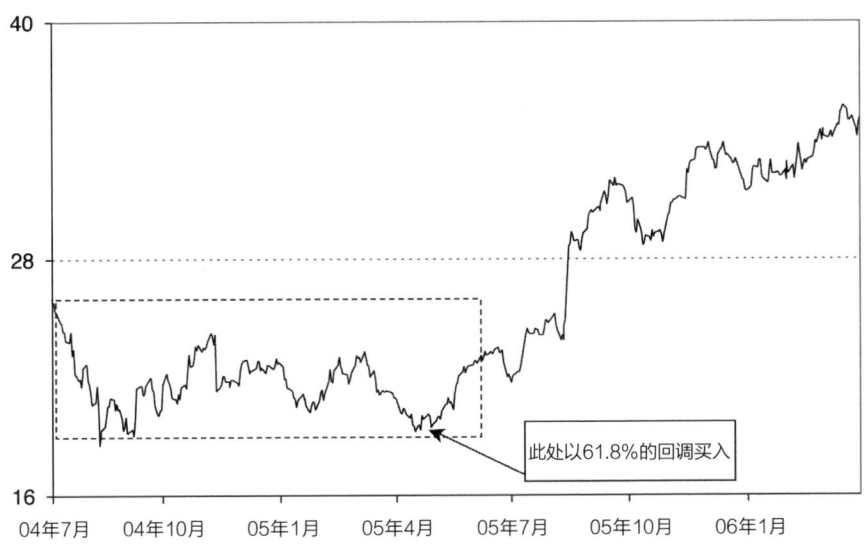

图3.30 安捷伦科技

图3.31 摩托罗拉公司

第 3 章

- 西门子股份公司（Siemens AG，SI）从恰好66美元以下涨到了每股85美元。0.618回调价大约为73.25美元——这也是反向下行运动停止的位置。股票从此处翻了一番，见图3.33。

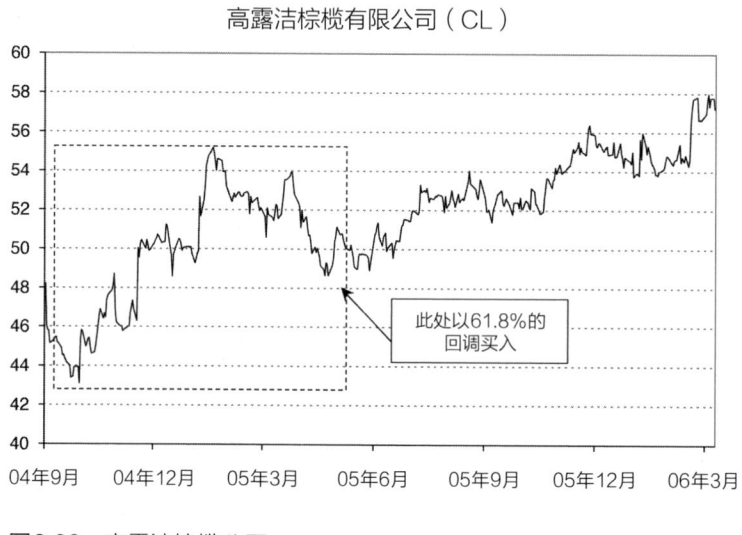

图3.32 高露洁棕榄公司

图3.33 西门子公司

每个案例中反向运动都停在0.618，或者稍稍高于0.618。在那些价格水平上，你有低风险的买入机会。对很多投资者来说，在突破时买入是违反直觉的。他们不想在卖家把市场拉低的时候买入。但这正是可以实现低风险买入的地方：在0.618的回调价格上，或接近0.618的回调价格。多年以来我曾在我的LSS 3天循环法交易系统和时机与价格研究上利用这一入场点。结果显示，最安全的买入位置是在上涨后反向回调价格附近。

无论你是日交易者还是长期交易者，这个原则都适用。市场往往会在波动和反向波动中循环往复。在反向运动时进行低风险买入的时候，你不用冒着风险买到突破失败的股票。你也不用担心陷入另一个危险的策略，即追高买入。相反，你让市场来到你面前，并总是在脑海里用严密的止损稳定市场。关键是第一时间找到上涨的股票。0.618策略不利的一面是你必须耐心选择交易，另外，真正强劲的股票可能根本不会充分回调，给你买入头寸的机会。

当出乎意料的事件在市场中发生时，不要恐慌，而要去试着理解这一驱动价格活动的现象。你确信卖掉底部股票的投资者都考虑着一件事情——钱。这是个错误。正确的方法是分析状况，并且在合适的时候采取行动。无论何时股价上涨，市场下都存在着一个安全领域，股票可以回调到此处，在再次走高之前它提供了一个喘息之机。正如之前提到的那样，用0.618便可以清晰且轻松地定义这个区域。我们不能保证股价会到达0.618回调价格，或者说，如果它们真的到达了，它们便不会下跌。但一段大幅上涨之后很可能紧跟着一段冷静期，而这确实也经常发生。当你了解了一个特定的市场现象，在其他人都陷入茫然的时候，保持头脑冷静就容易多了。学习识别低风险买入机会，你的底线会给你带来丰厚的利润。通过思考市场而不是金钱，你才能做到这一点。

我知道你现在正在想什么：你怎么知道该买入更多？如果股票继续下跌呢？一言以蔽之，是经验告诉我的。在最初的恐慌性抛售中，股票的表现很糟糕，就好像不尽如人意的营收报告常常使股票表现很糟糕一样。假设股票猛烈地跌向支

第3章

撑位。这意味着所有期待着股价上涨的倒霉买家都会赔；在一窝蜂离场的过程中他们一败涂地。我有种似曾相识的感觉；如果我曾见过这场景一次，其实我已经见过一百多次了。所以，当你发现自己有相当多的柠檬时，现状便呼唤你把它们做成柠檬水。最好的机会经常是出乎意料的。就像在生活中那样，你会惊讶于在市场中你常常得不到的东西，结果却往往是因祸得福。

股票会有大量时间停留在支撑位和阻力位，在盘整区域内进行交易，这是规则。之后股价会突然到达新的支撑位，然后稳定下来，接着飙升。

描述某只股票怎样表明是低风险买入会很冗长。"当我看到机会的时候，我就知道机会来了"这句话没什么用处，但它无疑能帮你了解你所有的股票组合。正确的方法是让股价活动来说话。错误的方式是试图事后说股票的走势。我的一位朋友是个非常可靠的反向指标。如果她买入，我就会卖出，反之亦然。她的一个爱好是在即将能获得丰厚利润时选择蝇头小利。就在上周，她打电话给我，说她卖掉了一只获利颇丰的石油股票，当时股票正在小幅度上涨。自那以后，这只股票就一直飙升。

当丰厚利润唾手可得时却选择蝇头小利是一桩不可饶恕的罪行。你需要有大笔利润来抵消不可避免的损失。不久前，我偶然碰上一位朋友，几年前我曾向他推荐过一只股票。我早就从这只股票赚到了钱并把它卖掉了，我完全忘记了我向他推荐过股票的事。他见到我的时候非常激动。

"还记得几年前你向我提过的那只股票吗？"

"记得。"

"啊，我已经赚到了投资额的8倍了，"他说道，"真是个宝矿啊！"

正如我说过的那样，我们双方都忘记了这只股票的事情。我早就在盈利后把它卖掉了，而他一直忙于他的律师事务。与此同时，股票有过上涨的机会。比起事无巨细地管理股票的进展，他仅仅买下它后就让它待在自己的证券账户里。然而，有时，像这样的成功也会带来一些弊端。他现在认为他能在所有的股票上都赚到投资额的8倍。我解释说这种股价的上涨一生只能有一次。如果我知道股价会发生什么，我自己肯定紧紧抓住它不放。

回首已经逝去的机会固然有无数方式，但最好的建议是离开它们。在适当的时候，其他机会也会展现出来。记住每种情况都有其独特的条件和风险。卢称每笔交易都拥有铁一般保障的理论家都是错的。你必须知道两件事情，才能在市场上不断获利：何时买入以及何时卖出。其余一切都是无关紧要的。

在我从事日交易的日子里，我曾就如何识别盈利策略举办过周末研讨会。在一个周末，一位参与者先是辛辛苦苦地勾勒了一个精确定位有利可图的入场点的复杂策略，然后举起了他的手，并询问当某人在最初的多头头寸获利后，建立空头头寸是不是个好主意。即便这个问题问得很真诚，我还是只能想到它是真的非常幼稚。我们每天花费数小时想找到两个好的入场点以便在即将上涨的市场买入，而这位提问者却想抓住市场来去的转折。在市场上涨时选对边已经很难了，想定位突破口更是难上加难，前提还得是有这个可能。

如果你想在投资活动中真正抓住发财的机会，你需要让自己熟悉特定股票的具体细节。52周以来的波动范围是什么？支撑位在哪？过去的上涨是什么样子的？如果这只股票现在正接近，或者刚好处于长期支撑位上，是什么阻止了它这么久不能上涨——以及为什么要现在买入？这些都是合乎情理并且十分必要的问题。这只股票经历过重大变故吗？投资者很快会知道的但还未经透露的故事是什么？以及为什么你了解了这只股票的潜力，而华尔街还没发现任何蛛丝马迹？

技术分析师把时间花在识别潜藏在价格表里的上涨模式上。基本面分析师虽然也试着做同样的事，但他们采用了完全不同的方法，他们是分析收入、收益和成本因素。

我对这两种方法都很有信心，但我首先是个技术分析师，因为我知道基本面因素最终会反映在股价上。你不能隐藏这样一个事实：当卖家反反复复压低股价时，股票拒绝价格上的回调。当卖出遇到强势买入时，股票就会保持在支撑位或

第3章

者走高。这两种情况都是人认为股票值得买入的标志,无论他的理由是什么,而且哪怕市场非常频繁地持续经历着看跌情绪。面对看跌消息还不下跌的股票是高价股的首席候选。

不相信我吧?看一眼WCA废物处理公司(Waste Corporation,WCAA)的走势图吧。这家热门环境服务领域的公司在图表上形成了完美的倒"V"形模式,从8美元涨到10.50美元并且再次下跌。两年前这只股票的强力支撑位是6美元。事实上,上次它跌到6美元时形成了一个三重底,你能找到的最强劲模式之一。现在它的交易价又回到6美元了。

如果我回过头去研究这只股票的基本面,我打赌我能找到许多证据来说明为何股价会跌回6美元。但重要的事实是,即便遭遇了看跌情绪它也维持着那个价格,而且现在正在走高。当新闻标题对环境问题(比如从被淹的新奥尔良城市里抽水)大书特书时,显然未来几个月对环境服务公司的需求会十分庞大。

WCA废物处理公司是个小型的、不为人所注意的公司,成交量也很低,却偶然会出现成交量的激增。看一眼这只股票的图表,你就会立刻注意到面临重大方向转变时成交量是如何激增的(见图3.34)。与此相似的是,股票在长期支撑位上涨的时候,长期走低的趋势线就被打破了。华尔街对这种股票关注甚少。这也意味着投资者发现它们的潜力的过程是很漫长的。然而,假以时日,这个小型环境服务公司会固定出现在金融出版物的专栏里。当然,那时你会想把股票卖给某个刚上市的对冲基金。

在分析这样一只股票时,你至少要到两三年前去识别支撑位。这样,如果股票走低,你得知道它应该在哪里找到支撑。在达到或者接近支撑位的地方就该买入了。偶尔,这样一只股票会打破先前的支撑位。在这种情况下你最好还是卖掉它以减少损失。但是更有可能的是,长期支撑位会持续下去,这意味着你为自己找到了一个很好的买入机会。

WCA公司（WCAA）

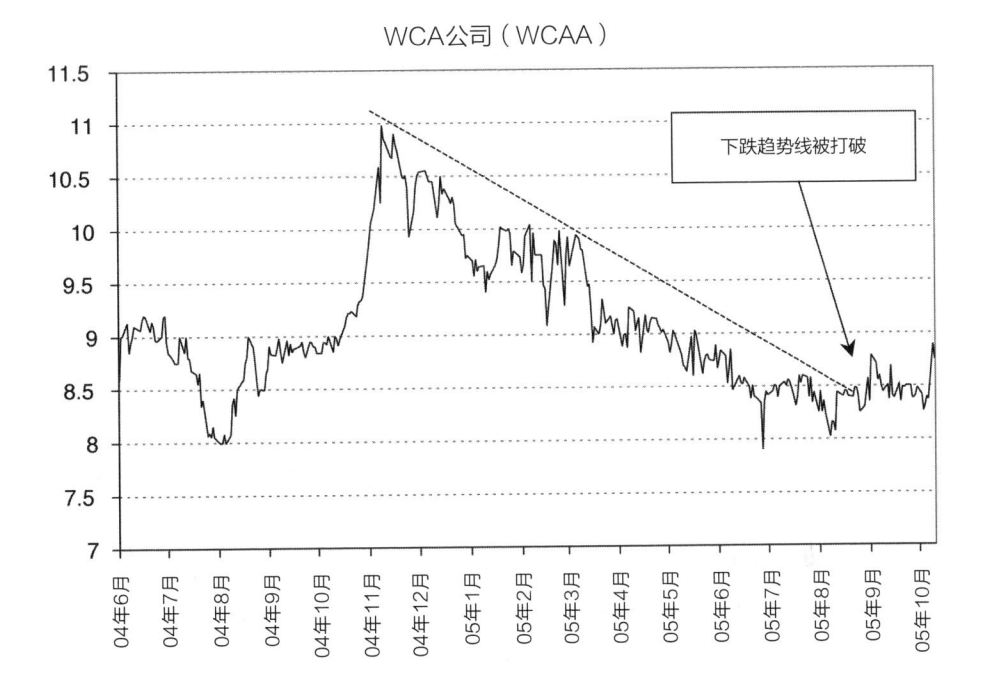

下跌趋势线被打破

图3.34 WCA显示当重大方向转折发生时成交量激增

如果你发现了这样的机会但没有买入，不要恐慌。相反，要耐心等待上涨趋势注定的回调。你要让0.618回调位成为买入股票的最低点。但通常，在高点下面大概40%或50%的位置你就可以实现低成本的买入。记住，等待0.618回调价格的时候你就可能错失整个价格活动。在早期回调价附近买入是很有意义的，因为你这是以低风险积累廉价股。大把低价股在手，你就有许多机会在某只股票的潜力被大众知晓前抓住它。

可以理解的是，许多投资者在底部找到了最便宜的买卖。他们监测着金融媒体专栏里那些创下新低的股票，并寻找会因为恐慌性抛售而下跌的高成交量股票。最优秀的候选者往往出现在知名度最高的股票当中，它们吸引了大量无知投资者的买入，当事与愿违时他们很容易陷入恐慌。这种股票最近的一个例子是加利福尼亚的知名数据存储公司艾美加公司（Iomega，IOM），见图3.35。

第3章

艾美加公司（IOM）

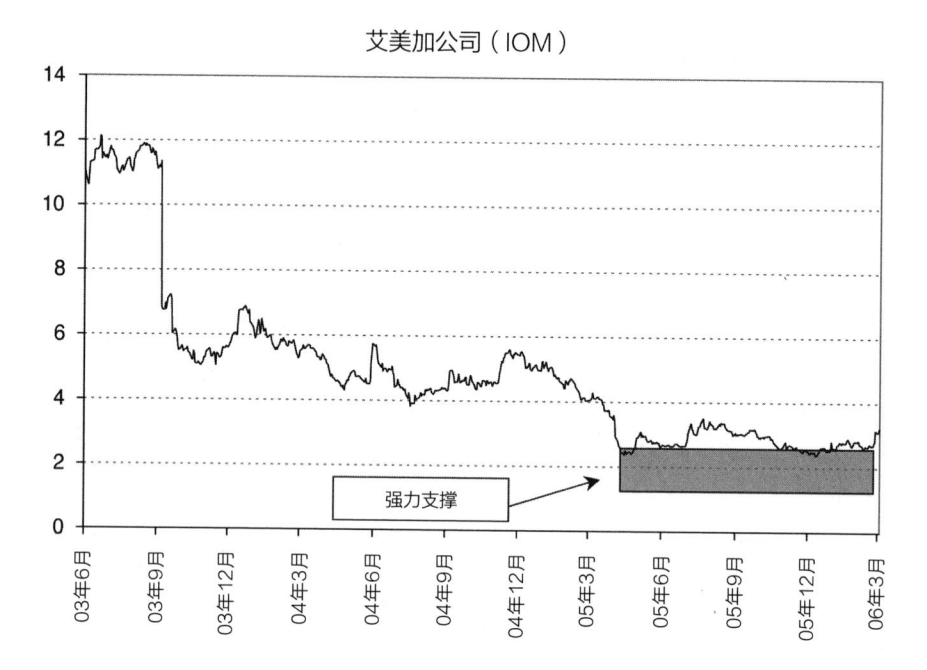

图3.35 艾美加的涨、跌和反弹

艾美加一度在技术性交易员之间广受欢迎。然而在2005年3月，它开始下跌，因为投资者感到恐慌，不分青红皂白地抛售艾美加的股票，成交量很大。3月的这次缺口为期3日（"三"的法则），这段时间内股票在其低点稳定下来，之后上涨了大约33%。在这样一个状况里，你需要了解从众心理，这种心理导致了恐慌性抛售，为没有失去理智的买家创造了机会。股票就此从低点反弹的事实就能说明在底部买入的价值了。

分析艾美加的情况很有趣。3月的缺口日为接下来的交易日和再往后的日子创造了额外的抛售。历时3天的下跌之后，市场准备上涨了。底部现在是完整的，一段时间的盘整后（这段时间内支撑位未突破），股票开始慢慢抬头。在可能形成的强势回升之前，它在2.50美元处形成了一个坚固的支撑位。

当支撑位形成了一个强大基础时，你会收到一个很棒的信号：上涨近在眼前。这是低风险买入的显著标志，因为一般技术规则是，某只股票在特定价格上停留的时间越长（走势呈水平状），接下来它的走势就会越猛烈。

这个模式可能出现在底部，或者实际上出现在上涨过程的任何地方（比如在最初的上升之后）。峰顶是一个例外。你很少看到一只股票飙升到新高度之后却在水平方向上运动。相反，峰顶通常昙花一现，随之而来的就是骤跌，因为多头在抛售狂潮中纷纷离场。每个人都想在峰顶抛售，不对吗？唯一的问题是，一旦大众得知峰顶要出现，想要轻易离场就太晚了。抛售会带来抛售，然后你经常会迎来快速的突破下跌。

想要发现自己是否挤在一群卖家中抛售股票，可以用时间-价格计算方法预测峰顶。但是现在，让我们继续关于识别低风险买入机会的讨论。

到现在为止，应该很清楚的是，在许多情况下你都能安全地买到上涨股。实际上，用荒谬的话来讲，对于上涨股，你可以在任何地方买入并赚到钱。那是因为它们真的在上涨。但对大部分股票来说，做点功课，在风险最低而潜在利润高的时候买入是值得的。那是理想的模式。你将自己置于越有利的处境，你就越有可能不做傻事，比如说在暂时性的突破下跌中抛售。这个场景发生之经常会让你吃惊的。而且，由于墨菲定律的主导，你的错误会被另一个错误加重。在金融市场，墨菲经常被视作一位乐观主义者。

你需要秉持的一个观念是，要在长期支撑位或者突破下跌时买入。当我提到支撑位时，我同时也指的是趋势线，因为这些同样是支撑位，尽管在价格上略高。很明显，风险更大的策略是在突破下跌时买入。一场没有崩盘的突破下跌可能标志着重大趋势反转。风险更小的策略是要多一点耐心，等到你看到明显的上涨趋势，然后在回调处买入。第三个策略是做个抄底者。但这个也免不了危险。万一你正在抄底的并不是真正的底部，而只是价格大幅下跌途中的一个休息站呢？你肯定会大吃一惊的。

当某只股票正强力走高时，图表中呈现的阶梯状结构就成了一个备受推崇的模式。急速上升之后跟着的是单边下跌；在图表上画出垂直线与水平线，你就会得到一张股价上涨的虚拟蓝图。

阿布拉克萨斯石油公司（Abraxas Petroleum，ABP）最近飙升到了9美元以上，见图3.36。仅仅15个月前我以每股不到1.50美元的价格买下了它。最近，它价格翻至3倍，从3美元涨到了9美元。这只股票一路走高并实现了突破。一旦它到达5美元的阻力位，许多投资者可能会以为上涨已经过去，因为他们报价降到了4.50美元以下。但在下一轮上涨中，它突破了5美元的阻力位，并在10个交易日内到达了9美元。多么具有戏剧性的上涨！去年还没人听过这只股票呢。现在它的价值已经提高了将近1000倍了，CNBC报道了这只股票。因为在这里获利颇丰，因此有一点是很清楚的：突破下跌时买入十分有利可图。

阿布拉克萨斯石油公司（ABP）

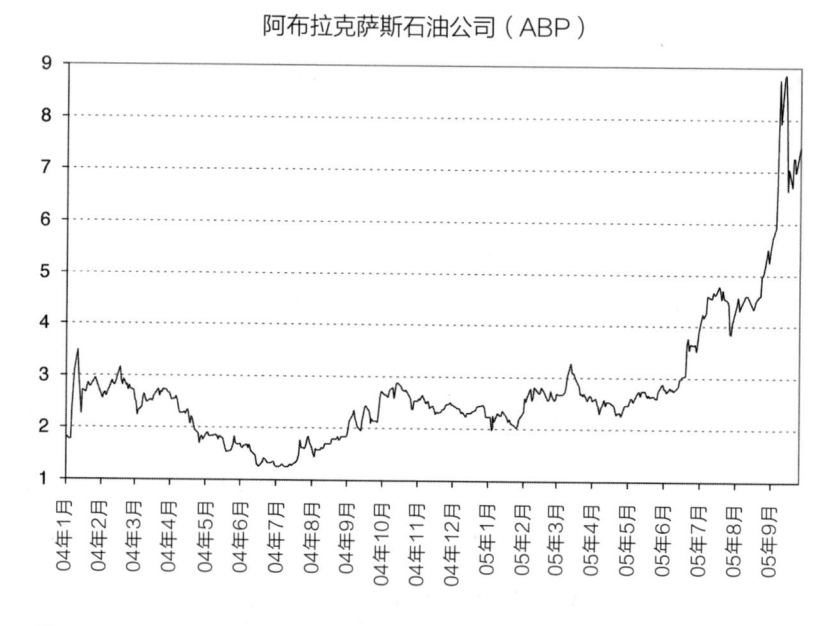

图3.36 阿布拉克萨斯石油近期的急剧上升

对我们之中更不喜欢冒险的那部分人来说，你们可以总是在一次大幅上涨之后买入反向的下跌股。即便随意看看某些价格图表，也能发现股价在以这种方式走高。无论你愿意追踪高成交量的股票或是涨幅大的股票（它们经常是同一只股票），你都会找到一大批可能成为候选的股票。追踪对比平均成交量以及最近一天内的高成交量也可以展现出一批可能的候选者。我拥有的一只股票通常每天成交量在100万股左右。最近某天它的成交量达到了700万股——是平时成交量的7倍。这是股价即将上涨的信号。

一个最近的股票打破新成交量和涨幅的例子是捷迪讯光电，见图3.37。即便我从没买过这只股票，它却让我很感兴趣，因为我很关注陷入困境的公司。很长时间以来，这只股票是没有底的。现在局面发生了转变。在以1.50美元为基础停留了几个月后，仅仅3周之内股价就上涨了60%！

捷迪讯光电（JDSU）

仅仅3周上涨60%

图3.37 捷迪讯光电达到新高

如果你想找典型的低风险买入机会，看看最近一份思安公司（Spherion Corp.，SFN）的走势图吧，见图3.38。它先是走势分明地从每股5美元涨到了8美元，然后做反向运动，下跌到7美元水平，也就是其支撑位所在价格。这只股票大部分交易是在7.50美元水平上进行的，现在它准备突破8美元，或者甚至超过10美元，突破后它肯定会遇到近期阻力位。与此类似的低风险股买入机会的例子还有很多。关键在于先找到最初的趋势、识别反向下跌，然后在支撑位的区域买入。

第 3 章

思安公司（SFN）

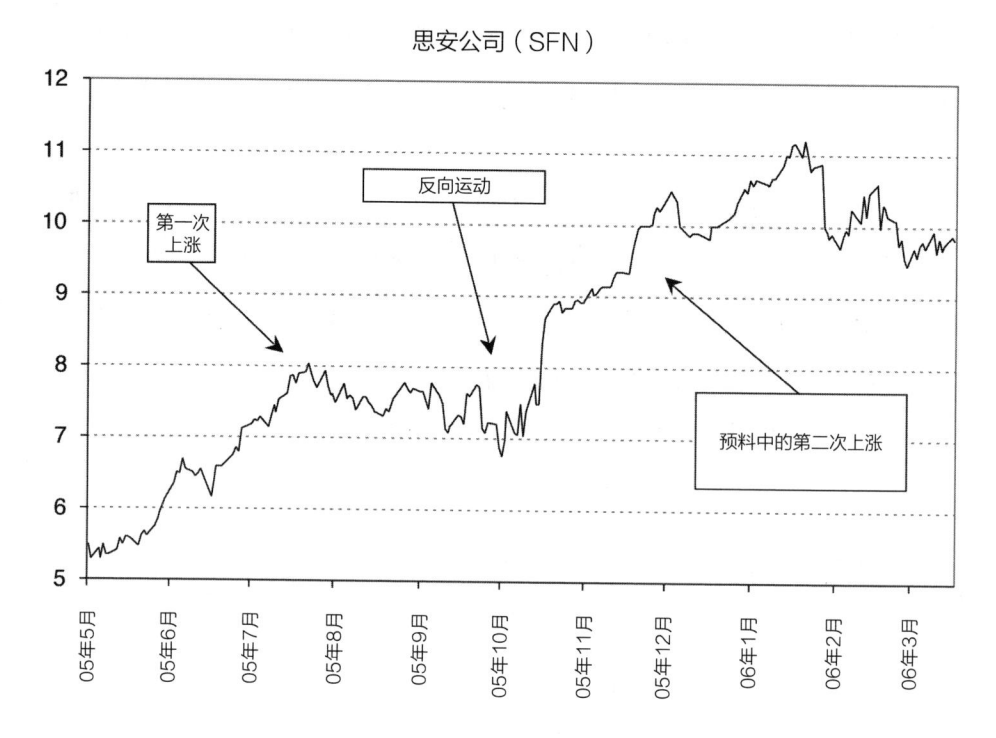

[图表标注：第一次上涨；反向运动；预料中的第二次上涨]

图3.38　思安公司：典型的低风险买入机会

股票做好强力回升准备的最后信号是股票创造了单日新低，并且收盘价位于一天价格波动的最高点。这意味着最后的卖家放弃了，认输了。搜寻便宜货的人将投降式抛售视为该股准备上涨的信号。股票触底的速度便是上涨的证明。通常，这只会发生在一段持续很久的价格下跌或者股市总体萎靡之后。底部经常是绝望之处。

技术分析师会抛出"支撑"一词，好像这个词就只有一个意思似的。但长期支撑位、短期支撑位和两者之间的中间支撑位都是存在的。报纸会快速报道52周的高点和低点，因为这两个价格反映了一年当中的支撑位和阻力位。但支撑可能就是一两天的事，也可能在大量降低股价的抛售活动里持续数周。最简单的而且可能也是最有效的规律是，支撑位和阻力位一旦被打破，其中一个就会变成另一个，反之亦然。利用这个规律最明显的方式是，明白你可能想在支撑位买入，但如果它被打破了，你可能就会想要在旧的支撑位抛售——而旧的支撑位现在是上面的阻力位！

股票往往会向特定价格靠近。当某只股票到了支撑位价格时，就意味着在既定的公司现状下，买卖双方都对这个价格很满意。因此上涨或下跌的新闻通常是向走高或走低的跳板。只要有其中一个，股票就会突破下跌或上涨。

理想状况下，你总是在底部买入，在顶部售出。但这不会发生。我们是要赚钱，而不是要精确地抓住底部和顶部。当然，我们不能预知极端情况，只有事后我们才能知道。股票实际上的10年来最低点可能在其出现时看起来并不像底部——买家们会觉得股价轻轻松松就能够达到这个位置。因此，当你考虑买入时，让自己歇歇吧。风险最低的机遇（在最底部买入）已经过去了。你必须接受在突破时买入或者在中间反弹的反向运动中买入。这可能是你所能找到的最佳的风险回报比。换言之，真正的底部是不可知的；挑战在于解读走势方向，并在反弹过去得还不太多时买入。

判断不要买入的位置的一个简单方法是看这只股票是不是已经大幅上涨过。当你接近底部，或者在底部时，你会发现无论是在财经媒体还是CNBC的专家嘴里都没有针对这只股票的讨论。然而一旦这只股票表现出了大幅的上涨，它就不可避免地会受到关注。如果你已经持有它，那就是抛售的时候了。

正如我之前提到的，某一天我听到CNBC谈论我持有的阿布拉克萨斯石油公司的股票。这几乎是两年来我头一回听到有人公开提到这只股票的名字。为什么？可能是因为它的价格最近涨到了将近9美元。几年前它的价格在1美元以下。除此之外，最近的成交量也是平时成交量的10倍。高成交量意味着股票即将上涨。但是在这个例子中，它可能意味着重大短期顶点已经形成。我希望我能说我一直持有着它，直到它涨到9美元。但事实是，我早就从中获利并投向其他机会了。回顾这场投资，它给了我莫大的满足，因为我知道我发现了隐藏的宝藏，即便那时我没有意识到它的巨大潜力。显然，这只股票从我手里溜走了。

第 3 章

接下来，当我们尝试改善选择过程去寻找低风险股票的时候，我们将着眼于股票选择的最关键部分。一个好的时机能将今天的正确选择和明天的失败分开。幸运的是，有大量的研究可以告诉我们买卖股票的最好时机。

第4章

把握买卖时机

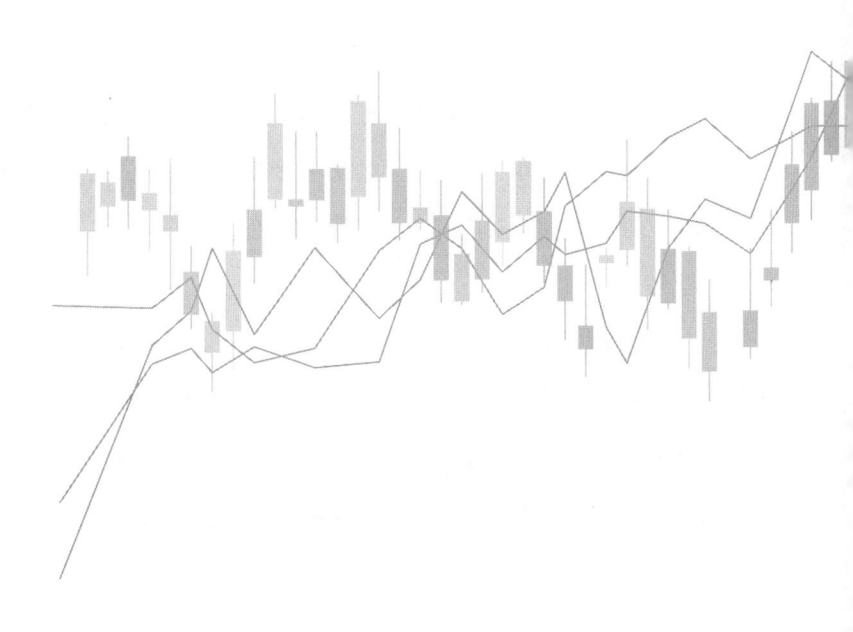

第 4 章

位于美国威斯康星州绿湾市的美式橄榄球球队——绿湾包装工队（Green Bay Packers）的传奇教练文斯·隆巴迪（Vince Lombardi）曾评价说：胜利不是最重要的事情，而是唯一要做的事情！在股票市场上，买卖时机就是最为关键的。哪怕是随便看一眼股票的走势图，就能清楚地看出买入或卖出股票的最佳时机。以生产警用设备的制造商泰瑟国际公司为例，其股票也曾仅仅是几美分一股，后来竟有两次飙升到30美元一股！第一次上涨后，它回落到每股15美元，第二次上涨后，则回落到5美元一股。现在看来，你购买该股票的时机正确与否，意味着你赚取或失去大量财富。相信我，在这只曾经高歌猛进的股票上，不少人都赚取了相当多的财富。

换句话说，盈亏的关键在于掌握买卖时机。

市场有明确的变化周期，把握其规律后，就可以在一定程度上准确指出市场中哪些股票值得购买或出售。若是再看得深入一点，我们会发现，有一些交叉的周期，往往是相互对应的。你可能会惊讶地发现，一些通用的规则总是可以应用于个股的。

对于初入市的投资者，我们都知道一句话：潮起潮落，水涨船高。就是说，在牛市中，即使是乏善可陈的股票也会被推上很高的价格水平。毫无疑问，在下跌市场中，即使是好股票也会跌得很惨。但是，一些周期性准则往往非常可靠，大部分投资者都应该了解并掌握俗称的市场季节性因素。

季节因素

股票市场的季节性概念由农业市场上的周期性模式演化而来。农作物大多在春季种植，秋季收获，在此过程中形成了稀缺和丰收期。当农作物生长时，农产品的价格往往很高；到了收获时节，随着冬季的到来，农作物大量上市，导致农作物价格出现季节性低点。事实上，农产品的这种非常具有周期性的规律，造就了期货市场的需求，使生鲜商品的种植者和加工者都能抵消风险。

由于这个概念来自农业，你可能否认类似的季节性波动会出现在股票市场。然而事实上，多年来的数据证明，股票价格的周期性规律既明显又牢靠。证券市场之所以具有周期性，是有原因的。其一，有影响力的机构参与者的核税出售和橱窗效应，往往会造成股票相对于一年中其他时间的弱势时期。其二，总统换届的年份也是影响最佳时机的一个重要变量。现在让我们来看看这个模式，看它是否会对我们的选股有所帮助。

纵观多年来的平均股价图，你会发现，股价往往在每年9月、10月低迷，而在1月底到4月初期间达到最高。在图4.1中，可以清楚看出股票价格的这种季节性趋势。

10月历来是一年中股价最低的月份之一。我们知道，股市在1929年10月和58年后的1987年10月都发生了崩盘。2001年9月美国"9·11"恐袭事件发生后，同期股市也降至新低。不过福祸相依，这次股市下跌至谷底后，又成功经历了触底反弹。

正如每年秋季被视为股市疲软期，每年初冬则被称为股价强势期。正如俗称的一月效应所言，股市在经历9月、10月的低迷后，通常会在次年1月下旬明显回升。同时证据表明，低价股是这一时期升值最为明显的股票之一。

上述的一月效应，已被70多年来的研究证明是证券价格的可靠指标。一种观点是，在一年中的第一个月，投资者往往会努力赚钱（不同于每年12月大多把

第 4 章

钱花在购物上)。另一种观点认为，投资机构会在年底（12月）收到大量定期缴款，它们用这些资金来投资，助推了来年1月股价的提高。还有一些人认为，在一个月的月末和下个月月初，市场上的资金充裕，正是这种充裕的资金使得股市提振。

标普500指数季节性趋势

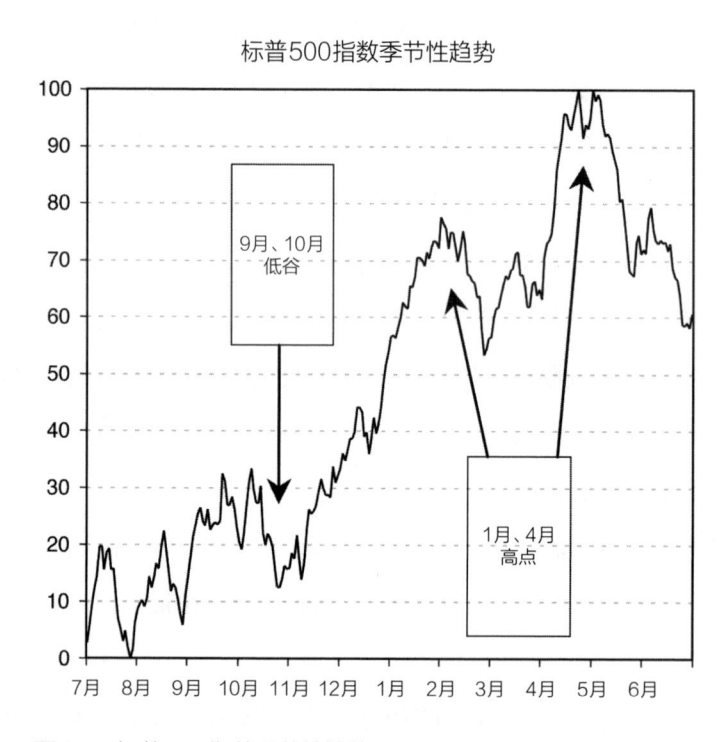

图4.1　标普500指数季节性趋势

研究表明，股票的周期性不仅是季节性的，还可以周和天为单位，甚至在某个交易日内也有同样的规律。我知道这过于细节了，但没有人不想知道每周购买股票的最佳时机是周一清晨，而非周四上午（因为在一周的强势价格之后，市场将在周末前破位下跌）。证据表明，一般情况下，周一是一周中股市最强势的一天，而周四则最弱。虽然这些是一般性的规律，但恰恰细节决定成败，每次价格的微弱波动都可能让你大赚一笔。此外，甚至还有与节假日相关的季节性模式。

请看图4.2中专业制药公司（现称：AIM ImmunoTech Inc.，前称：Hemispherx BioPharma）的图表。该公司的股票明显反弹，从9月至10月的低点，价格翻了一番。

专业制药公司（HEB）

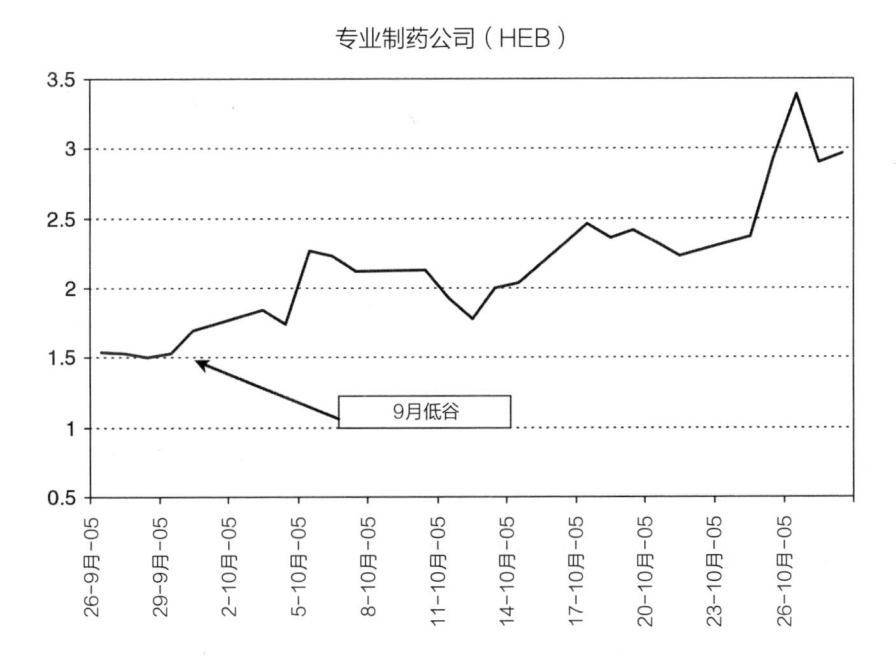

图4.2 专业制药公司股价回升图

捷迪讯光电（JDSU）的股票成交量大，股价在1月见顶，10月反弹前见底。投资者通常于1月卖出，10月买入，见图4.3。

另一个季节性模式的例子来自星巴克（Starbucks Corp.），见图4.4。

而图4.5中的科瓦德通信集团（DVW）则展示了强劲的季节性趋势——在10月买入，1月卖出，就利用了这个市场周期。

第 4 章

捷迪讯光电（JDSU）

图4.3 捷迪讯光电股价最高点和最低点趋势图

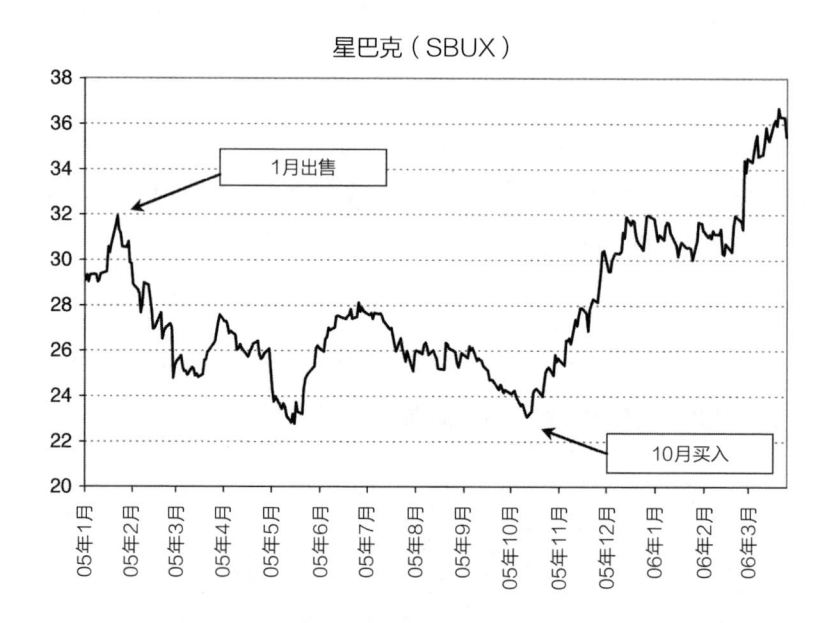

星巴克（SBUX）

图4.4 星巴克股价最高点和最低点趋势图

科瓦德通信集团（DVW）

10月买入

图4.5 科瓦德通信集团展示强势季节性因素

由于如此多的机构和个人投资者愿意在12月承担损失（以减少4月的税单），因此1月就理所当然地成为股市上涨的最佳时机。当机构投资者在一个季度末（或是本例中的一个纳税年度）之前卖出股票时，这种现象被称为橱窗效应或者粉饰。[①]通过实现亏损，亏损的投资不会成为基金账面上的账面亏损。当然，所有这些抛售行为都会对价格产生负面影响。止损盘一旦引发，就会出现一轮又一轮的抛售。很快，你就会遇到这样一种情况：股价被推到最低价。在一个月（或一年）的开头，就会出现反转现象。随着与国税局相关的抛售压力消失，市场可以自由地增加新的购买，因此，一月效应便应运而生。

此外，现金流理论揭示了股市季节性变动的另一个原因。在1月，年终奖、养老金计划缴款等形式的新资金，为价格上涨提供了动力。近年来，随着市场中机构参与者越来越多，一月效应更加明显。这一制度性影响也使得10月成为历来最疲弱的月份。对于那些向股东进行年终资本利得分配的机构投资者来说，10月

[①] 机构投资者会在季度末抛售亏损较大的，并买入表现抢眼的股票，使他们的股票更具吸引力。——译者注

第4章

31日越来越成为与税收相关的抛售的最后期限。

多年来，不少华尔街分析师都指出，深秋买入、年初卖出股票是可获利的。统计数据也证实了这一点，尤其是对低价股和小盘股而言。小盘股在这段时间内有近7%的惊人涨幅，而大盘股的涨幅只有1.5%。

但是，需要谨记一条规则：不要在买入前等待确认。这些低价的购入时机只会短暂停留。在创下52周低点后的几周内，这些股票通常会带来相当可观的收益。显然，一旦一只股票出现重要的涨幅，它的价格也就随之飞升。

你需要最晚在12月中旬之前买入股票，购入相应股票的最佳价格往往出现在10月中下旬。然后，你可以在1月卖出或一直持有，这样，你就利用了最佳季节性因素了。

一方面，你要谨记不错过季节性因素。另一方面，你也要避免过早买入，除非你能够在跌势中摊平成本。理想的情况是，你可以买到一只几乎降至最低点、即刻反弹上涨的股票。正如你所知，合适的买入时机才能保证以好的价格买入。因此，当你想要利用季节性因素时，把握好时机就是一切。

研究还表明，标准普尔500指数这一领先的股市指数的变动，往往也遵从季节性模式的规律。在1月初，就在我们称之为一月效应的价格上涨之前，股价往往会先下跌一两周然后才上升。价格通常会在3月出现又一轮上涨。夏末，股价会在8月到10月期间的某一时点停滞。对于标普500指数，最可靠的季节性模式出现在11月和12月，在此期间股价持续上涨。实际上，它们很可能在10月就开始上涨。以下是季节性因素影响最明显的几种情况：

- 1月第一周出现股价最低值
- 3月到达最高值
- 8月出现次高点
- 10月或11月是最低值
- 年底出现高点

如何结合牛市与季节因素

近40年来，有几家公司尝试通过公布每周的"牛市指标"（Bullish Consensus）来衡量股市的相对看涨程度。总部位于加州帕萨迪纳的市场风向标（Market Vane）率先提出了这样的想法：根据每周对选定的市场参与者进行调查，得出一个反映他们想法的百分数。一般来说，数字高（高于70%）说明看涨，数字低（低于30%）表示看跌。不过，我们的想法是将这些数字作为所谓的反向指标，也就是说，高的看涨率往往意味着市场超买，相反，高的看跌率则表示市场超卖。其理由是，如果众多参与者都看涨，那么市场将会发生下跌。同样，如果投资者们都看跌，那么对于市场来说，这正是急剧反弹的时机。然而，当看涨或看跌情绪的程度落到中间时，读数明显好坏参半。利用反向指标，最好还是一方或另一方有着压倒性的数量。

因此，以季节性为基础对时机进行把控的方法之一，就是将"牛市指标"作为一个反向指标，并与季节性模式结合。记住，反向理论的特点是，在重大转折面前，真理往往掌握在少数人手中。因此，先要假设我们正在考虑对某只股票进行季节性交易，然后我们需要通过观察确认指标来完善我们的择时技巧。

假设我们要在10月买入XYZ股票，因为股价通常在这段时间较低。看一眼行情我们就可以了解该股票的信息：比方说，XYZ的交易价格是3美元，在52周内，最高价是8美元，最低价是2美元。很明显，这是一只落后股（不被市场青睐）。为了进一步完善我们的策略，我们可以看看整个股市的"牛市指标"因素。比方说，百分比接近底部，低于10%。现在是10月，是一年中股市最弱的月份，新闻消息面基本是看跌，或者说弱势非常明显，有90%的投资者都认为市场会走低，而只有10%的投资者预计未来几个月价格会上涨。不管你信与不信，这是买入股票的绝佳时机！

当最后一个卖家卖出后，就达到了股价低点。反转趋势的确认是"牛市指标"的上升。比如,"牛市指标"从10%上升到15%,表明投资者变得更为乐观,虽然仍然很悲观。这就是一个买入信号。

这里有一些规则可供了解:

- 截至10月的第一个星期五,"牛市指标"必须达到或低于40%,而且必须是比前一周更低的数字;
- 在11月30日或之前,"牛市指标"的数字一定会比前一周的更高;
- 一旦你发现了"牛市指标"的这种趋势,就立即买入。

如何构建震荡指标

震荡指标,是指测量不同波动值的手段,也是衡量市场强弱的最可靠指标之一。虽然其变化取决于人们的解读,但震荡指标会给你一个读数,以此来判断一只股票的相对强弱。衡量市场相对强弱的震荡指标有很多不同的类型,我们在下面将介绍其中几种。请相信,震荡指标读数是专业人士选择买卖股票最佳时机的最好方法。

5日震荡指标

你需要首先知道,一只股票什么时候准备上涨。这个震荡指标产生的读数将清楚地告诉你股票是看涨还是看跌。它产生的数字在0到100%之间。通常情况下,读数高于70%被认为是看涨,读数低于30%被认为是看跌,30%和70%之间的读数被认为是中性的。

由于震荡指标是基于5天的数据,读数可以精确地指出近期的强弱。一旦你有一系列的读数,你可以画一条线连接它们,以显示买入或卖出该股票是否是好的时机。

震荡指标的计算公式如下:

过去5天最高价－第5日开盘价＝X

最后一个收盘价－过去5天最低价＝Y

$$\frac{(X+Y)}{(过去5天最高价－过去5天最低价)\times 2}$$

要想得出读数，就是计算的问题了，基于JDSU价格的最新数据：

天数	开盘价	最高价	最低价	收盘价
1	2.00	2.02	1.96	1.98
2	1.91	2.01	1.86	1.98
3	2.01	2.05	1.74	1.90
4	2.15	2.15	2.00	2.02
5	2.15	2.22	2.12	2.14

计算过程如下：

2.22（最高价）－2.15（第5日开盘价）＝0.07＝X

1.98（最后一个收盘价）－1.74（5日最低价）＝0.24＝Y

$$\frac{(X+Y)=0.31}{(2.22[最高价]-1.74[最低价]=0.48)\times 2}=32\%$$

上面的震荡指标读数为32%，在30%到70%之间，意味着明天的读数位置居中，既不过高也不过低。

5日震荡指标的3日差值

一旦你了解了如何计算5日震荡指标，你要开始收集读数，以便创建3日差值。这个数值代表了5日震荡的速度和方向。正数表示震荡指标正在向上移动（正动量），负数表示震荡指标正在向下移动（负动量）。较大的数字表示震荡指标移动得太快，市场可能正在为反转做准备。公式如下：

计算日当日5日震荡指标－计算日前第3日震荡指标＝3日差值

第4章

考虑下列数值：

天数	5日震荡指标读数	3日差值
1	32	−35
2	20	−70
3	63	
4	67	
5	90	

读数中负数越来越少（也就是正数越来越多），表明该股已接近低谷，即将反弹上涨。

轴心拐点值

轴心拐点值有买入和卖出两种。在买入的情况下，公式计算出的价格高于前一日收盘价，表示市场将有所突破，形成新高；在卖出的情况下，公式计算出的价格低于前一日收盘价，表示市场正在突破下跌。这两个公式如下：

$$\frac{（当天最高价＋当天最低价＋当天收盘价）}{3}=X$$

2X －当天最低价＝买入轴心拐点值

$$\frac{（当天最高价＋当天最低价＋当天收盘价）}{3}=X$$

2X －当天最高价＝卖出轴心拐点值

现假设如下：

最高价＝7.62

最低价＝7.26

收盘价＝7.46

买入和卖出轴心拐点值分别为：

$$\frac{7.62+7.26+7.46}{3}=7.45=X$$

14.90（2X）－7.26（当天最低价）＝7.64＝买入轴心拐点值

14.90（2X）－7.62（当天最高价）＝7.28＝卖出轴心拐点值

1日强度指标

这个公式衡量股票当天的收盘情况。该公式会产生一个介于0和100%之间的数字，数字越高，收盘越强。一般而言，强势收盘意味着未来价格上涨。

1日强度指标公式如下：

$$\frac{（收盘价－最低价）}{（最高价－最低价）}$$

假设：

最高价＝7.20

最低价＝6.65

收盘价＝7.08

计算得出：

$$\frac{7.08（收盘价）-6.65（最低价）=0.43}{7.20（最高价）-6.65（最低价）}=78\%$$

78%这一数字表明，该股收盘走强，因为它处于该指标的较高百分位。

虽然我们喜欢买入以1日强度指标衡量出的强势股，但这一有价值的指标也能精确指出哪天为超卖日。大量抛售不可避免会使市场反弹回升。识别超卖日的最佳方法是当日1日强度指标跌破25%。当然，数字越低，表明市场越是超卖。毫无疑问，该股现在已经历了低点，接下来就会上涨。

综上所述，5日震荡指数可用于识别趋势。1日强度指数用来微调入场价格。买入和卖出轴心拐点值为你发现合适的入场时机。5日震荡指数的3日差值则告诉你目前处于交易周期的哪个点位，使你无论是进场还是出场，其风险都被最大限度地降低了。

动量分析

如你所见，震荡指标在分析市场涨跌速度方面很有用。动量型选手会迅速买入一只环比暴涨的股票，可一旦股票在顶部出现放缓的迹象，他们同样会迅速放弃这个位置。他们是短线交易者，相信速度和灵活性是实现利润最大化的关键。他们希望在市场上早早入市，并在同伴们认识到游戏可能已经结束之前早早出局。

严格来说，动量考察的是度和时机。一旦晚了一天，整个策略就可能功亏一篑。动量投资者必须了解震荡指标的读数并学习如何解读。对这样的投资者来说，代表市场广泛参与的高成交量指标，是获得好机会所必需的条件。他们从一只股票换到另一只股票，总是在合适的时间寻找热门股票。

动量投资者也被称为波段交易者，因为他们试图把握市场中暂时性的价格波动。他们明白，动量是一个度的问题。一只股票的动量波动可能正在形成一个常见的碟形、杯形或手柄的形态。一旦价格开始表现为手柄形，发出表明价格上涨的突破信号，投资者们就会立即购入该股。如果你认为做一名动量投资者很容易，那你也可能错了。并非每个图表形态都能成功。因为往往有大量投资者在同一时间选择使用某一形态，所以当该形态分析预测失败时，就会导致大量损失。动量分析是投资界中勇敢者的游戏。胆小鬼是做不了的。

动量投资者总是在问自己，市场应该发生什么。当市场飘忽走低时，很快就会出现大量抛售，导致价格进一步下跌。当预测的情况实际中没有发生时，意味着他们的机会就来了。动量投资者就是在这个时候发现他们来之不易的机会的。

操盘筛选

顾名思义，操盘筛选的作用是过滤掉那些不尽如人意的股票，而让你专注于那些最有可能获利丰厚的股票。当然，找出好股的任务往往艰巨。股票可能会在低迷中交易好几个月后才会有实质性的转机，而操盘筛选可以帮助你在识别最佳候选股时获得优势。

什么是过筛子？筛选实际上可以是任何规则，它告诉你不要去管某只股票，而去寻找另一只股票。它们可以是简单的规则，也可以是复杂的策略，涉及3个或4个指向一个方向、互为依赖性的指标。有些筛子与所谓的"一周之内买入日"的策略有关，就是在一周的某些日子里存在更好的购买机会。另一些则与最近的价格走势有关。比如，你真的想在上涨的第三天买入一只股票吗？大量的研究表明，这或许不是最好的策略。

我喜欢在周一买入股票，尤其是在当日一早，因为周一是股市中特别强劲的一天。但我通常是将我的买入限制在周五相对疲软之后的周一。这可以通过股市整体的表现来衡量（看均线），也可以通过监测特定股票来衡量。当我监测的某只股票的1日强弱指数在周五处于低位时，我更倾向于在下周一早上买入。这是因为统计数据有利于这样的走势。

这一周接下来，你不能在周一爆仓后的周二买入。为什么呢？因为周一早上的便宜货可能就是周二的高价股。所以，除非我的股票在周一收盘时，以1日强弱读数来衡量，处于当日指标的25%以下，我才会在周二买进。当然，周一的疲软可能意味着周二的强势收盘。这就是我使用筛子筛选的目的。除了你的股票1天的表现，你还需要跟踪5天的表现，以获得它在交易周期中的线索。如果我想在周二买入，我希望5日震荡指标低于50%。同样，这是因为我想在反弹发生之前买入，而不是在反弹后再买入。如果5日震荡指标读数较高，表明股价已经出现了强劲的上涨走势，哪怕只是短暂的上涨。

随着周中推进，我可能会推迟到周三再买入。但我想利用筛选机制来确定最佳买点而非最坏买点。如果股票还没动，我必须买入它。快速计算1天的强弱指数会告诉我它在周二收盘的位置。如果它的收盘价高于12.5%，我就不再理会它。想一想，高百分比的读数意味着什么。读数的百分比很高，说明该股收盘于当天高点附近。这意味着早期买家现在已经坐拥利润。那些以短期为导向的人很可能会成为卖家。这反过来又会压低价格。同样的策略也适用于周四和周五的买入。如果该股在前一日收盘时接近高点，那么最好的买入机会已经过去。你需要留意，股票很容易被抛售。这里所提的只是一个简单的方法，使用单一的筛选规则，以找到最佳的买入机会。

下面简单总结一下一周中特定日子的买入规则：

交易日	1日强度百分比指标
周一	小于10%
周二	小于25%
周三	小于12.5%
周四	小于14%
周五	小于17.5%

现在，让我们看看5日震荡指数的更大周期图。根据前5个交易日的价格走势，这一指数告诉你，股票在牛市和熊市周期中的交易位置。该指标不同于1日强度指标只衡量前一天的价格走势，其所观察的是更大的周期。

除了周一这个绝大多数情况下最适合买入股票的日子外，你要把买入股票的时间限制在5日震荡指数低于50%的日子，而且在大多数情况下，读数要低于42%。唯一的例外是周五，在预期下一个周一将出现真正强劲的上涨行情的情况下，买入走强是必经之路。以下是一周中特定日子的5日震荡指数读数的买入规则：

交易日	5日震荡指数百分比
周一	不用考虑数字
周二	小于50%
周三	小于42%
周四	小于42%
周五	大于42%

另一个买入规则是在前一天的最低点买入。这个规则的原理很简单，因为昨天的股价低点可能变成支撑位。价格很有可能（虽然不绝对）稳定在该点。这只是一个简单的筛选规则，但可以帮助你做出正确的购买决策。

许多投资者在市场上亏损，是因为他们使用任何形式的筛选规则都毫无章法。他们只想买入并希望得到最好的结果。这种买入，往往是在一群大脑程度相同的买家中进行的。这意味着他们最终会买在高点。而且，他们根本不知道自己为什么要买入。

导致这种盲目买入的最直接原因是对营收报告的预期。通常情况下，股价在预期报告中会被抬高。然而实际上，即使表现出色，也达不到人们不切实际的期望，于是投资者便急于撤离市场。这种一拥而上的抛售，给投资者带来了大量损失。更多的时候，股价会因此阶段性地反弹，并高位交易。哪怕是利用了几个筛选规则，普通投资者都可以免于成为自己盲目举动的受害者。

一般来说，市场的变动会打破常规。它们常常涨得太快，同样也跌得太快。当然，这种快速的价格变动是由情绪化的投资者产生的，他们要么不想错过任何一个有利可图的机会，要么想不惜一切代价赶紧退出市场。因此，你会发现一些从个股基本面来看没有任何实际或理论支撑的恐慌性市场走势。投资者既要避免成为这种盲目恐慌的牺牲品，又要学会利用这种局势，努力了解现实背后的潜在规律，从而转危为安。

我们已经提到，股票通常会触底反弹。这是因为最后的多头（买方）已经卖出，并且对于卖出股票很满意。然而讽刺的是，这种卖出的狂热正是一种最强烈的买入信号。当其他人都失去理智时，你应该不慌不忙地抄底，把被大多数人嫌弃的低价股纳入囊中。抛售热潮以市场于当日股价水平较低处收盘。你可能会遇到一个所谓的关键反转日，出现高价收盘，但比较罕见。相反，你会遇到这样一种情况：股票被无望的多头压低。而这种令人绝望的局面正是把握最佳买入机会的关键。

机智地处理这个问题的方法是量化市场的情绪化波动。1日强度指数和5日震荡指数读数都为你提供了所需的量化数据。有了这些数据后，你必须避免情绪化，理智地根据能使利润最大化的数字和概率买入股票。

我们可以通过例子说明使用筛选规则来量化价格行为这样做的价值。在下表中，我们列出了著名的透明胶带、便利贴和一系列工业产品制造商3M公司（MMM）十几天的股价。尽管3M绝不是一只低价股，3M股价却在该公司发布未来几个月利润增长10%的积极指引前，创下新低。在走出前期低谷后，该股找到了支撑，然后高歌猛进，这是真正的经典之举。从技术上看，此举的关键隐藏在日线指标统计中，如下所示。

天数	日期	开盘价	最高价	最低价	收盘价
1	10月17日周一	71.01	72.69	70.78	72.47
2	10月14日周五	70.28	70.78	70.08	70.72
3	10月13日周四	70.11	70.88	69.71	70.07
4	10月12日周三	70.29	71.25	70.15	70.38
5	10月11日周二	71.25	71.30	70.35	70.55
6	10月10日周一	72.00	72.20	71.26	71.39
7	10月7日周五	71.51	71.99	71.27	71.73
8	10月6日周四	71.36	71.77	70.49	71.11
9	10月5日周三	71.41	71.93	71.15	71.17

首先，让我们计算5日震荡指数。因为你需要5天的数据来进行计算，所以第一个读数要在第4天，即10月12日星期三才会得出。为了便于说明，我们将计算第4天的读数，然后记录第3天到第1天的读数。据此，第4天的5天震荡指数计算如下：

72.20（最高价）－71.41（第5日开盘价）＝0.79＝X

70.55（上个收盘价）－70.35（5日最低价）＝0.20＝Y

$$\frac{X+Y=99}{(72.20[最高价]-70.35[最低价]=1.85)\times 2}=27\%$$

综上，第4天开始时的5日震荡指数为27%。下表显示了第1天至第4天的5日震荡指数的读数：

天数	日期	5日震荡指数读数
1	10月17日周一	10%
2	10月14日周五	21%
3	10月13日周四	26%
4	10月12日周三	27%

当震荡指数达到最低读数——10%时，股价触底（10月13日星期四），开始明显走高。事实上，到了第0天——10月18日（周二），3M股价最高达到79.39美元，比之前周四的低点高出5.68美元。一般而言，周四是一周中股价最弱的一天。这家公司的情况恰好说明，这样的经验之谈是完全正确的。回顾5天的百分比读数，上述4天的读数都会证明3M股票的投资者稳稳赚了一笔。

现在，通过1日强度指数百分比，看看是否有一天比其他日期都更适合交易。为了便于说明，我们将在第1天进行计算，然后列出第1天到第4天的结果。

10月17日星期一的读数是根据该日前一个交易日10月14日星期五的结果得出的。周五当天的变化范围如下：

开盘价＝70.28

最高价＝70.78

最低价＝70.08

收盘价＝70.72

计算如下：

$$\frac{70.72（上一个收盘价）－70.08（上一个低点）}{70.78（上一个高点）－70.08（上一个低点）}＝64/70＝91\%$$

这4天全部的读数如下：

天数	日期	1日强度百分比
1	10月17日周一	91%
2	10月14日周五	31%
3	10月13日周四	21%
4	10月12日周三	21%

再往后看，使用10月17日星期一的数字来计算，10月18日星期二的1日强度读数将是88%。周二是3M的另一个强势日，股价上涨3%，收盘时达到74.65。

根据1日强度指数，没有哪一天是弱势到足以成为超卖的一天。但是，如果你回到周三（10月5日），你可以看到，1日强度指数只有2%，表明第二天（周四，10月6日）是买入的机会。这个信号会让你在最终低点和大幅走高之前的一个多星期进入市场。

止损交易

止损交易的重要性不亚于那些针对买入价格的策略。知道如何进入市场只是盈利等式的一半，你还必须知道如何退出市场。记得玛莎·斯图尔特（Martha Stewart）怎么说的吗？她告诉她的经纪人，当英克隆制药公司（ImClone）股价达到60时，就卖出这家公司的股票。止损的目的是减少交易损失或在市场回落时获取利润。这是投资者常用的策略。问题在于，你如何选择一个好的止损点呢？大多数分析师都认为，当选择止损点时，你面临两难的处境。一方面，如果选择离当前市场价格太近的地方止损，价格的瞬间突破会让你在短期低点附近卖出。另一方面，如果止损点的位置离市价太远，万一真的触发了止损点，将会损失巨大。虽然这个问题没有简单的解决办法，但仍有一些准则可供参考。

首先，不要盲目猜测止损点的位置。可以取该股票的5天平均值来帮助你做决定。计算这个数字很简单，只要把你的股票过去5天的涨跌幅加起来，再除以5，就是过去5个交易日的平均幅度。接下来你就可根据平均数，来预期你的股票的涨跌幅是多少。然后，取该范围的50%，并将止损点位定在当天的低点之下。

通过使用这个简单的规则，你可以使建仓时的损失降至最低。有时候，止损点会被触及，你得以退出市场，所受的损失不会太大。大部分情况下，止损点不会被击中，你就会以最小的风险进入盈利状态。

当你的股票开始走高时，你就要设置跟踪止损。所谓跟踪止损，是跟踪价格上涨的止损点。这个做法是始终提高止损点，永远不要降低它。迟早有一天，股票会突破趋势线，你就会获利出仓。这一策略的要点是，跟踪止损应该处在5日均线范围的65%左右。普通止损和跟踪止损的区别在于，前者是恒定的，而后者会随着止损的提高而提高。由于止损单通常只在一天内输入，所以要保持对止损单的关注。所谓的休息止损单是永久性的。然而，这种类型的止损单的缺点是，投资者经常会忘记它们。没准几周或几个月后，账户会显示他们卖出了一只不会再拥有的股票。如果选用休息止损单，就必须保持良好的记录以免遗忘。另一种止损单，即心理止损，则有更高的要求。这意味着你想以一定的价格退出市场，但实际上并不向你的经纪公司下止损单。相反，你只在脑海中记住止损位。请记住这个策略的陷阱。你可能会忘记执行止损。或者当心理止损点被触及时，你可能会决定只是观察市场而不采取行动。当你眼睁睁地看着股票价格恶化而无所作为时，就会造成巨大的损失。当然，训练有素的交易者清楚地知道自身处境，无论是获利还是亏损，都会根据原定计划退出市场。

移动平均线

　　作为掌控买卖时机的工具，移动平均值往往滞后于市场。就是说，它们紧随市场变动，使你的买入或卖出都变得滞后。移动平均值由若干收盘价除以天数得出。将一系列数字相加，再除以所加的数字，就会产生一个平均值。移动平均值随着时间的推移而变化，每个新点都会增加最新的信息，并移去旧的信息。因此，你可能有5天、10天、50天、100天或200天的移动平均值与你的每日价格相对应。短期移动平均值往往比长期移动平均值更具波动性，浮动更大。股票走势大多由一个均线与另一个均线的交叉所决定。然而，无论你如何解释移动平均值，从定义上看，它们在确定市场趋势时总是滞后的。对于长期投资者来说，均线的波动不是问题，他们不太可能被短暂的涨跌困扰。但对于短期投资者而言，如果均线下跌，就意味着他们的持股面临亏损，并且极有可能被迫离开市场。

　　移动平均线与趋势线相类似。股价可能会上升至200日移动平均线，然后停止。因此，许多投资者认为，股价在此均线之上就意味着股价具有支撑。当然，突破均线意味着行情会出现问题。一只股票如果不能稳定在均线上，就有可能出现疲软。

　　选择哪个或不选择哪个均线并不是十分要紧。大多数投资者会同时选用两条均线（一条长期均线，一条短期均线），并将它们作为简单的线贯穿在价格图表上。这使他们有机会以图形方式了解股价和移动平均线之间的关系。由于可以任选均线的长度，所以长期均线往往更为靠谱，一只股票如果能稳定在长期均线上，那么就大概率是只好股。如果选择短期均线，比如5日均线，那么，涨高或跌破5日均线可能并不重要。

移动平均线可以使你更深入地理解价值的含义。如果你以18万美元买了一栋房子，然后你发现街边一栋同样的房子只卖了15万美元，你会觉得自己买亏了。同样，在油价飞涨的世界里，你可能还记得曾经用35美分就能买一加仑的汽油。货别三日，当刮目相看。因此，移动平均线的作用是让你看到价格上涨或下跌的整体趋势。它让你对一只股票在历史上是贵还是便宜有一种连续性的感觉。总而言之，它可以让你更好地辨别时机，来确定什么时候买入或卖出你的股票最有利。

移动平均线会告诉你，一只股票在特定时间段相对于以往的价格是处于低位。也可以告诉你，一只股票的价格相对于它的均价是否在飙升（你是否该卖出？）。它可以告诉你什么时候短期趋势较高（当短期均线在上升方向上与长期均线交叉）。一般来说，当股价低于移动平均线时，股价就处于低位。此外，大量证据表明，在获取巨额利润方面，不被看好的低价股的表现最为抢眼。因此，移动平均线是一个简单的标尺，一个看准时机的工具，与其他指标配合使用，可以使你做出最佳的选择。

把握市场时机是可能的吗

但你必须明白，并非所有人都承认把握最佳市场时机的可能性。投资界人士反对它的普遍原因是，股票一般会随着时间的推移而上涨，但要对具体证券的买卖进行把控几乎不可能。事实上，这样的想法在华尔街还是有广泛的认同的。

为什么这样说呢？

因为如果股票随着时间的推移而上涨（大多数股票都是如此），那么每天都是购买股票的好日子。这是一种推销陷阱。告诉人们不要担心短期得失。但是，事情的关键是长期会怎样呢。正如英国著名经济学家约翰·梅纳德·凯恩斯（John Maynard Keynes）所言："从长远来看，我们都将死去！"下次当经纪人试图向

第 4 章

你施压，让你买入股票时，你可能要考虑一下这一点。许多研究清楚地表明，在成熟的时机买入（即在牛市出现之前买入）比简单地胡乱买入股票要明智得多。

之所以很多人否定对最佳时机的预测，还有一个原因是大多数华尔街人不会花时间去学习这里讨论的基本的用于预测时机的工具。当你可以随意玩弄市场时，为何还要花心思研究它的时间规律呢？他们的态度有点像你在拉斯维加斯找老虎机的心态，过于简单而不去深入发掘。事实上，最成功的投资者往往最努力，他们会努力去了解并把握市场时机。

试图抓住市场时机是困难且令人困扰的吗？确实如此。但其结果让人们值得为它努力。在预测时机时，有一些指标可以为你买入和卖出提供帮助。也就是说，有一些很有用的数据，为你提供关于一只股票何时上涨或下跌的绝佳参考。

大量买家和卖家每天都在交易，他们的买卖行为影响着市场走势。总的来说，每个人都试图把握市场时机，以期实现低买高卖。不是每个人都能一直成功，这并不意味着他们不是理性的市场参与者。问题的核心是对价格的理解或解读。价格几乎是所有商品和服务交换的决定机制。难道股价过高或者过低不会反映在价格上吗？难道股票价格高低不是通过股息、盈利、账面价值以及其他许多因素来决定吗？其实，价格才是王道，因为一只股票的价格高低与否，还是要看市场如何决定。

从某种意义上说，市场永远是对的。毕竟，投资者除了接受赋予股票的市场价值外，别无选择。在下一章中，本书将转向市场中另一个特殊板块，即首次公开募股（IPO），它往往将股票的价格定在远低于其内在价值的水平上，以希望筹集资金来推动企业的发展。然而，这种权衡并非没有风险，因为IPO是股票的首次公开募集，往往缺少可供参考的交易历史。然而，一些华尔街的成功人士却对IPOs很有信心。

第5章

首次公开募股

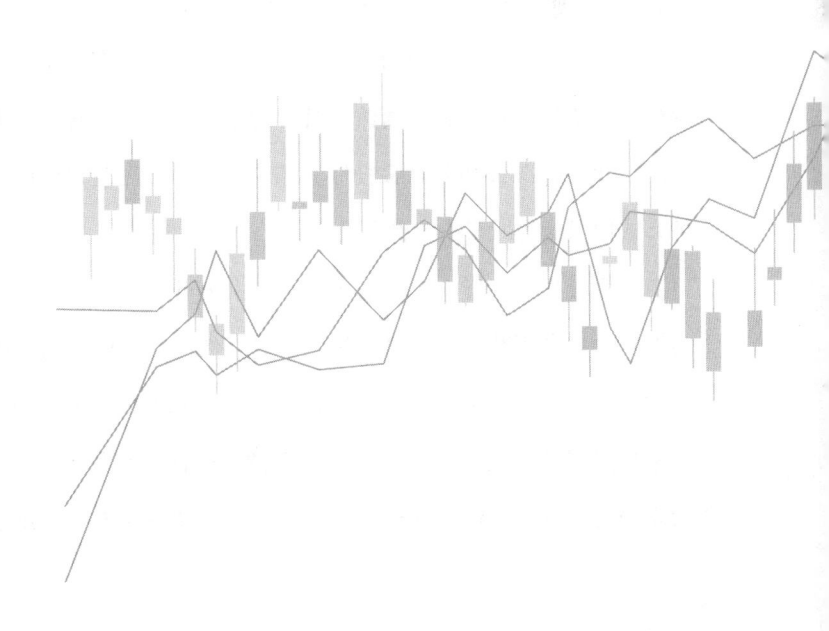

第 5 章

我有位朋友，他专门从事一种类型的投资——投资于首次公开募股的股票。此类投资可以说是专门为小盘股投资者准备的，因为这些新发行的股票大多来自刚起步的公司。此类公开发行吸引了一种特殊的投资者，他们为追求高额利润不介意承担巨大的风险。风险与回报对等是投资的法则。换句话说，购买短期国债并不能使人暴富。在首次公开募股的世界中，风险来源于对发行公司缺乏了解。公司的业绩记录可能不多，而交易记录也通常并不存在。借用查尔斯·狄更斯（Charles Dickens）的话，首次公开募股是最好的投资，也是最坏的投资。它取决于人们的个人观点和判断结果。

首次公开募股期间，公司往往会加强运营并实现井喷式增长。首次公开募股是因为公司希望为某项刺激的投资筹措资金，公司所有者愿意为这项特殊的投资放弃部分股本以筹得资金。当然，机智的企业家会为自身保留大部分的股份。这样一来，要是首次公开募股后股价上涨，他们就会因股票价值上升而获利。通过这种方式便可赚得股市上大部分的财富。

与大部分投资一样，对小公司来说首次公开募股也需要权衡。非上市公司几乎能够自由地利用其资产从事理想的业务。然而，上市公司的活动则面临着监管机构设立的各项义务和规定。要想向公众发行股票，上市公司必须披露其季度、年度销售量以及盈利情况。公司必须遵循美国证券交易委员会（SEC）制定的有关披露公司业务活动的严密规定。此外，公司还可能受到公司董事会的审查。上市公司需要雇用独立的审计员和律师以确保满足监管要求。总而言之，并非任何公司都可以轻易上市。

在一家欣欣向荣的公司享有100%股份的企业家，为何会通过首次公开募股放弃部分所有权？答案非常简单。有时越少反而意味着越多。有远见的CEO会妥善运用首次公开募股的所筹资金，从而使得蛋糕中较小的部分带来更大的价值。这就是为什么首次公开募股的所得资金不能简单地落入公司领导层的腰包。这些资金必须得到有效运用。因此，公司领导层通常会考虑通过发行股票来走出缺少资金开展项目的困境。

要想借助新资金的涌入促进公司发展，管理层通常需要做出一项重要决策：借债或是发行股票？公司一是可以安排私人借贷，二是可以发售企业债券。但二者的麻烦之处在于需要偿还资金，同时公司还需支付贷款利息。当然，另一种选择是通过首次公开募股发行股票。但万一管理层出现失误，股东利益而非公司利益便会受损，因为公司没有义务偿还股东的投资。公司通过发行股票放弃部分股权从而筹得现金。投资者收益则来源于股票价值上涨。

尽管首次公开募股在投资者中相当普遍，但已上市公司仍有许多其他方式来发行股票。通过所谓的二次发行，公司可以发售更多的股票。这些同样能为微型股公司提供急需的资金。

对投资者不利的是，在首次公开发行股票和二次发行中，投资公众所能获得的信息通常十分有限。充其量也就指望法律规定的招股说明书，以及公司举办的用以强调其发展潜力的路演。由于这些交易大多是私下进行的，且通常仅提供给高净值人群，普通投资者可能很难获得首次公开募股的消息。企业融资往往是一个封闭的世界，普通投资者一般很难获知哪些首次公开募股可能会获利颇丰。这很不幸，因为有些发行的确是个很好的机会，不应该错过。但投资中也常常会发生这样的事情——富人通过买卖首次公开发行的股票变得愈加富有。

除了需要在招股说明书中精确地披露首次公开募股的所得资金用途外，公司

第 5 章

没有额外的义务讨股东欢心。事实上，粗略地看一眼首次公开募股的招股说明书，上面一页又一页写的都是免责声明，毫无疑问都是出自公司律师之手。这些免责声明通常表示公司不能确保项目能够成功开展。因而，它实际上表明了购买首次公开发行的股票的风险。投资者在进行此类投资时必须谨慎。

并非所有的首次公开发行股票都具有相同的结构。在使用募集资金方面，有些则给予了公司更高的自由度。我曾遇到一对兄弟，拉尔夫和比尔，他们创建了一家非常成功的软件公司。为了扩张，他们瞄准了上市融资。在浏览首次公开募股前的招股说明书时，一位朋友向我说道：

"这可是一笔大买卖，"他补充，"对拉尔夫和比尔来说。"

他们当时以每股相对较高的价格发行了公司很小一部分的股票。上市以后，股票交易反而走低。

市场上有句俗话说，直到人们拥有了一只股票，才能真正了解它。所以，如果不够谨慎，新投资的首次公开发行股票可能会开始变得不那么优质。在二次发行中，至少还拥有一个流动的市场，又能参考之前的上市经验。但二次发行同样也有风险。一旦股票发行的激情逐渐消退，市场流动性也会随之减弱，而没有了流动性，又能向谁出售股票呢？

基本概念

首次公开募股是指一家私营公司第一次向公众发行出售其股票。这对公司管理层和投资者来说都是令人激动的。进行首次公开募股投资是因为有机会能以低价买入成长型公司的股票。正因其以十分低廉的价格提供了市场还未知的机会，首次公开发行股票的公司总是表现更优。定价过低或许是因为对公司的发展前景认知不清、公司规模较小或者公司资本不足。这些也正是投资的风险所在。首次公开募股的投资者主要是希冀募集的资金得到妥善运用，并最终带来利润的增加

158

和股票价值的上升。

由于管理层可能对华尔街了解不足，他们或许缺乏与分析师和投资者打交道的经验，也没有认识到向投资界分享公司经营状况的重要性。就二次发行而言，公司必须考虑到股权稀释的影响。股票数量和发售的时间对保障股东权益十分关键。如果二次发行的股票过多，股票整体价格将会下跌。

二次发行是指已经上市的公司发行新股。公司二次发行的原因有很多。可能是为将来的收购融资，也可能是为了偿还债务。二次发行或将影响股票价格，但也无法预知确切的影响。股票分析师可能会针对特定股票提出购买、出售或持有的建议，而这也必然会影响价格。

公开发行程序

在小股民可以购买首次公开发行的股票之前，证券承销商需要经历一段漫长的过程，为上市做好充分准备。首先，公司要向公众表明其发行股票的计划。其次，承销商要尝试提出初始的定价方案。当然，公司在发布公告前可能已经与多家承销商进行了商谈。这些承销商通常是大规模的证券经纪公司，它们可能专门帮助特定部门的企业上市，如能源公司、矿业公司或电子通信公司。由于承销商一般会集中于特定领域，因此通常认为其可以为股票设定最合适的价格。当然，经纪公司组建的经纪人团队通常可以将股票出售给他们的优质客户。虽然公司尽量将股票销售给可靠的承销商，但是，其发售计划不会告知公众。整个过程是保密的。

企业会如何选择承销商？在二次发行中，企业倾向于选择已建立联系的公司作为做市商或是提供研究服务的机构。首次公开募股的企业则会根据行业关系选择最合适的公司来负责这一工作，以有利的价格发行新股。

由于承销商可以按一定比例收取费用，因此他们会不断地研究市场，找寻准

第5章

备上市的公司并试图接近以达成交易。由于有数百万美元收入的利益存在，承销商在与有希望上市的公司接洽时，会面临一个内在的利益冲突。上市真的符合公司利益吗？还是仅仅符合承销商的利益，他们可以赚取数百万美元的费用？如果公司只是为了吸引资金，那或许并不符合股东的最大利益。公司必须能够证实这些资金的用途，并且有能力利用新的资金赚取回报。承销必然会增加已发行股票即所谓流通股的数量。随着流通股增加，公司的投资者可能会担心股权稀释。这也一定会对股票价格产生不利影响。

公司与承销商之间的协议一旦达成，撰写招股说明书的艰难任务便开始了。此外，公司必须向美国证券交易委员会提交注册登记表。这些表格通常是规范的文件，但投资者却常常是匆匆浏览。这可能会酿成错误，因为在股票发行前它们就是投资者可以获得的有关公司的全部文件。事实上，美国证券交易委员会禁止公司在新股开始交易前和后25天内发布上市公告。也就是说，可能会影响投资者决策的关键信息在这期间是十分有限的。

采用这些规定是防止任何一方通过有关公司状况的信息获利。承销商和分析师所了解的有关公司状况的信息被称为内部信息，在没有完全公开前不能只向一部分的投资公众披露。因此投资者会缺少公开的信息。而在这阶段仅能获得的有关公司上市的信息，就是所谓刊登在财经报刊上的证券发行公告。其提供的仅仅是非常初始的有关承销的统计数据。当上市程序即将结束时，小型投资者最好还是等待，直到股票发行之后。

最初的招股说明书在发布时，必须用简略的语句申明企业的注册尚未生效。根据美国证券交易委员会的准则，一切都需要严格按规定进行。招股说明书的语句必须精确且符合规定。初步招股说明书是主要的发售工具。承销期间不能编写研究报告或是其他任何有关公司的文件。美国证券交易委员会规定，在此期间管理层不能对公司的任何活动发表评论。招股说明书是一份且唯一一份在全面发行股票前概述公司状况的文件。所有这些严苛的规定都是为了维护公平竞争。大中小型投资者都应当平等地获得有关公司的信息。但不利的是，人们这个时候对公司的前景往往知之甚少。

如何看懂招股说明书

招股说明书是仅有的可靠文件，涵盖人们能找到的与公司相关的信息。因此，在购买股票之前，首次公开募股的投资者必须熟悉此类文件的格式并尝试理解其中的要点。

以下是招股说明书中涵盖的内容：

封面：基础信息，比如公司名称和股票发行量，涵盖承销商名称和基础的监管声明

招股说明书摘要：对公司的简要描述

风险因素：公司存在的潜在风险，包括客户流失、对某一行业的过度依赖、潜在的法律问题、股票价格的波动性和流动性

所得款项用途：公司计划如何运用募集资金，是否用于偿还债务，或为收购提供资金，或用于企业一般用途

股利分配政策：多数小型企业不会支付股息

股权稀释：股票发行将如何影响股票价值，包括可能的账面价值

公司业务：公司所属行业的整体概述，包括主要的竞争对手及其对公司的可能影响

公司管理：高级职员与董事会名单及其个人简介

主要股东：公司的主要所有者，包括拥有大量股份的基金和机构

关联交易：高管、内部人士和公司之间的交易清单（如有），包括企业贷款和租赁

股本说明：股票数量、优先股（如有），以及董事有限责任条款

第5章

未来可供出售股份：内部人士所持有股票的期限，他们是否以及何时可以出售股份

承销：承销商将承销的股票数量及承销协议的期限

法律事务：律师及会计人员的介绍

何为冷却期与路演

冷却期为初步招股说明书提交日后的30天。在此期间美国证券交易委员会可能会针对即将发行的新股发表意见，并鼓励承销商在必要时提供修订后的招股说明书。通过后注册将按要求生效，公司和承销商可签订协定并开始出售股票。但在此之前还需要向投资公众讲述公司经营状况。也就是在所谓的路演中，将公司经营状况分享给做市商和机构投资者。

路演通常在大城市举办，但不会邀请散户参加，因为其真正面向的是机构投资者。组织这类公关活动是为了告知大型投资者不久后将进行首次公开募股，并邀请他们参加。招股说明书中已经涵盖了大部分公司的相关信息，因此路演实际上是要让投资组合经理相信公司管理层有能力实现他们的承诺。机构的资金是否真的可以放心地交给这支管理团队？很有可能在接下来的日子，研究分析师会准备有利的文件，他们也希望有机会了解公司管理层的看法。

这也是首次公开募股中非常重要的一段时期，因为清算日很快就会来临，而承销商希望在最终销售时能够确保股票已经被全部认购。个人投资者这时需要与经纪人联系，确认会参加这场首次公开募股。良好的人际关系在这样的交易中会大有益处，尤其是当所有股票都已经被认购时。

全额认购的承销可能会引起首次公开发行的股票价格上调，而认购较少可能会导致承销商下调价格。这都取决于供给和需求。谷歌是最近首次公开募股中发行最广泛的股票。最初它以每股85美元这一貌似很高的价格出售，几个月内就飙

升至每股400多美元！首次公开募股中所谓的高价也不过如此了！这样看来，谷歌的首次发行价格也并不高昂。尽管不是所有的首次公开募股都能如谷歌一般获得高价，但华尔街的确存在这样的巨星。最令人咋舌的是，原本还定价过高的首次公开募股在一夜之间就变成了拿不出手的便宜货！

对幕后的主要玩家即承销商和机构来说，首次公开募股前的最后几周反而是高度紧张的一段时期。除非各方都同意首次公开募股的定价，否则交易就无法完成。在各方都达成一致后，交易就可以继续。

需要事先预警的是，当市场上存在热门的首次公开募股时，可能会出现以下某种情况。如果股票市场上竞争激烈，那或许很难以首次公开募股的发行价格购买股票；众所周知，上市后首次公开发行的股票价值在几分钟内就会飙升。如果你未能按发行价格买到股票，那就需要决定是否按更高的价格买入。如果决定购买，那么最初的买方便幸运地赚得利润，尽管他只是简单地转手了可能几个小时前才购买的股票。然而，好处就是可以盈利，所有人都可以自由搭乘谷歌的便车就说明了这一点。

所谓的最终分配是指在众多机构投资者中分配有限股票的过程。与大多数利润导向的企业一样，同样也存在批发价格和零售价格。机构自然希望以批发价格购买，再标高价格，以零售价销售给客户。要是股票价格将会走高，那以零售价购买的问题也不大。而拥有在经纪公司的人脉，对于参与首次公开募股来说大有裨益。但大部分人都缺少这样的关系。优质客户能够获得更好的招待，正如在高档餐厅中他们能享受更干净的餐桌和更贴心的服务。当然，首次公开募股中出售的股票之后会在二级市场上接受各自的命运，与其他任何股票没有什么不同。事实上，发行日的激情可能会导致股票被高估，那也就意味着未来的几天或几周会有更好的买入机会。

众所周知，部分公司为了从首次公开募股的激情中获利会转手它们的股票。但承销商往往并不赞成这种操作，他们希望合作伙伴能够支持股票，尤其是在早期。此类活动很容易被识破。因此，反复转手股票的公司将不会被邀请参加下一轮的首次公开募股，除非它们能够遵循这些不成文的规定。承销商希望首次公开募股能够获得成功。这样公司、承销商及投资者都能满意。然而，当首次公开募股带来股票价格的单日峰值时，却是截然不同的结果。这种情况下，各方实际上反而会感到失望。诚然，公司或许可以实现其目标的发行价格，但投资者往往会因支付过多而感到不满。这不利于公司股票获得投资者的长期支持。

封面上罗列了股票数量及价格的最终招股说明书印刷上市后，首次公开募股也就来到了最后一步。在这一阶段，承销商成功完成注册，股票分配后开始交易。一家新的上市公司也在一路引领下诞生了。

后续事项

当公司准备开展新一轮的首次公开募股时，会遇到一个矛盾。一方面，分析师不再继续分析该公司，公司管理层也不再向媒体和投资者发表公开声明，所有这些都符合首次公开募股的相关规定。另一方面，私下的传闻却在疯狂滋长。尤其是投资组合经理常常会谈论某只股票，试图弄清目前的情况。收购专家或是意见一致的企业可能会去探听即将达成的交易。如果是二次发行或者是一轮全新的首次公开募股，这可能会影响股票价格，并吸引潜在买方购买即将发行的股票。路演的消息或许会引起人们对新股发行的关注。然而股票的总趋势最终仍是未知的。面对如此多可能会影响首次公开募股的逆流，没有人可以在股票开始交易前准确评估。

有关首次公开募股，已经存在众多研究。不难理解，新股发行总会引发一阵热潮。然而热情一旦消退，后续也便不再令人瞩目。投资的要旨在于：尽早参与并在价格下跌前退出。研究表明，首次公开募股结束后股票的出售通常会低于发行价格，如果需要二次发行，股东往往会利用首次公开募股的机会出售其股份。

当然，这也会对股票价格产生不利影响。讽刺的是，尽管一轮新的首次公开募股会伴随大肆宣传，但最好的投资机会常常是在股票已经开始交易四五天之后。越有耐心的人越会在之后发现购买股票的更好时机。

投资者必须意识到在市场上进行首次公开募股会涉及各方利益。管理层会获得大量现金涌入，而承销商也可以得到可观的佣金。但关键问题在于：这符合投资者的利益吗？当经纪公司鼓吹某场首次公开募股时，你不能全然相信那些信息。证券经纪人是不是因为所在公司的要求而告知你这次新的投资机会？如果是，那他或许更多的是为了赚取承销股票的佣金，而不是基于投资的合理性。华尔街正是通过这样的方式赚钱的。

第6章

公司内部人士的买入

第6章

我有位朋友多年来十分擅于买进低价和价格下跌的股票，这些股票售价通常低于一美元。这段时间，他反复告诉我他拥有这家或那家公司9%的股份。为什么是9%？为什么不是7%或10%呢？怎么偏偏是9%？答案其实十分简单。他不希望成为内部人士，因为根据美国证券交易委员会的规定，内部人士的每次买入或卖出都需要提交文书报告。只要持有的公司股份低于10%，他就和购买100股股票的投资者一样。其投资活动不会受到政府机构的监管，也可以在合适的时机悄无声息地买入或卖出股票。

因为他会向我分享一些投资建议，所以知道何时买入或卖出后我也能从中获利。事实上他不是内部人士，却能对所要投资的公司了如指掌。因此，我们可以尽早买入并在公众掌握公司的状况之前卖出股票，从而获得可观的利润。

何为内部人士

根据定义，任何了解公司尚未公开发布信息的人都属于内部人士。最重要的内部人士包括公司高管、董事以及所有持有公司10%及以上股份的股东。同样也包括那些负责印刷和出版公司尚未公开的机密文件的相关人员。我曾就职于一家财经公关公司。为了撰写新闻稿以及季度和年度报告，我们必须知道要公布的数据。如果客户公司想要发布新闻声明，我们甚至是最先得知的。我们就属于内部人士。因此，我们不能操纵新闻或是在新闻发表前向任何人透露相关信息。

你能想象吗，知道公司的某项重要事件能为投资者带来多么显著的优势？所以才要禁止此类信息的操纵。投资者应该获得公平的竞争环境。当英克隆制药公司的CEO提前告知其家人和玛莎·斯图尔特美国缉毒局（DEA）不久后会否决公司的药物申请这一未公开信息时，他就违反了内幕交易规则。所以他如今在监狱服刑。

我说这些只是想要强调，通过重要的法律途径可以追踪那些内部人士的内幕活动，从而有助于小型投资者的交易。显然，市场上各类丑闻总是不胫而走。但同时完全合法的内幕交易每天也在发生。此外，由于美国证券交易委员会和其他监管机构制定了相关的保障措施，这些内部人士的投资活动就像沙滩上的足迹一样可以被轻易追踪。

哪些人属于重要的内部人士？就是那些经营公司、掌控并监管公司日常运营的人，即首席执行官（CEO）和首席财务官（CFO）。如果这些人开始买入或卖出股票，那就意味着公司发生了不同寻常的事情。董事会成员可能会时不时买入几百股股票，但总的来说意义不大。基于公司规模的状态，可能会有很多人自以为了解现状。但CEO和CFO通常才是唯一掌握公司整体情况的人，尽管他们往往会发布郑重声明表示对正在发生的事情毫不知情，以开脱自身在股市上的某项操作。因此，投资者希望得知CEO和CFO买入和卖出股票的时机。

如何跟踪内部人士的轨迹

弄清内部人士的意图本身并不困难。最简单的方式就是登录雅虎财经（Yahoo Finance）的网站，输入正在追踪的股票代码。然后鼠标单击所有权（Ownership）下方的内部人士（Insiders），就能看到何人于何时买入或卖出了多少股票。但这种方法有一个缺陷，交易的发生和向美国证券交易委员会报备之间存在时间差。

第 6 章

为了说明内幕信息多么有用，我最近回顾了我所持股票的一些内幕交易，也就是Input/Output（IO）公司。2003年12月5日，IO公司一位名为詹姆斯·M.拉佩尔（James M. Lapeyre Jr.）的董事按每股3.48美元的价格总共购买了215万股股票。3个月后即2004年3月5日，IO公司股票涨幅超过一倍，每股价格升至7.41美元。这位拉佩尔先生在3个月内几乎盈利850万美元！如图6.1所示。

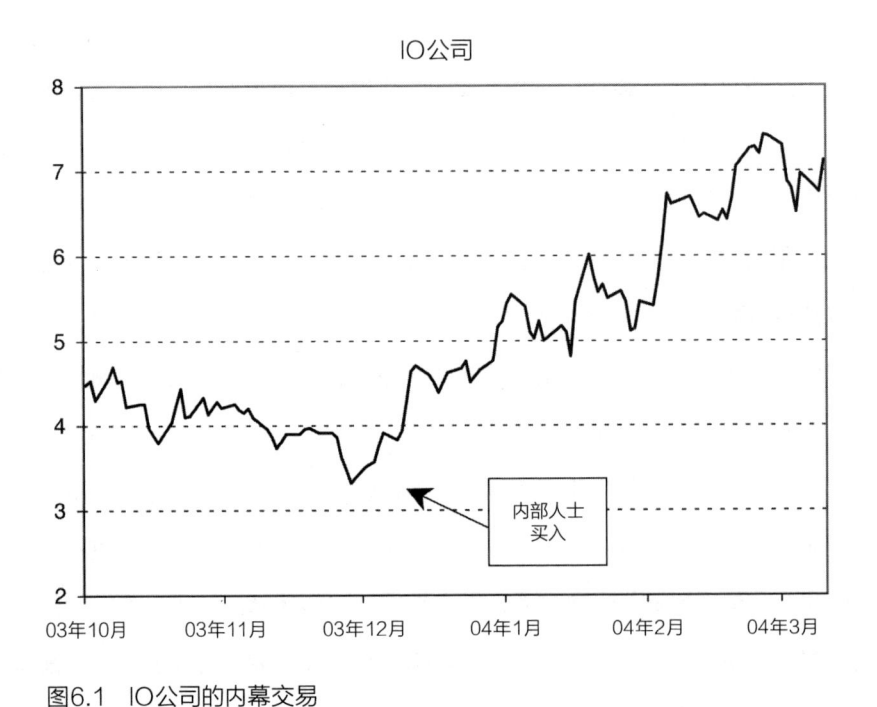

图6.1　IO公司的内幕交易

在另一笔内幕交易中，IO公司的CEO罗伯特·P.皮布勒（Robert P. Peebler）于2005年5月3日按每股5.85至5.95美元的价格购入了仅2.58万股股票，如图6.2所示。6个月后即2005年11月3日，IO公司股票以每股8.45美元的价格收盘。

我想强调的是，这些都是完全合法、公开的内幕交易。最后得出的结论也很明确。内部人士能够清晰地了解公司未来的命运是好是坏。以上两例中，线索之一在于内幕交易的规模；之二在于交易的主体。选择IO公司是因为我对它比较了解，并且也持有股票。但市场上诸如此类精明的内部人士买入股票的操作比比皆

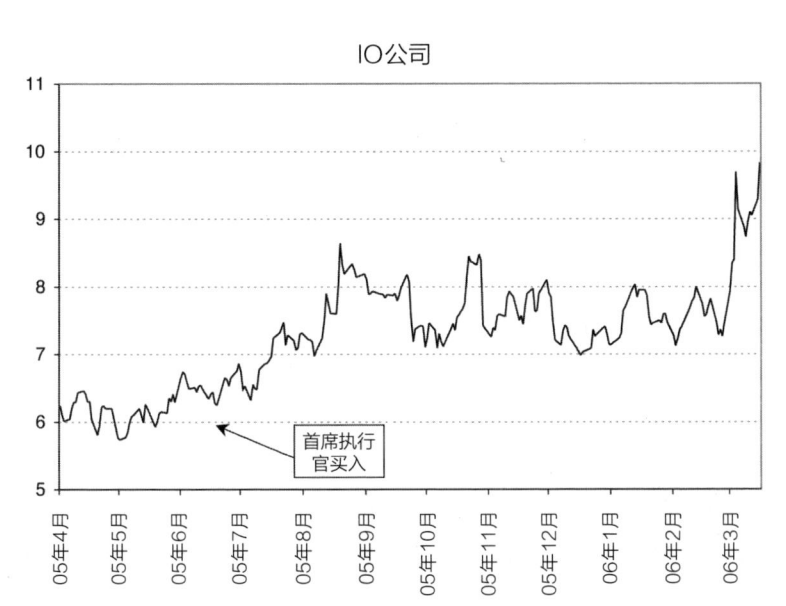

是，只需留意内部人士买入股票的时间并跟踪股票后续发展即可发现。

IO公司

[图表：显示05年4月至06年3月IO公司股价走势，标注"首席执行官买入"]

图6.2 IO公司的另一笔内幕交易

美国证券交易委员会会自行汇编内幕交易信息，并在每月的《证券交易和持有的官方概要》（*Official Summary of Security Transactions and Holdings*）上发布。不过，这些信息有所滞后且一年收费111美元。

小盘股的优势

根据两位研究内幕交易数据的教授，对于小盘股投资者而言，内幕交易能够提供大盘股所不具备的优势。伊利诺伊大学（the University of Illinois）和凯斯西储大学（Case Western Reserve University）的约瑟夫·拉克尼肖克教授（Josef Lakonishok）和李英茂（Inmoo Lee）教授分别坚称，内幕交易并不能帮助投资者挑选知名的公司股票。根据他们的研究，除非公司资本低于3亿美元，否则这些交易信息就是无关的。

第6章

在几年前刊登于《福布斯》（Forbes）的一篇文章中，马克·赫伯特（Mark Hulbert）也发表了相似的言论。在简报《赫伯特金融文摘》（Hulbert Financial Digest）中，他密切关注了数位简报作者成功的投资案例，并宣称内幕交易是一种糟糕的选股工具。但赫伯特的研究只集中于资本超过10亿美元的大盘股公司。

然而，小型公司的股价往往会对内幕交易做出更为迅速的反应。其原因在于：

1. 此类公司更有可能处于转折点阶段，内部人士的买入往往反映公司命运的转变。
2. 此类公司已发行股票一般较少，也就意味着即使是稍微买入部分股票，也可能增加股票价值。

就内部人士的买入和卖出而言，买入的主要动机似乎非常简单：他们认为股票将会走高。然而股票的卖出却可能是基于各种因素，包括个人原因和税负考虑。

正如上述IO公司的例子所示，如果内部人士看好公司，就会大量买入公司的股票。小额购买的情况可能是某位董事买入了几百股或几千股，以假扮成公司团队的部分投资。但由于美国证券交易委员会的准则，内部人士对具备长期发展能力的股票的大量投资是无处可藏的。因此我们能够追踪这些内部人士的轨迹。

查看交易记录可以发现，并非所有内幕交易都在公开市场达成。有些涉及期权的使用，有些则由于各种原因，比如雇佣合同中的某一条款，销售给个人的股票。尤其要注意市场上的买入操作。要是内部人士用自身资金进行投资，那他们可能是发现了真正的投资机会。当内部人士获得期权时，表明他们在公司的利益显然没有直接购买股票那么大。

要留意内幕交易的买入特点。相较于富裕董事的大量买入，或许更值得关注的是首席财务官用个人资金进行的买入操作，即使他买入的数量不多。这笔资金对首席财务官来说越是意义非凡，表示该股越有可能在不久后迎来波动。

同样要留意众多内部人士的相同操作。要是三四位内部人士都开始买入公司股票，那这或许比一位高管的买入更有意义。然而，如果同期买入和卖出都在进行，那或许你要推迟买入，毕竟信息混杂。

一般来说，投资者要远离内部人士持有股份过少或过多的公司。第一种情况中，为什么管理层不希望持有公司股票？持有股份过少意味着管理层更感兴趣的是从公司获取利益而非投入价值。过多则意味着外部股东会由于管理层的一时冲动而持有流动性不足的股票。因此，建议选择内部人持股在10%到30%之间的公司股票。

讽刺的是，利用内幕信息最有效的方式是将其作为反向指标。这一般用于此类情况：并购谈判正在进行而管理层却拒绝谈论未来交易的相关条款。事实上，公司甚至会发布书面说明以否认近期所有有关收购或接管的议论，因为管理层希望在发布正式声明前稳定局势。然而部分投资者却能够领会言下之意，在反复否认中敏锐地察觉到不同。声称不会出售的公司却常常出现在拍卖会上。因此，要是CEO拒绝回应或是没有坚决地否认公司将会出售，那么投资者或许会据此认为相反的情况将会发生，并在预期收购的情况下购买股票。毫无疑问，在公告发布前便采取行动的精明投资者往往会在这种情况中获取暴利。

第7章

小盘股选股策略

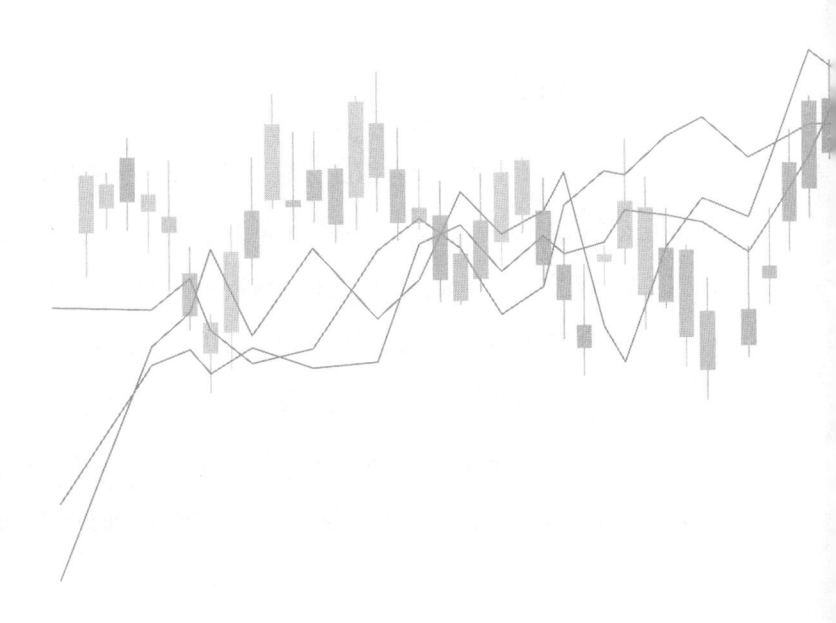

第 7 章

终于到了兑现投资的时候了。你凑了两万五到四万美元，开设了经纪账户，有了复杂的图表分析软件。此时你打算狠狠赚一笔。你翻开金融报纸中的股票专栏。但满眼的股票代码令你头晕目眩。你该从哪里开始呢？

我们假设你打算寻找一些目前价值被隐藏的潜力股。你开始查看价格走势图。不用多久你就会发现目前处于低谷期的高价股票，类似于升阳计算机系统公司、捷迪讯光电公司，都在准备东山再起。甚至说朗讯科技公司，即便曾经从极高股价跌落，也会在技术层面上吸引你。但是假设你想从技术分析以外的因素来考虑选股，那么你该如何去找到一只真正的被低估的股票呢？

资产股与概念股

为了发现价值，你需要考虑进行基本面分析，然而基本面分析专家并不能就什么构成价值达成一致。决定市场价值的方法数不胜数，不过对于在实践中的最佳方法却尚无定论。例如，一些人对于所谓的资产股深信不疑。典型的资产股可以是一座矿，资产还被埋在地下。公司能够从这座矿里提取出价值来吗？提取的成本会比最终产品的价值还要高吗？资产是真的存在吗？我曾经持有一家石油公司的股份，这家石油公司除了租约外一无所有。由于不善开采地下石油，该公司花了数千美元聘请专家，这促使有人打趣道："如果他们开车去加油站购买的话会更便宜。"这家公司不久后就宣告破产了。

当持有类似于第一量子矿业或者北猎户座资源公司的股票时，开采的资产会给那些幸运的投资者们带来巨大的财富。近年来，资产型公司因持有地产、石油、矿产资源以及新兴技术专利而受到关注。和生活中的每一件事一样，资产股有时能够奏效，有时也不能。

投资者喜欢赚钱的公司。一家公司可以拥有全世界的资产，但如果不能充分利用这些资产，那么这一切就是空头支票。而让股票实现大幅度增长的必要前提是有所成就。

提到概念股，这一规则也同样适用，即必须有所成就。概念股是基于一个想法、一个新理论，或者是一个梦想——这些东西还未被引入市场，但按照其支持者的说法，极有可能进入市场。概念股的另一个名字是"故事股"，同样也为人所熟知，所谓的概念可以是任何东西。这并非意味着概念股等于空想。15年前，受益于因特网的公司——美国在线公司（AOL）、谷歌、甲骨文公司（Oracle）都属于概念股。同样，它们也是故事股。30年前，个人计算机领域的核心公司——戴尔，也属于概念股。图7.1展示了谷歌作为概念股逐步成为主流的历程。

许多概念股失败并不是因为其创意欠佳，而是公司资金短缺，产品销售不利，或者是管理不善。一个方法可以帮助你避开那些营销炒作的概念股。如果遇到新的概念股被吹嘘为最新伟大发明，百利而无一弊，那么你需要当心了。大概率IPO募集的资金会落入推销商的口袋，而投资者们将会背黑锅。事实上，我每周都会收到广告邮件，向我推荐优质新股，理由是认为它们有成为下一个沃尔玛或者微软的潜力。然而，当你读到细则时，你会发现通讯作者是被买通去推销股票。任何一份推销手册都应该仅仅被看作一份推销手册。合理的新概念股公司总是会找到他们的受众，而无须借助通讯作者进行大肆宣扬。

虽然不想对某些交易所有偏见，但我还是要提醒你小心低价的所谓的公告栏推荐的股票，还有温哥华证券交易所出售的股票，温哥华证券交易所通常是概念股的聚集地。我喜欢加拿大的股票，也投入大量资金，但是相较于从温哥华购买一些高价股票，你更应该从多伦多证券交易所购买股票，多伦多证券交易所被誉为加拿大首屈一指的交易所。

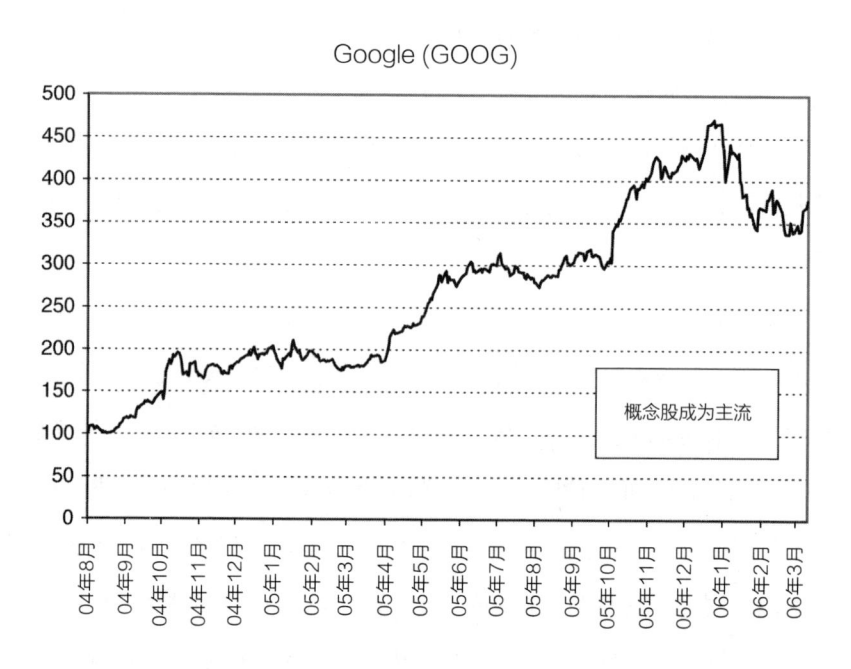

Google (GOOG)

概念股成为主流

图7.1 谷歌达到新高

如果要遴选股票，那么多伦多证券交易所肯定优于温哥华证券交易所，纳斯达克上市的股票肯定优于布告栏市场的股票。当你选择更进一步去纽约证券交易所时，股票上市要求也会随之更加严格。

基本指南

一般来说，当你在挑选购买优质股票时，你希望找到隐藏价值或者由于各种原因价值被低估的那些股票。这并不容易，因为还有许多其他聪明人也在努力四处寻找。即便如此，我们仍总结列举出以下几条基本指南：

1. **盈利性**。这是一个难点，因为高利润公司的股票已经反映了其盈利能力。最好是去找到一家即将盈利的公司，或者还处在亏损状态，但是亏损正在逐月或者逐季度减少。根据盈利性选择公司股票的难点在于，你不知道未来这家公司是否会维持利润。当你购买了一家持续盈利的公司股票时，会发生什么呢？该公司可能变得自满，未来可能无法继续获利——这意味着你会面临公司股价跳水的风险。然而一家亏损的公司，会竭尽全力确保公司未来的盈利能力。在这种情况下，你所购买的低价股或者估值过低的股票可能有上涨的趋势。但是如果你跟踪了低价股，你需要知道为什么未来会上涨。管理层变更，尤其是迎来新一代掌舵人，而且其资历深厚，具有远见卓识，这些也许可以解释"为什么公司会迎来转机"这一疑问。同样，如果精明的管理层一直在为公司的未来投资，那么今天的股价可能不能反映公司的潜力。当利润触底时，股价必定会呈上升趋势。

2. **总市值**。股数（通常低于1亿）越少越好，但也有一些例外。以天狼星卫星广播公司发行在外的13.3亿股为例。在过去一年里，该股上涨了近78%。尽管其流通股规模庞大，但该股仍持续走高。股数越少，这样，股票价格推高所需要的被购买的股票数量也越少。供给和需求永远是抬高价格的决定因素。一家公司可以通过发行更少的股票数量，来吸引更多的买家，从而抬高股票价格。

3. **未来前景**。这家公司的未来前景如何呢？其所在领域是有成长空间，还是停滞不前呢？这家公司有令其在行业中处于领先地位的专利吗？行业竞争情况如何呢？有其他公司能以更低的价格交付同样的产品吗？投资是关于未来的决策，所以着眼未来才是我们的重心所在。

4. **做市商**。越多越好。许多人在市场中造市，他们愿意从你手中买进股票，也愿意卖给你股票，这对于股票来说是好兆头，原因有二：一是表示人们对该公司股票感兴趣；二是卖价和买价差距小。这意味着当你买入和卖出时损失更小。相比之下，成交量不足意味着该只股票流动性弱。由于买卖价差变大，那么为了与买家或者卖家进行互相交易，你所付出的代价也随之变高。

5. **近期价格行为**。如果一只股票出现在潜在投资者的屏幕上，股价将会反映这种行为。通常情况下，股价将会在预期的消息到来之前发生波动。因此，你只需要查阅每日成交量数据并与日均成交量进行对比，就可以知道这只股票是否处于活跃状态。

基本要点

当传统型投资者试图在沙里淘金时，他们会问一个很基础的问题：这家公司的价值是什么？将股票的现时价格乘以流通股的数量就可以得出现有价值。但是问题的关键不在于股票如今在市场中的价值，而是股票未来的价值——6个月后，9个月后，一年以后，两年以后？这一问题不难理解，如果股票价值在未来大幅上升，你手握的就是潜力牛股。

首先，看该公司的资产负债表和流动资产减去负债后的值。当你在银行里存有300万美元时，你可能会被认为十分富有。但是，如果同时你有一千万美元的负债，你还会有同样的感觉吗？当然不会。这解释了账面价值——作为衡量公司价值的简易方法存在的重要性。你可能会考虑理想情况：一家公司应该以账面价值进行交易。但是在真实世界中远非如此。一家优秀公司的股票可以远远超过账面价值，但仍被视作一项好的投资。这是因为投资者往往更重视公司未来发展，将股票视为未来收入和收益。因此，当账面价值仅为每股9美元时，股票却可能以20美元或者25美元的价格进行交易。反之同理。一只优质股票的交易价格也可能低于其账面价值，即便是这种情况也有可能是不错的投资。估值过高的股票，也可能以高于或者低于账面价值的价格进行交易。我们并不是生活在一个理想化的世界里，所以影响股票市场价格的因素远不止账面价值一个。

基本面分析提供了一系列测量方法来量化选股。鉴于账面价值代表着公司的真实价值，股票市场价值可能被称为不真实的价值。但是你不会看到任何一个股票经纪人以账面价值出售股票。你只能以市场认同的价格，即市场价格购买。

因此，当我们将账面价值除以全部股票的总价值时，我们就得到了账面市值比这一概念。这也是分析师非常喜欢用到的数据。定律就是：账面市值比越高，股票价格越昂贵；账面市值比越低，股票价格越低廉。

当不涉及折磨基本面分析者的棘手问题时，这种分析还算得上比较简单。当涉及商誉、知识产权或者商标的价值时，则如何分析判断公司价值呢？传统的实体企业可能会进行全面和彻底的评估，但是像亚马逊这样的概念公司，如何进行价值判断呢？亚马逊的价值来源于互联网销售。账面价值能真实反映亚马逊的全部价值吗？

用账面市值比来评估资产价值显然结果是不确定的。拥有大量有形资产的公司可能只需要很少的成本或者无需成本，而一个拥有不可出售资产的公司，在其有限的专业领域之外没有任何价值，可能会高估其资产价值，但事实上，该资产并没有真正的市场价值。

在你感到沮丧、想要放弃之前，放松点，因为账面市值比只是分析师们使用的基准之一，一般来说，人们普遍认为这是一种合理估值。然而不久前，在互联网泡沫时期，这种传统的估值方法曾一度失效，因为当时市场确实已经失去秩序。但这样的情况没有持续很久。股票价格不久也恢复正常。但是一般来讲，股票偶尔会低于账面价值卖出，这意味着存在机会。

多年来，大量研究已经说明了购买低于净资产价值，即低于账面价值的股票是明智的选择。"基本面分析之父"本杰明·格雷厄姆（Benjamin Graham）建议投资者只购买以资产净值65%或以更低价格出售的股票。为验证格雷厄姆的观点，一位教授研究了1970年至1983年这13年间股票的走势。这项研究提出，如果只购

第7章

买低于资产净值65%的股票并持有一年会如何呢？能赚钱吗？如果能，你会如何与整个市场行情进行比较呢？此外，如果你转投符合这一标准的其他股票情况会如何？该研究集中于研究纽约和美国证券交易所的股票，并明确表明在整个股票交易只赚12%的情况下，你可以赚到惊人的29%。或许关于这种低价买入策略值得详细阐述。

在一项类似的长达17年的研究中，低账面价值股票和整个市场股票的投资收益率分别为14%和6%。另一个研究小组在20年的时间跨度内采用了相似但略有不同的标准，结果显示低账面市值比是选择股票的决定因素。估值最低的股票上涨了41%，而估值最高的股票只上涨了1%。我们应该明白一个道理：一定要买入账面市值比低的低价股票！

国际股票也遵循相同的模式。如果你能找到一只价格低于净资产价值的股票，买它！

你可以认为这些数据都是不够真实的，因为在牛市中所有股票水涨船高。牛市中选股可以像简单地扔个飞镖，买任何一只股票都可以赚钱。那敢情好。但是在行情不好的年份呢，选择标准就变得极为重要？在2000年3月接近市场顶部时，当时购买股票的投资者们，都因忽略了资产价值的概念而亏了一大笔钱。我记得当时美国朗讯科技公司在20世纪80年代中期售卖股票。如今它的股价甚至难以突破3美元。

我们常常听说，相比股市投资的主要竞争者——债市和房地产，股市表现会更好。但你仔细想想，五六年前，以80美元买入朗讯股份的投资者真的能在有生之年把钱赚回来吗？其实概率很小。这个事件的寓意在于：当你购买股票时，千万要小心谨慎，不能忽略对股票净资产价值的考虑。

资金管理

不单单是买什么，关于怎么买也有很多种说法。假设你选好了低价和被低估的股票。你是一次性投完呢，还是再等等看？一种方法是好的价值就是好的价值，尽快买入。在股票开始上涨前把所有资金都投进去。这时会遇到另一个问题：如果你投的确实是正确的呢？你会在同一时点获利了结吗？让我们先把卖出放在一边。这种买入方式有利有弊。如果买对了，你可能会庆幸自己做出明智的选择。然而，你可能还是考虑不够成熟。你买的还能再多些吗？当然，如果你花完了所有的投资资金，你就无法再继续买入。如果你在不同的价位买入，采用平均成本策略（在股票下跌时买入更多），你将会获得整体较低的进场价格。当然，如果你的股票随后涨得更高，你的回报将会更加丰厚。然而，这里又有不足之处。如果你增加头寸，而股票继续下跌怎么办？你还是会有损失。

在你被迫做出决定之前，制订一个行动计划是很管用的。当然，就像许多规则一样，这条规则说起来容易做起来难。许多经验丰富的华尔街精英们所采用的保守方法是，在第一次上涨时卖掉部分股票以获取部分利润，当然，前提是有利润。这种策略被称为"把你的诱饵从桌子上拿掉"，它要求一旦股票的价值是你的进场价格两倍，就卖掉一半头寸。对于一只低价股票来说，翻倍并不是什么大不了的事。这种情况一直在发生。但是考虑一下这种方法其中的智慧。假设你以每股1.5美元的价格购买了XYZ股票。除了佣金，你投资1.5万美元，总共购买了1万股。现在股价涨到3美元，你卖出一半的头寸，也就是5000股。这是你15000美元的诱饵钱。另外5000股现在可以自由涨跌。不管发生什么，你都不会有损失。

这是一种保守的策略，因为如果股价随后涨到每股5美元，那些总说"本应该、本可以、本会"的投资者会幸灾乐祸地嘲笑你鼠目寸光。现在，你在1万股股票上的3.50美元利润（35000美元）只能让你净赚一半，或者17500美元，因为

183

你在第一次翻倍到3美元时卖出了一半的头寸。然而，如果该股随后下跌，就该轮到你幸灾乐祸了。这可能会让你陷入进退两难的境地，但正如你所见，情况还会更加糟糕。

说到底，如何管理资金可能是仅次于选股的重要因素。我们总是从报纸上读到有关一些穷人去世后，把一笔遗产留给了受托的朋友或慈善机构的报道。对此，每个人自然都会感到惊讶，因为这个人从来没有展示过任何财富的迹象；相反，这个人通常是非常节俭的。那么他们是怎么做到的？就是通过良好的资金管理，加上复利或利润再投资的力量。即使是少量的钱，经过反复的翻倍，增长速度也会很快。

收入与收益

对于新投资者而言，最难弄清楚的就是收入和收益之间的关系。收入是企业经济利益的总流入，收益是收入除却费用后的差额。作为财经公关公司的前雇员，我可以告诉你，对公司的季度和年度报告做出正确适当的解释，是我们工作的重中之重，为的是留住我们的客户。无论结果是多么糟糕，公司高管们总是希望财报尽可能体面地展现在股东们面前。因此，如果收入增长，我们便会着重强调这一事实，即便前一季度发生的巨额费用导致公司亏损。这也同样意味着强调积极面，总是着眼于下个季度的业绩。一封标准季度股东信如下所示：

亲爱的股东们：

作为XYZ塑胶管道公司的首席执行官，我很高兴地向大家报告，我们在新型且具有革命性的塑胶管道系统的交付方面终于转危为安。截至2006年3月31日，XYZ第一财季收入达430万美元，创下历史新高，而去年同期的收入仅为350万美元。然而，由于管道系统一次性的再造成本，收益下降到427000美元（每股0.07美元），而去年同期收益为567000美元（每股0.09美元）。

我们确信我们正朝着正确的方向前进，我们必定会实现——并且很大可能会超额完成去年年报中所设定的企业目标。第一季度中，我们有幸迎来一位新的副总裁，分管公司财务以及对各项业务进行改进调整，令我们公司在未来几周和几个月内变得更具竞争力。感谢你们一直以来的支持！

J.D.琼斯
首席执行官

正如你从信中看到的，收益确实是在下降。公司的收益远比一年前要更差。尽管如此，该公司仍在吹捧其收入创下纪录。问题是收入并没有扣除费用成本。我所持股票的公司经常公布其收入创下纪录，我的经验之谈就是，如果收入扣除成本后没有利润，股票就很可能表现不佳。投资者想要的是收益而不是收入。虽然提高收入往往伴随着更高的收益，但关键是要把钱留在公司的金库。

关于高收入常常无法转为高收益有许多的解释——有些合理，有些则不然。当你阅读财务披露声明时，你可能会发现，公司管理层已获得加薪或由于一些不可预见的事件，费用突然飙升。一般来说，公司会尽量避免剩余过多利润，以免为这些利润缴税。然而花钱的方式有很多，不然就会浪费股东权益。如果你不是一个训练有素的注册会计师，你很难发现公司资金管理不善。然而，如果一家公司的资金难以实现利润，可能说明它并不是一个好的投资对象。

现金流分析

近年来，丑闻层出不穷，强调会计报表中的利润部分导致一些公司陷入困境。我们都知道那些引人注目的欺诈故事，但是这些捏造数据的公司呢？这也理所应当引起了投资界的戒备心理，不少投资者都对收益报表持怀疑态度。这些数字可信吗？面对怀疑，一些分析师正在考虑用新的衡量方法来评估公司收益。

损益表中总收入减去费用得到总收益。费用包括：租金、工资、债务利息、

第 7 章

首席执行官办公室里的装饰物以及设备折旧。由于公司可以将任意支出归为费用，包括公司水槽的费用，因此你必须能够分辨哪些费用是合理的，哪些是不合理的。

当心隐藏在财报深处的费用，比如说首席执行官在蒙大拿区购买的第二套住宅所用的贷款。因此，为了排除这些非必要费用，你需要专注于现金流，或者扣除成本后的剩余收入。这一方法被称为价格与现金流比率。听说过税息折旧及摊销前利润（EBITDA）吗？其定义是指未计利息、税项、折旧及摊销前的利润。每一位注册会计师都通过这一数字来清楚地了解公司的运营状况。

现金流可以帮助投资者更清楚地看到公司经营和盈利状况。

价格与现金流比率是由公司产生的现金除以市值来决定的。低比率表明我们的投资收益颇丰；比率高则说明情况恰恰相反，该股可能估值偏高。在一项为期20年的研究中，价格与现金流比率较低的公司表现亮眼。

价格销售比分析

还有一个计算简便的测量基准。一种方法是将公司收入除以总市值，另一种方法是根据每年销售额来分割每股股票价格。你应该能得到相同的答案。至少在销售方面，我们能及时发现问题。这一比率会告诉你这只股票是否便宜，低比率意味着公司能够以较低的成本完成销售。高比率意味着该公司每一美元销售额所耗成本过高，需要紧缩支出或者开辟新的获利渠道。当然，最终的底线是利润，而不是销售额。即使销售成本再低，关键问题仍然是：这家公司能赚到钱吗？

经营成本分析的例子在最近的媒体中有重点报道。随着油价上涨，加油站面临越来越多顾客"不离车加油"的问题——人们加完油没有支付就离开。事实上，加油站老板对3美元每加仑汽油的价格只能有几分钱的收益。随着逃单的人越来越多，一次逃单就能危及店主的日常利润。很显然，加油站老板并没有从油价上涨中捞到什么好处。

如你所见，收入是衡量一家公司未来成功与否的晴雨表。你可以在没有利润的情况下获得可观的收入，你也可以拥有少量收入和大笔利润。在高度竞争的行业中，分毫必争。但在利润率更高的行业中，容错率也更高。这就是航空业通常很难赚到钱的原因。由于不稳定的燃油价格和巨额劳动力成本，航空公司很难有剩余利润——因此破产浪潮不断袭向航空业。然而，如果一家生物科技初创公司研发出一种新药并且经食品及药物管理局批准，那么它的每一美元销售额就能获利20美分或30美分。

近年来，价格销售比分析得到了一些分析师的支持，因为许多公司都没有收益，使得传统的市盈率变得过时。那么公司的盈利方面到底出现了什么问题呢？在互联网新时代，未来的收益可能是可行的。但与此同时，股价上涨的主要原因还是市场承诺，而非其他。在市盈率难以维持的情况下，分析师们试图转向价格销售比指标。但由于如此多的公司加速投入IPO筹集的资金，上述比率充其量也只能称得上马马虎虎。这些新的高价股票不惜一切代价扩大市场份额以实现盈利，终于有一天实现了利润。最终，估值无法持续，随之市场崩盘。

资产负债表基本分析

除非你是一名注册会计师，否则当看到一家公司的财务报表时，你大概率会感到眼花缭乱——主要是现金流量表和资产负债表。这些财务报表由专业会计师根据具体行业标准进行制作——这些标准在会计行业易于理解。近年来，尽管在会计行业中有一些害群之马，他们歪曲企业收益捏造数据，但大部分会计工作的表现非常出色。此外，由于会计师独立于他们所工作的公司，他们在报告公司财务方面做得很好，以免被专业审计查出虚报数字的丑闻并被追究责任。

那么一般非会计人员需要了解关于公司会计的什么内容呢？也就是说，在评估一家公司时要避免一些陷阱。即便是粗略阅读公司年报或者季度报告，也能找到有关该公司未来前景的重要线索。

首先让我们来看看资产负债表。左侧列示的是公司资产，右侧为负债，这些负债对企业的资产有优先求偿权。企业的所有权（权益）资本列在负债之下，以强调负债对资产有更高或更早的求偿权。换句话说，这意味着如果对资产有任何求偿权，债权人和债券持有人将首先得到偿付。股东只能得到支付债权人后的剩余部分。在最坏的情况下，即破产时，股东得不到任何偿付。

在读资产负债表时，非会计人员可以直接跳到主要条目。流动资产总额是指所有单项资产的小计。更重要的类别和最后的分录，都用双行线突出显示，比如总资产。

资产负债表是公司一个期间结束时的经营会计记录。因此，2006年6月30日的损益表列出了该季度或财政年度的收入。时间仿佛冻结在那天。第二天的收入将进入下一个季度或会计年度。你需要明白，资产负债表只报告最终的数字，而不是公司资金的流入量和流出量。例如，一家公司可能在一个会计期间结束时报告的资产为740万美元，但如果它第二天必须支付240万美元的贷款（在会计期间结束后），那么一天后资产将下降至500万美元。因此，资产负债表是公司价值在某一特定时刻的存量记录。

请注意，资产负债表中的数字并不是随意列出的。具体格式如下：

左侧	右侧
流动资产	流动负债
非流动资产	非流动负债
其他资产	所有者权益

流动资产是指在一个经营周期内可以转换为现金的现金和其他资产。经营周期是指公司的基本经营节奏。这里是指它制造产品或提供服务，并通过这些产品或服务获得收入。长期资产不是为出售给客户而持有的，而是用于日常运营业

务。这些资产可以是有形资产，也可以是无形资产。前者可以是建筑或工厂；后者往往是在为公司创造收入方面起到重要作用的专利或版权。有形资产也被称为固定资产。土地更偏向于是固定资产，但固定资产还包括设备和机器、卡车、叉车、家具、电话、电脑等。

流动负债是指那些依靠流动资产转化为现金来偿还债务的负债。这些项目通常要求在一年之内偿还。长期负债的偿还期在一年以上。一般来说，负债是对流动资产的支付要求。

具有讽刺意味的是，负债增加也会导致公司资产增加。当公司借钱时就会发生这种情况。确实，该公司现在必须偿还贷款；但它也通过借款增加了其手头资产的价值。如果一个公司通过赊购商品来生产一种产品，它的负债就会增加，但库存也会增加。与任何尚未偿还的贷款一样，当公司借款时，它的总资产就会增加。以个人申请抵押贷款购买房屋为例。在他持有抵押贷款期间，房屋的价值可能会增加。虽然抵押贷款必须偿还，但如果他卖掉房屋，所增加的价值也归他所有。公司也是同样的道理。

当你看资产负债表时，需要理解的一个重要概念是账面价值。公司资产的原始成本可能会随着时间的推移而下降。因此，账面价值不能与当前重置价值混淆。如果设备必须置换，账面价值往往会不足。在这种情况下，该公司不得不承担更多的负债，来支付当前置换新设备的成本。

因此，当一个公司在纳税申报单上扣除设备的应税所得减免或折旧免税额时，它试图只扣除设备的原始成本，而非重置成本。重点是，如果公司最终需要置换设备，该公司很可能需要支付一笔一次性费用，这将对其收益产生负面影响。

基本会计准则是固定资产应在资产的使用年限内折旧，而不是在资产所在会计年度内一次性计提。因此，资产的账面价值是原始成本减去折旧。核销固定资产价值的目的是为现金流量提供真实、准确的会计核算。除了土地和房地产，固定资产会随着时间的推移而贬值。因此，在试图确定公司价值时，你必须考虑其持有的这类资产是否应该折旧。如果需要折旧，那么公司在不久的将来可能需要承担更换它们的费用。

如你所见，当计算公司真正的价值时，其中有太多无法衡量的事物。一些公司，比如航空公司，固定资产会产生高昂的费用。但类似开发视频游戏的软件公司，运营公司的成本非常低。租赁办公室和电脑，让员工获得公司一部分权益，用股票期权来补偿较低的工资。你能看出来对于前者而言，创利使得股票价格猛涨是更加困难的事情吧？需支付高额固定费用的公司必须经过累月，才能履行其现有债务。另一方面，一家小软件公司可能启动经费不高，但只要一开始推出对的产品，就能迅速赚取高额的利润。正是这些软件公司所带来的希望，使得在20世纪90年代后期互联网热潮中股票价值快速上升。

理解投资收益率（ROI）

无论在哪家公司，以下两类财务报表——资产负债表和损益表，都是进行合理基本面分析的重点。但你必须要明白如何超越这两项基准测量方法，去真正了解公司的经营状况。通过观察金融分析中普遍的关键比率，是解读公司业绩最简单的方法。

而投资收益率就是其中最重要的一个。计算方法是将利润除以投资。然而，这带来了一个关键问题：利润究竟是什么？营业净利润、税后利润、税前利润——都属于利润。"投资"一词也具有相同的模糊性。当我们在讨论投资的时候，我们是在讨论总资产还是资产净值呢？这两者存在不同。对于一个公司而言，将这些概念厘清，并且保持报告数字一致性是重中之重。

为了说明这一点，我们来使用税后利润和总资产。假设我们在评价一家公司，我们称其为ABC科技。以下是计算投资收益率的简单过程：

$$\frac{净利润}{总资产} = \frac{\$37000}{\$279000} = 0.132/13.2\%$$

根据该结果，ABC科技投资资本的回报率达到13.2%。

这时，作为一名投资者，你可能会选择将ABC与其他两个投资项目进行对比。一个是半导体公司，投资收益率为25.1%；另一家是金融服务企业，投资收益率为7.9%。基于投资收益率这一标准，半导体公司无疑是最佳选择，因为投资资本使用效率达到最大化。

这是理解投资收益率的关键：公司每投资一美元能赚多少钱？换种说法，什么样的投资能给我带来最大回报？你应该关注以下方面：一家公司的销售净利润可能很高，但如果销售额较低，投资的回报率可能较低。这突出了为什么看回报率比单纯地看销量、销售利润和绝对利润数据更重要。与需要大量资本支出才能带来正常销售的公司相比，能够少花钱多做事的公司总是一个更好的投资机会。

作为衡量公司业绩的投资工具，投资收益率再合适不过了。它的缺点，和其他比率一样，就是局限在过去，而不涵盖未来。使用该比率的目的是与对手公司进行比较。另外，投资收益率可以让你窥见任何一家公司的趋势。公司的投资收益率是保持不变，还是在下降？如果是后一种情况，那么你可能需要卖掉所持股票。

债务分析

关于投资有债务的公司，有两种学派的观点，两种观点各有优势。你可以认为无债务的公司比有债务的公司更好。没有背负债务的公司是不可能被迫破产的。这是投资者的一大优势。但是消费者承担债务的基本原则同样适用于公司。所谓的良性债务指的是将债务资金投资于增值的资产，比如房屋贷款、研究生教育和创业。很少人会争论为了这些原因背上负债是否明智。而不良债务指的是

第7章

将债务资金投资于贬值资产，比如汽车、一次加勒比度假或者昂贵珠宝。原则就是：这一资产在未来会增值吗？谈及公司负债，也应该遵循相同的基本原则。然而，由于几乎所有盈利性企业都有相同的目标，即赚取利润，因此，利用债务资金在未来创造收入和利润必须是管理层的首要考虑。

将类比推进一步，试问谁没有见识过各种激进的信用卡推销手段呢？即便你是青少年，甚至是家里的宠物狗，一些信用卡公司都可能获取你的姓名并且尝试用极低利息为由说服你办理。其结果是破产数量空前增加。对于公司来说，尤其是在繁荣时期，廉价资本带来的诱惑也是难以抵挡的。我犯过最大的错误就是购买了一家手机公司的股份，而这家手机公司当时有10亿美元左右的负债，准备拓展无线电通信业务。但是当时电信行业竞争急剧激烈，公司无法实现快速增长，不足以偿还贷款。最终结果是依据破产法第11章申请重组，处理所有者权益。

另一方面，负债也能得其所哉。有效利用借入资金的公司可以更快地实现增长，反观较保守的公司，它们拒绝使用借用资金去扩张业务，因而增长速度较慢。在分析公司负债时，最好的方法是选择折中：过多债务会导致灾难，但过少债务也会限制发展。关键在于管理层有效利用债务的能力。所以归根结底是对管理层的信任。

第8章

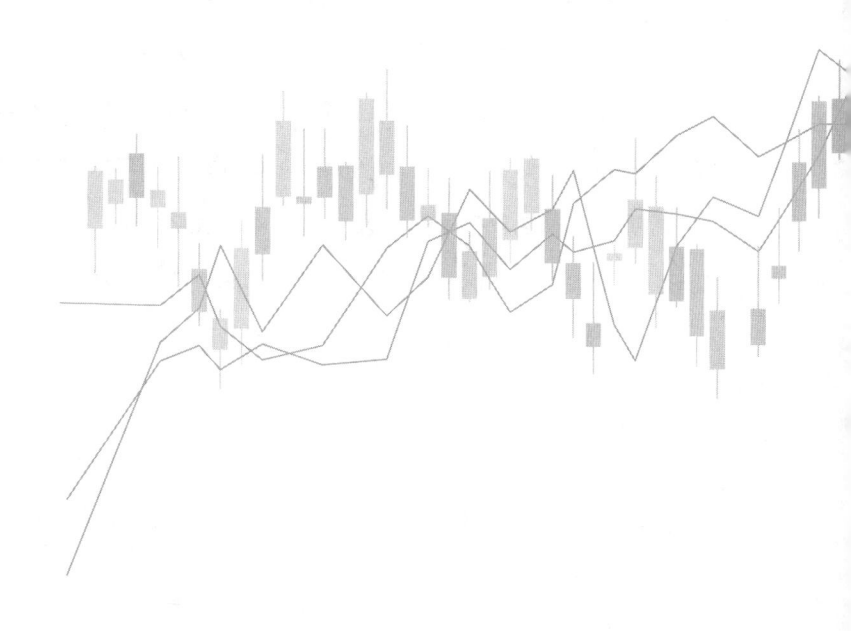

期　权

第8章

期权可以成为投资者最大化收益的有效工具。对于专注于投资低价股的个体买家而言，使用期权工具对他们特别有利，因为期权能够使买家掌控比初始投资贵数倍的资产。它们通常在挂牌的期权交易所买卖并且几乎覆盖所有家喻户晓的股票。

为了让你对于期权的价值有所认识，请考虑购买股票和购买期权之间的费用差异。当最近陶氏化学（Dow Chemical）的股票在一股42美元的价格成交时，购买一手它的股票将会花费大约4200美元。但陶氏化学未来30天的看涨期权仅仅只需要30美分一股，或30美元一手。难以置信的是，看涨期权会在所谓的执行价格上对其买家提供和购买股票的人同等收益。

期权提供的就是我们所知的杠杆。简单来说，这就意味着你可以用相同的本金赚更多的钱。而这就是它们在投资者中大受欢迎的原因。在我们陶氏化学的例子中，被用于购买一手陶氏化学股票的4200美元也可以被用来购买140份看涨期权。这就意味着期权买家可以操控相当于14000股陶氏化学的股票而不仅是100股。在执行价之上的每一美元都会让看涨期权的买家收获14000美元的巨大收益。

虽然这是一个极端的例子，但它的确说明了期权交易具有的盈利潜力。

基本概念

　　什么是看涨期权？什么是看跌期权？它们是怎样运作的？正如你可能已经知道的，期权大致分为两个基本种类：看跌期权和看涨期权。看涨期权让买者具有在期权存续期间内以期权执行价格购买其标的股票的一种权利——而非义务。比如你正在关注沃尔格林药房（Walgreens Pharmacy）并且你注意到他们的业绩在市场中占据压倒性的优势。在股价处于43美元一股时，你可能并不愿意花费4300美元购买100股他们的股票。但是你在期权市场的一瞥将会告诉你：你可以仅花85美分购买一份有效期3个月的看涨期权。这就是100股85美元。而实际上，你可能非常看好沃尔格林的业绩，所以你愿意共投资850美元购买10份期权。拥有这10份期权，你能够在股价在执行价之上上涨每一点或每一美元时赚取1000美元。

　　期权的美好在于它们的灵活性。如果你认为一只股票被高估了并在将来会下跌，你只需购买看跌期权而不是看涨期权。一份看跌期权让你拥有一种权利，即在其有效期内，以执行价卖出其标的股票。所以，如果你认为沃尔格林的股票将要崩盘，你就购买看跌期权。万一股价下降，你可以执行期权或是将其在期权市场中卖出。你的利润将会是执行价和你卖出期权时其市场价的差额。比如，沃尔格林的股票正在42美元处交易，你购买持续3个月执行价40美元的看跌期权。万一其股价下跌到35美元，你可以赚取40美元（执行价）与35美元（股票市价）之间的差价。这一差价就是你赚取的收益。

　　如果你的判断是错误的而股票价格并不像你预想的那样移动会怎样？作为一个期权买家，你将会损失你的投资。但是你永远不可能比你购买期权的费用损失更多。总之，期权的花费是固定的，但其盈利潜力却是无穷的。

第 8 章

期权要项

每个期权投资者必须理解期权的要项以及它们与简单的股票购买有什么区别。当你买股票时，你支付的是全额（除非你是以保证金的形式购买），然后你就获得了股票的所有权。这和购买一幢房子或一辆汽车是没有区别的。你做了投资，而标的资产就是你的了。

而当你购置看涨期权或看跌期权时，你只购买了未来某一时间以某一固定价格购买或出售标的资产的权利。这是很重要的一点，因为期权是一种被人们视为消耗性资产的东西。到期时，期权可能有价值或者没价值。如果它具有价值，买家就被赋予了收取利润或者期权可能带来的其他收益的权利。如果这期权有亏损，这期权就没有价值，而全部保证金的费用，或者期权的所有费用，将损失掉。

让我们看看在现实中这是如何运作的。比如你是沃尔玛股票的长期多头。在沃尔玛的股票以45美元每股交易时，你决定花每股1.60美元购买执行价为45美元的沃尔玛3个月的看涨期权。你在这批100股看涨期权上的总费用仅是160美元。3个月指的是期权的执行时间，而45美元指的是执行价，也就是你能执行看涨期权的价格。现在你知道如果沃尔玛的股票在看涨期权到期前剩余的时间中能涨到45美元以上，你就可以在标的股票每涨1美元时以一份期权100美元的比率获得收益。举例来说，在期权到期之前，沃尔玛正以50美元每股的价格交易，你就能赚500美元（50美元的市场价格-45美元的执行价格）。不过，你的成本必须在收益中扣除，期权的初始费用是不能被退回的。

如果你买的是一种看跌期权而沃尔玛的股价也下跌了差不多的量，你也能够获利。简单地说，当你购置一种期权时，你便有一种观点，即在给定的时间框架之内，即期权的有效期内，股票的价格会更高或是更低。

期权的价格有两个组成要素：时间价值和其本身（有时被称为变现）的价

值。时间价值，就像它的名字表述的这样，是期权到期前剩余时间的价格。因此，如果现在是1月，那么到期时间是7月的期权将比条件相同但将在9月到期的期权价值更低。这价值，附属于到期前剩余时间的总量。一份沃尔玛7月45美元的看涨期权一定要比沃尔玛9月45美元的看涨期权价值更低。而价格的变现要素指的是期权现在变现能有多少价值。一份45美元看涨期权在股票交易价格为46美元时变现能够赚取1美元。期权的总价值是由变现价值和时间价值共同组成的。因此，在还有10个月到期时，在股价为46美元的情况下一份7月45美元看涨期权可能会在市场中卖到2美元。其中的1美元为变现价值（46美元 − 45美元 = 1美元），而另1美元是时间价值。

要对这一主题进行更加完整的讨论，还需要涉及期权定价中的很多细微区别。例如，只要执行时间快要到了，期权的时间价值就会以更快的速率衰减。一份期权通常都具有它的时间价值并且只在其快要到期时迅速下跌。考虑一种折价的期权。当其标的沃尔玛股票在市场上以，比如说，43美元交易时，这种执行价45美元的看涨期权就没有变现价值而只有时间价值。这种期权在本例中在直到最后一天前都会剩余一点价值。作为总的原则，你可能愿意购买在股价附近执行的期权——这意味着你可能会在股价在43美元或者44美元时购买执行价45美元的期权。当你购买溢价的期权时，你是在为实际存在的价值付钱，所以增加了你的花费。而当期权严重赔钱时——这些执行价格离市场价格很远——你付的钱就大量减少，但这样的期权被证明是盈利的可能性也小之又小。而当股价等于执行价格时，期权就被认为是两平的。

如何入手期权交易

期权交易能够成为一项非常有利可图的事业，但是你必须理解其中包含的风险。对于游戏的新入场者而言，期权交易就像是梦想成真。用几千美元，你就可

第8章

以以微软、摩托罗拉、迪士尼甚至是谷歌的股票作为标的物交易期权。潜在的利润可能是巨大的。几年以前,我能够以2美元每份的价格购买迪士尼的看涨期权。几个月以后,我以10美元每份的价格卖出了这些迪士尼看涨期权,我的钱翻了5倍!然而,更经常的情况是,标的股票的价格并不变动。这就意味着投资者会损失他的所有投资资金或者至少是其中一部分。你总是需要在你买期权时认识到其中包含的风险。

如果购买期权是有风险的,那卖出它们又是怎样的呢?没错,就像股票市场一样,对每一个买家都有一个卖家与其对应。实际上,一个个体可能会向许多许多买家售卖数千份期权。这种一对一的比率并不重要。重要的是你意识到当你购买期权时有人在你对面下注。卖家的工作就是履行合约的另一方的职责——当你决定执行合约的时候将股票提供给你。现实地说,你几乎永远不会真正执行期权:10次里面有9次,你都只是将它们卖给期权市场。

当你购买一份看涨期权时,你购买了一种以执行价格购买标的股票的权利。卖出者因此必须同意将股票提供给你。你作为买家向卖家支付一笔这种权利的费用。这笔期权费成为期权卖家的收入或买家的费用。无论在期权交易之后的时间里发生什么事,卖家都能够保存这笔费用而从这份期权中得到一份固定收益。当你签下协议购买期权时,这样的交易被称为开盘交易。当你决定售出期权退出市场时,这样的交易被称为收盘交易。只要你买了又卖,期权赋予你的权利就会消失。同样,从卖者的角度考虑,当他将他的空头头寸买回来时,他的义务也就消失了。

到现在为止,我们已经讨论了买家固定的费用和没有上限的盈利潜力。卖家又是怎么样的?卖家的情况与买家完全相反:卖出期权有固定的收入却因为标的股票(在看涨期权的条件下)的价格可以涨到无限高而有无限的义务。为什么在这种情况下卖家还要卖出期权?矛盾的是,买家实际上通常在交易中占据有利地位。卖家有收入而买家有花销。买家为了盈利,就必须对标的证券的价格走势看涨。如果股票价格并不移动，期权的时间价值会不可避免地消失。几乎所有的期权买家都渴望价格有所变化。然而，通常的情况却是股票价格没有变化或向相反的方向移动。

最后，如果期权对买家是有利的，卖家必须通过每天向经纪人支付诚信保证金的方式执行合同。鉴于期权逐日盯市的做法，交易所保证了所有合同的公平。

用"多功能"一词形容期权再合适不过了。在期权交易中，商人们可以运用大量复杂的策略。比如说你可以用期权保障你股票的收益。如果你拥有IBM的股票而你又担心它会下跌，你就可以购买IBM的看跌期权保护自己——并且你还能继续持有IBM的股票！你可以进行差价期权交易：买入一份看涨期权并卖出另一份看涨期权。这些差价可以是上涨或下跌的差价，也可以是看涨期权、看跌期权或者两者兼有。你可以在执行月之间执行价差期权操作，比如，购买7月的看涨期权并卖出9月的看涨期权。你也可以进行被人们称为比率差价的操作，出售你购买数量两倍的看涨期权，反之亦然。所有这些策略都有它们适用的时间和情景。但是基本策略也就仅是当你认为股价将会抬升时购置看涨期权，并在你认为价格将会下跌时购置看跌期权。

期权的范围覆盖了大量的股票和指数，甚至是商品、贵金属和石油期货。在传统的股票期权交易中，你确实会收到标的股票。但是如果你想进行一篮子股票交易，你可以从芝加哥期权交易所（Chicago Board Options Exchange）购买OEX标普100指数期权，或从知名的芝加哥商品交易所（Chicago Mercantile Exchange）购买标普500指数期权。当你交易股票指数期权时，并没有股票送到你手上，你只会在指数与期权一致时获得一笔现金报酬。这些产品是为了帮助大的机构型投资者对冲组合风险而开发出来的。因为它们巨额的流动性，它们在小的个人投资者中获得了大量拥趸。

从期权最基本的策略来看，购置看涨期权是几乎所有小投资者都关注的。人们并不喜欢赌一只股票的价格会下降。一方面，一只股票的价格最低只能跌到

0；另一方面，在你购置看涨期权时能抓住发财机会的可能性大得多。购置看涨期权时付出的代价相对较小。当然，问题在于，你不仅必须知道市场或这只股票的走势，还要知道它价格变动的时间。虽然看涨期权投资可能是非常赚钱的，但有时它也令人沮丧，因为你可能成功地判断了走势却没有正确判断它价格变动的时间。我记得近些年我激进地购买了执行价为10美元的摩托罗拉看涨期权。那时这只股票表现得很挣扎而且难以达到这个价格。现在，摩托罗拉的股价超过20美元每股。但这丝毫不让我感到安慰，因为离期权的到期时间已经过去很久了，这一切都毫无意义。现在回顾这场惨败，我发现如果只买它的股票，我其实能大赚一笔。

正如你所看到的，在你选择操作期权或者股票时，你实际上做了明显的权衡。两者都有利有弊。但是如果你只是构建一个小规模的期权交易计划试水的话，这也没什么不好的。这世上再没有什么比让你的一部分钱处于风险之中更能引起你的兴趣了。所以，买一些期权看看这些策略对你的吸引力如何。你不需要花太多钱。如果你只做一些5美元以下的不错的期权交易，你实际上掏出来的花销会非常小。

如何运用期权成交量准确判断走势

期权成交量有时能成为判断股票走势的非常有用的工具。期权成交量的明显提升常常表明标的证券的走势马上就将发生变化。这是因为期权向投资者提供了强化的杠杆率，他们预期证券的走势即将改变，并利用期权市场变化充分获利。幸运的是，这种成交量的激增对于善于发现投资者情绪变化的人是非常明显的。问问你自己：如果你知道某个证券价格的重要变化迫在眉睫，你会用股票还是期权来最大化你的收益呢？就算期权显然具有一些缺点——比如降低流动性——这个问题的答案也基本上是人们更愿意购买看跌期权或看涨期权。为什么？因为期权的杠杆效应比股票大多了。如果你能明确股票走势，你肯定会因为更高的杠杆率选择期权。

因此，精明的投资者每天都通过监控期权成交量寻找机会。期权成交量是表明公司宣告即将采取改变市场走势的举措时的一个可靠指标。这样的举措可能会以收购出价、上升或下降的收益、收购、结算或是重要法务的形式出现，几乎是所有能够引起股票暴涨或暴跌的事情。找到这一信号的要点在于监控平均成交量和增加的成交量之间的差值。查找这一关键信息的最佳网络信息源是扎克斯投资调查（Zacks Investment Research）的Zacks.com。这个公司跟踪了看涨期权和看跌期权的成交量，并且标记了期权成交量高得异常的股票。

找到正确的候选期权的总则很简单：

- 过分高的看涨期权成交量说明标的股票的价格将要上涨。
- 过分高的看跌期权成交量说明标的股票的价格将要下降。

然后，你需要至少抬高交易正常成交量的两倍来找到好的股票。

然而，在你开始挑选高成交量期权候选之前，你必须明白股票吸引高期权成交量的活动。你还需要知道其他一些事情来排除一些股票。你要记住，高成交量的期权必须覆盖所有股票的期权，而不只是一种看跌期权或是看涨期权。某些股票可能有太多套利行为的存在，而你不能让这样的套利行为误导你买入或卖出错误的股票。如果几乎所有这些行为都在一个看涨期权系列中出现，很可能是机构卖出了一些它们持有股票的期权。这可能是看涨期权高成交量的真实原因。

另外，你要监控到期月份，因为更大成交量的期权交易活动都发生在这些时候。作为一种定律，投机者都更愿意交易快到期的期权，因为它们的时间价值更小，需要的花费更低。这一定律的例外是期权到期还有不到10天时。在这种情况下，投机者并不想让如此短的时间对他们盈利的机会造成负面影响。如果收购报价被延迟了呢？他们可能没有充足的时间让这一事件充分发酵。

如果看涨期权和看跌期权的成交量同时升高呢？在这种情况下，你必须看股

第8章

价情况来判断价格会涨得更高或是跌得更低。

表8.1、表8.2和图8.1、图8.2展示了最近经历过成交量增加的看涨期权和看跌期权。每天的这个比值以月平均的形式反映了最近的成交量情况。

表8.1 看涨期权

股票	看涨期权近期成交量	看涨期权平均成交量	比率
英特尔（Intel）	84856	41078	2.1
超威半导体（Advanced Micro Devices）	69271	25600	2.7
甲骨文（Oracle）	24252	10653	2.3
Osi制药（Osi Pharmaceuticals）	14773	3616	4.1
西纳（Ciena Corp.）	9066	899	10.1

表8.2 看跌期权

股票	看跌期权近期成交量	看跌期权平均成交量	比率
星巴克（Starbucks）	30146	5016	6
阿贝克隆比&费奇（Abercrombie&Fitch）	25850	4046	6.4
美国银行（Bank of America）	29352	11536	2.5
安硕纳斯达克生物科技（iShares Nasdaq Biotechnology）	14498	3682	3.9

仅仅瞥一眼以上列出的标的股票股价随后的变动情况，就能发现具有猛增的看涨期权成交量的股票经历了股价上涨，而具有猛增的看跌期权成交量的股票经历了股价下跌。很显然，跟踪看涨期权和看跌期权市场能对你最终的盈利结果有所帮助。

期　权

西纳公司（Ciena Crop., CIEN）

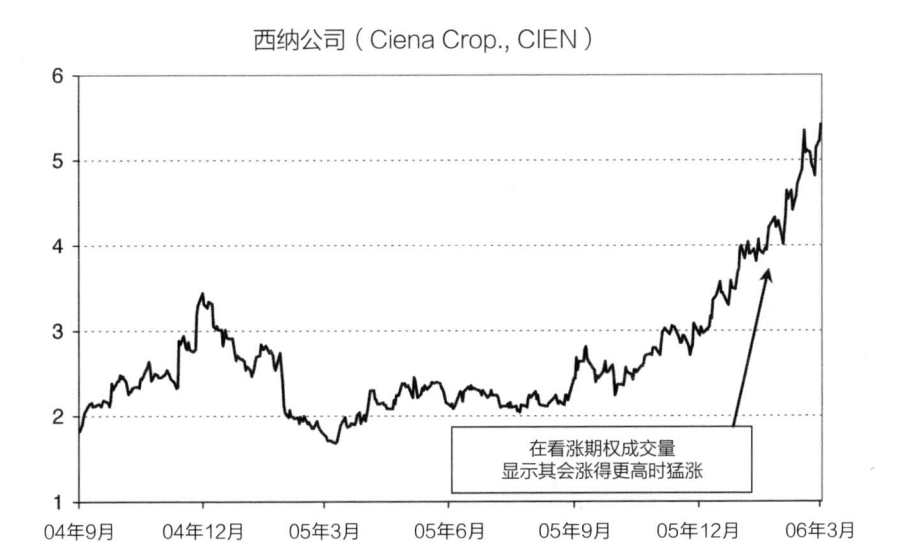

在看涨期权成交量显示其会涨得更高时猛涨

图8.1　看涨期权成交量猛增提示了西纳公司的股价上涨

阿贝克隆比&费奇（Abercrombie&Fitch, ANF）

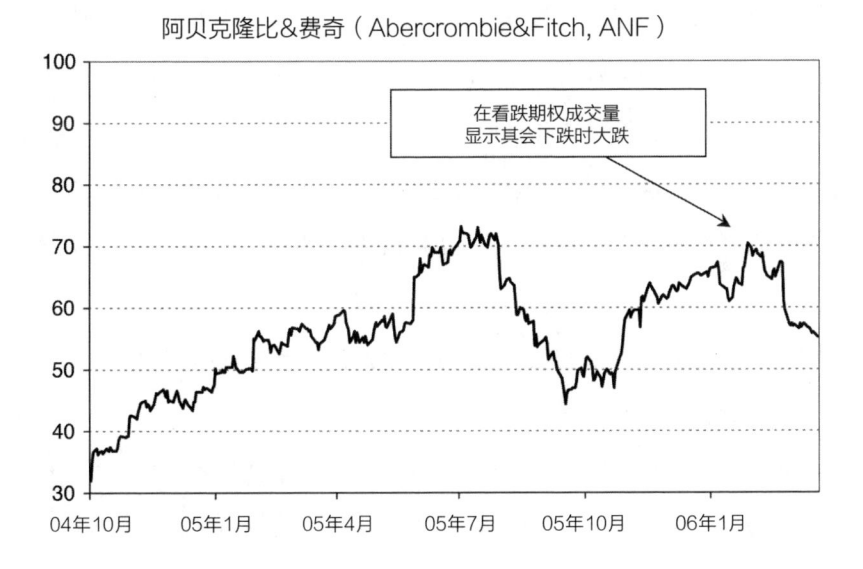

在看跌期权成交量显示其会下跌时大跌

图8.2　看跌期权成交量猛增提示了阿贝克隆比&费奇的股价下跌

交易法则

如果你能遵守一些准则，你便能做到最好。首先，你要完成你要买期权的标的股票相关的工作，就像你要买这只股票一样。你可能的确没有百分百投入期权，但是你需要让概率对你有利。记住，期权是消耗性的资产，所以你需要新闻、收入或者是一些戏剧性的事件影响你期权的价格。其次，把你的期权交易活动限制在一种策略上。也就是说，你应该采取购买期权的方法进行交易而不是采取卖出期权、做价差操作或者其他超越本书介绍范围的复杂策略。你需要成为你交易领域里的专家。比方说，你或许需要专注在科技板块、药业公司或者其他领域。当你对一只股票或一个板块很熟悉的时候，你对它的节奏和走势就判断得更好。

我之前提到过，你需要购买执行价等于股价或者在股价附近的期权。如果你的对象是63美元一股的股票，你就需要买执行价65美元的看涨期权。如果股价现在比执行价略低，没有关系；但如果股价比执行价低很多，你就很难盈利。记住：当你购置期权的时候，时间就是你的敌人；你需要股价的变动发生在期权到期之前。选择那些在未来3到6个月到期的期权。当你买入期限短的期权时，你必须快速执行；当你买入期限长的期权时，你必须支付更大的时间价值。3至6个月的期限正好。如果现在是4月，寻找那些在7月或9月到期的期权。反正你之后都一直可以买12月到期的期权。

落袋为安！期权价值的一次快速的加倍应该能帮助你赚取利润。当股价启动上升或下跌时，你会对如此之快的期权价值上升非常惊讶。这时候你应该落袋为安，让其他人去冒险。

敢于承受损失！如果你买了一种期权而它马上损失了一半价值，你可能犯了一个错误。承受损失并向前看。

坚持投资流动性强的期权。你需要你的期权有很多的买家和卖家。当你的期权缺失流动性的时候,你很难找到一个愿意成为你交易对家的买家或者卖家。

我记得几个月前我盯着苹果公司(Apple Computer)。这只股票的价格从45美元上涨到60美元每股,在3个月中带来了15美元的可观的收益。在那时,对于苹果公司的6000美元的投资能让你持有100股它的股票。而同时,一份正处于亏损状态中的执行价为65美元的苹果的看涨期权还不到1美元。股价继续上涨的情况下,6000美元的股票投资在3个月后大概值8500美元。但是对于执行价为65美元的期权的等额投资会在同样的时间里变得大约值150000美元!当期权投资者声称他们能够赚更多钱时,他们并不是在开玩笑。期权能向你提供赚大钱的良机。

有很多其他的关于期权是如何赋予其买者丰厚回报的例子。然而在之前的苹果公司的例子中,你必须问问你自己你是否愿意冒着损失所有投资的风险进行期权交易。如果苹果的股价在60美元封顶而并没有涨到86美元,你的整笔投资都会损失掉。然而,你至少应该用你投资资金的一部分尝试一个购置期权计划。总则就是大部分的期权都会在到期时毫无价值。这就意味着卖家赚取保证金而买家有损失。因为这个原因,你在购置期权时必须非常谨慎。但是偶尔的暴富机会使得期权成为吸引人的投机工具。在你发现购置期权能使你得到超出小投资者能力范围的高值股票的潜在回报时,这显得尤其真实。

第9章

通往成功之路

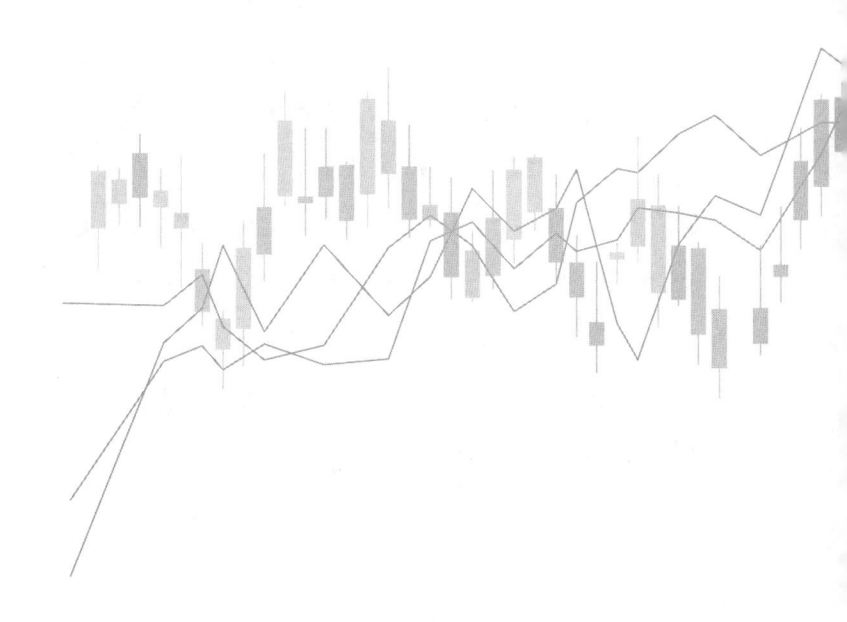

第9章

不久之前，在我加拿大的避暑住处暂住时，我翻开了早报并被巨大的标题所吸引——"价值4.44亿美元的巨石"，标签为"十年间的淘金热"，这篇文章立刻吸引了我的注意，它这样写道：

安德鲁·高蒙德本周同意将他的小型矿探公司以4.438亿美元的价格售卖给黄金公司（Goldcorp Inc），他的好运是从魁北克詹姆斯湾（Quebec's James Bay）低地的两吨重的奇形巨石开始的。

这篇文章继续写道：公司CEO高蒙德和一群地质学家偶然发现了"最近最重要的黄金发现"。而当我读到高蒙德的公司名字时我大跌眼镜：弗吉尼亚金矿公司（Virginia Gold Mines, Inc）。这和我在一些年前以1加元（在当时约为76美分）购买股票的公司名字完全相同。现价：15.28加元！变动情况见图9.1。

钻孔探索从2004年9月开始，而现在，仅仅一年多以后，这家公司就以高额资金被收购了。CEO谦虚地说发现金子的运气也是成功的一部分。然而这背后是这家公司付出的巨大努力，他们在这之前付出了4000万美元的经济成本，还开采了4座并不盈利的金矿。而第五座矿却成为他们成功的契机。最新发现这座金矿每吨矿石能产10克黄金，这证明了它的盈利潜质。作为比较，之前25年间发现的最重要的金矿也只在每吨矿石中产出4克黄金。最近金子成交价已经超过1000美元1盎司，达到了最近最高的价格，这一事实也使得这个发现更加具有吸引力。

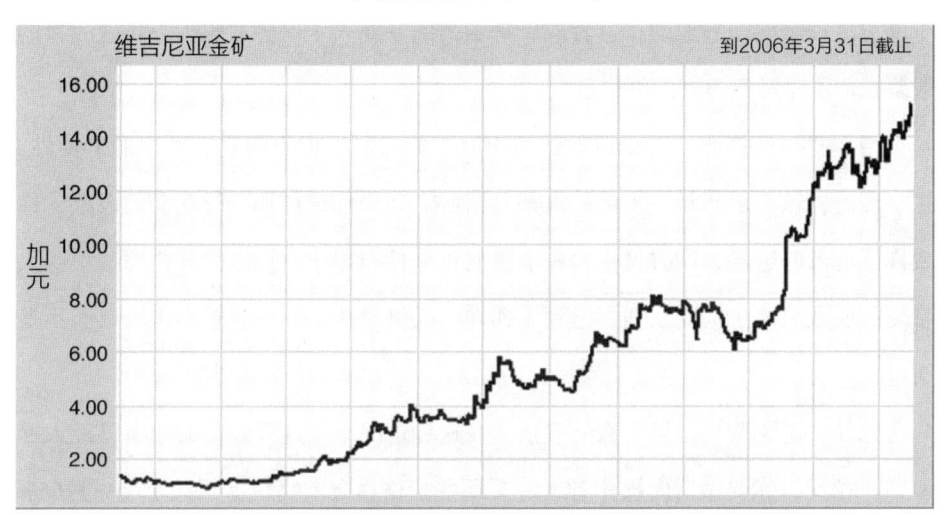

弗吉尼亚金矿（VIA-T）

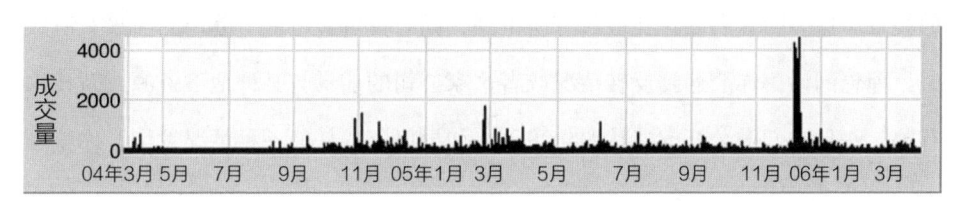

图9.1 弗吉尼亚金矿价格飞升
来源：多伦多证券交易所

我知道你在想什么。我是怎么找到这样的公司的？好吧，正如CEO高蒙德认为运气是一个重要因素，我的机会也是运气带来的。但是当你寻找热门股票的时候，你可以通过筛查一系列可能股票的清单，发现与上述例子相似的候选股票。

价格低落且不景气时买入

最后成为大赢家的股票一开始通常价格较低且不被人看好。然而问题在于它为什么价格低而且不景气或者处于其他不利情况之中。一家股价为1美元每股的公司也可能被高估了，而一只30美元的股票也可能被低估了。

第9章

作为一种原则，你需要在所谓血流成河之时购置股票。投资者心理一般倾向于反对这种策略。一般的投资者或者华尔街的专业人士更愿意购买一只有故事的股票，而不是运气不好的倒霉蛋。

当你找寻选择明日之星股票的指南时，你必须考虑反向观点理论的重要性，这个理论的核心思想是，大部分人都是错的。如果你选择那些受欢迎的股票，你或许不能及时进场，同时价格大幅上涨的可能性也很小。假以时日，那些不受人喜爱的股票最终也会受欢迎，但到了那样的关键时刻，你只会想出售股票而不是买进。

尤其，避免购买已经上涨的股票。在这种情况下，这只股票的故事已经人尽皆知。相反，你要做反向操作者，购买那些价格在之前高位上下跌了45%到65%的股票。这表明获利吐盘让股价有所下跌，同时投资者可能对公司的前景有所顾虑。理想的话，你会遇到反转情况或者这家公司的前景与某种地下资源或新技术有关，一旦它们被公开就能让股价飞涨。如果以上的任何一种情况发生，你就赚大了。

最简单的发现好机会的办法就是持续研究价格图表，而且要研究很多。仅仅是快速瞥一眼，你就能分辨一只股票是否正在高涨（太晚了不能买）或者正在休眠以待大涨。寻找上升的成交量；交易最活跃的股票有很大概率即将上涨。但你需要在它上涨前就买进而不是之后。

如果你识别出一种反转情况，你必须耐心。一次反转可以花一年半到两年半的时间。但只要你选对了股票，等待就是值得的。

如果你需要待涨股票图表的例子，你可以看一下图9.2中科瓦德通信集团的股价图。这是一只持续动荡的股票。然后它因为并购的新闻在一天内在其原本市值的基础上涨了41%。

在图9.3中你可以观察北猎户座资源公司的图表，之前它只能在多伦多证券交易所交易，而现在它也可以在美国证券交易所（Amex）交易。这只股票在今年早

科瓦德通信集团（DVW）

图9.2　科瓦德通信价格变动图

北猎户座资源公司（NTO）

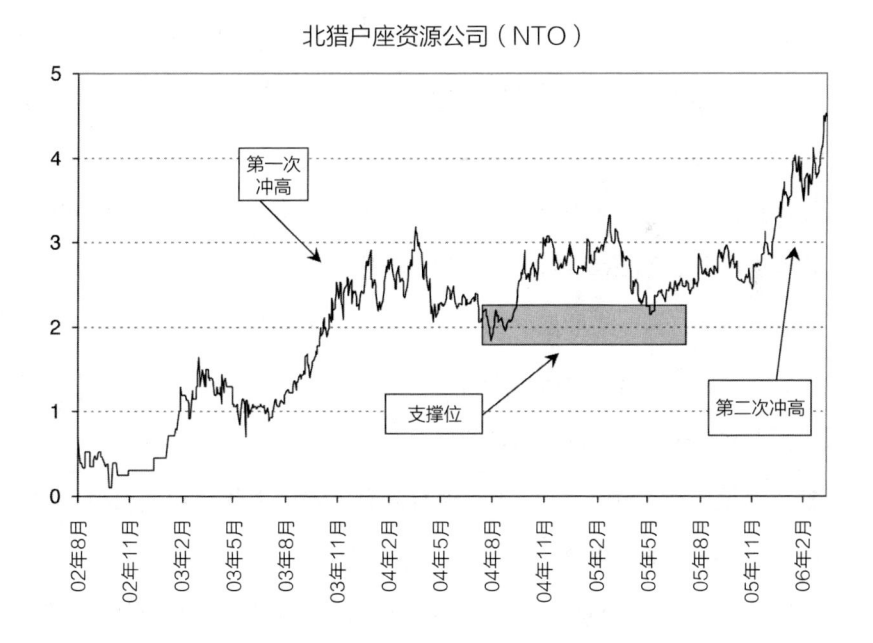

第一次冲高

支撑位

第二次冲高

图9.3　北猎户座资源公司价格变动图

第9章

些时候损失了其三分之一的市值，而现在又赚回了这些价值。

图9.4中的伟创力公司（Flextronics, FLEX），这家公司的股票在操作中完全恢复了之前损失的25%的市值。它甚至在后来亏得更多（大约40%），但它的价格也涨了回来并且变得更高。

威讯联合半导体有限公司（RF Micro Devices, RFMD）在过去两年中损失了其市值的三分之二，从12美元的高点下跌到4美元，但最近它正在好转，见图9.5。

一只股票可能像一辆一英里长的货运列车。需要花一些时间慢下来并向相反方向运动。合乎情理的反转可能要我们等待18个月才会显现出来。在这个痛苦的过程中的一线希望就是下跌与其之后的反弹幅度一般是相当的。

有一个关于投资传奇约翰·邓普顿（John Templeton）的故事，他在1939年让他的经纪人购入所有列示的股价低于1美元的股票100股。疯狂购入使其获得了大约104个公司的股权，是一笔10000美元的投资。他买的公司里有不少运气很差，其中甚至有34家公司破产。但4年之后，他把所有股份卖掉，仍然得到了大约40000美元的回报——他投资数额的4倍。

请注意他持有了这些股份4年。这个故事证明了购买低价股并给予它们时间成长的重要性。为了实践这一哲学，我们定了如下几条规则：

1. 只买价格被打压下来的低价股。

2. 准备好至少持有这些股票18个月。

以下是一些符合我们标准的候选股票：

天狼星卫星广播（SIRI）：增长迅速且具有无限潜力的公司。天狼星的业务范围广泛，并且抛售毫不犹豫。

凯普斯通涡轮公司（Capstone Turbine, CPST）：这只股票已经证明了其股价可以更高，作为证据，其之前已经从1美元每股上涨到了5.5美元一股。现在它的股价落到了1.5美元一股，一次向高位的回升至少能带来一股2美元的收益。

圣思网络（Sonus Networks, SONS）：这只股票在过去的两年中曾两次损失其

伟创力公司（FLEX）

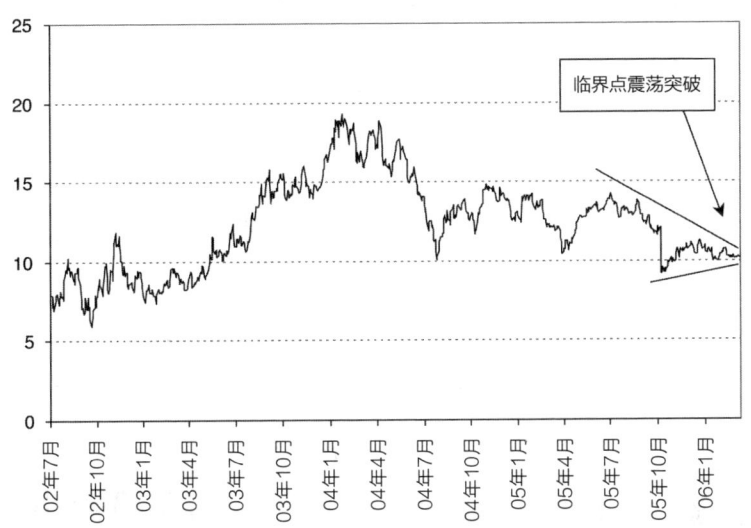

临界点震荡突破

图9.4　伟创力价格变动图

威讯联合半导体有限公司（RFMD）

图9.5　威讯联合价格变动图

价值的几乎一半，现在保持着上涨趋势，要达到甚至超过其原有的高位。

ATS医药（ATS Medical, ATSI）：这只股票在过去两年中一直下跌。它损失了一半的市值并且股价正处于52周的低点，其反转的契机已经成熟了。

Attunity公司（Attunity Ltd., ATTU）：不受欢迎，而且股价不处于高位，这只股票并不应该被丢在垃圾堆里。你应该买别人丢掉的股票吗？等候6个月，你就会知道答案。

宏道公司（Broadvision, BVSN）：从一年前的3美元一股下跌到现在的50美分一股，这只股票在过去6个月中损失了其市值的七成。在其绝望的处境背后潜藏着获利的契机。

科达伦矿业（Coeur d' Alene Mines, CDE）：这家公司因为稀有金属的价格上涨而获利，在上一年初被获利盘打压下跌之后正明确上涨。现在的股价比起其52周的高点低了70美分，这只股票将在之后6个月中都保持在5美元以上。

买入后关注冲高回落信号

市场走势变动的最清楚的信号就是一次冲高，伴随着回落。首次冲高（first leg）是什么意思？其意为股票从能够辨识的跌后低点到高点的回升。股票下跌突破后这种情况不可避免地存在。股票的上涨有一种对称性。首次冲高是股票想要上涨的信号；回落则意味着获利吐盘下跌。第二次上涨会在时间与价格上与第一次平行。比如说，代号为XYZ的股票突然从4美元上涨到7美元，或者说上涨了3美元。股价达到7美元时，开始出现获利吐盘，使股价落到5.25美元。接下来是横盘整理。第二次上涨时，股价应涨到8.25美元。为什么是8.25美元？因为8.25美元恰好是均衡点5.25美元上涨3美元后的价位。因为第一次冲高上涨了3美元，第二次冲高很可能也会与这一次相仿。

这种时间与价格的哲学令人震惊，因为不仅是价格在以一种对称的方式变动，时间的变动方式也是对称的。如果一次突破持续了6天，那么很有可能第二次上涨（在盘整阶段之后）也会持续6天。

我在我的《狙击手交易》(*Sniper Trading, John Wiley & Sons*, 2002)一书中详细地对以上主题进行了介绍。在这里我只是简单介绍这种时间与价格的哲学。

现在，我们介绍基本要点。为了找寻候选好股，你必须让股票告诉你它愿不愿意上涨。你怎样寻找正确的股票？你监控清单上的股票并且寻找曾经大幅上涨的股票。一旦你找到这样一只股票，你并不立即买入这只股票。相反，你静候其不可避免的回调发生。同时，你衡量股票变化的时间和价差，也就是第一次冲高时的时间和价差。具体地，这种变动的范围是多大，持续时间是多久？当股价开始下跌时，你就立刻寻找支撑位价格，然后在支撑位买进这只股票。

当必然发生的第二次回升（或上涨）到来时，你在卖出信号出现时卖出股票，卖出信号的信息是你分析第一次上涨时得出的。

为了使这种模式更加直观，我们找个例子分析。找整数，比如看天狼星卫星广播公司（SIRI）过去两年的情况。在2004年9月和2005年1月之间，这只股票猛然从2美元涨到8美元，涨了6美元。在2005年的平衡中，这只股票稳定在了6美元到7美元之间，呈现出一个有力的支撑位。在第二次突破不可避免地到来时，这只股票将会涨到14到15美元，这是根据其前一次上涨的幅度与时间推算出来的。另外，这次上涨到完成应该差不多用时4个月。

这是一种对股票的长期观察。而到达更高稳定位的突破要3到6个月后才会出现——甚至是离现在一年之后。但是出现这种走势和达到这样的最终价格的可能性较大。

看看这只股票的短期图表，你应该能发现不少短期的拉升与回落。比如说，在2005年秋天，天狼星从它10月（一个购买股票的很好的时机）的低点开始上涨，从大约5.80美元上涨，在12月达到了它52周的最高点7.98美元。这次2.18美元的上涨之后就有一次不可避免的套利下跌，这又让这只股票跌到了7美元以下。

第9章

从短期层面看来，这只股票应该又要涨2.18美元。而它的上涨目标取决于你想作为支撑位的数字是多少，大概是8.98到9.15美元。再一次强调，这是一个短期目标（根据短期数据决定），而不是更大的长期目标。

你如果想明天就开始你自己的分析，你需要服从这7条简单的规则：

1. 找一只最近上涨过的低价股票。

2. 计量从低点到高点间的价差。

3. 计量变动的持续时间：28天，5周，9个月，或者其他。

4. 寻找一次到达支撑位的回落。

5. 将第一次拉升的价差加上支撑位价格作为卖出目标价。

6. 将第一次拉升的天数、周数、月数加上到达支撑位低点日期时间，计算顶点出现的时间。

7. 购进股票。

这听起来工作量很大，但其实不然。只要你常常习惯性地做这些工作，这些计算都会变成日常工作。举例来说：

威讯联合半导体（RF Micro Devices, RFMD）：这只股票大概从4美元涨到了6.5美元之后回调到5美元。上涨目标价基于第一次上涨测算大概是7.5美元，见图9.6。

沙漠烈日矿业（Desert Sun Mining, DEZ）：这只股票在2005年保持了10个月的涨势，从1美元涨到6.50美元。因为这第一次上涨还没有完成，现在买还太早了。但是当获利吐盘使股价下跌时，你就应该买了，见图9.7。

DRD金业（DRDGold, DROOY）：从2005年4月到12月，这只股票完成了第一次上涨，从70美分涨到1.9美元。后面它拉回到1.25美元。现在股价处于1.4美元左右，第二次上涨至少要涨到2.6美元，见图9.8。

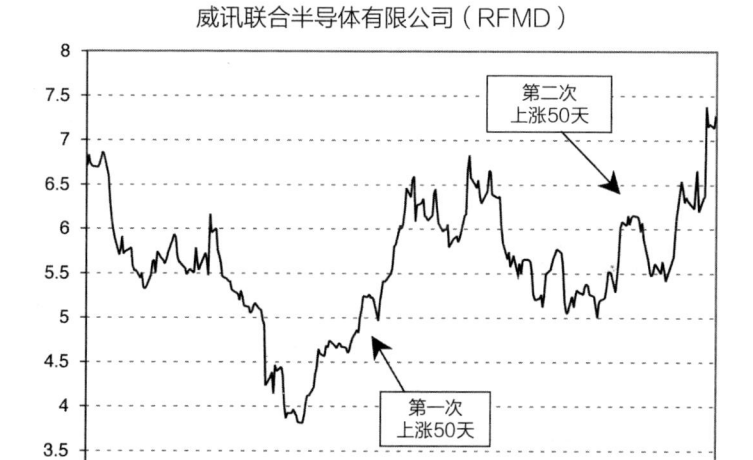

威讯联合半导体有限公司（RFMD）

图9.6 威讯联合半导体的上涨

沙漠烈日矿业（DEZ）

图9.7 沙漠烈日矿业上涨示意图

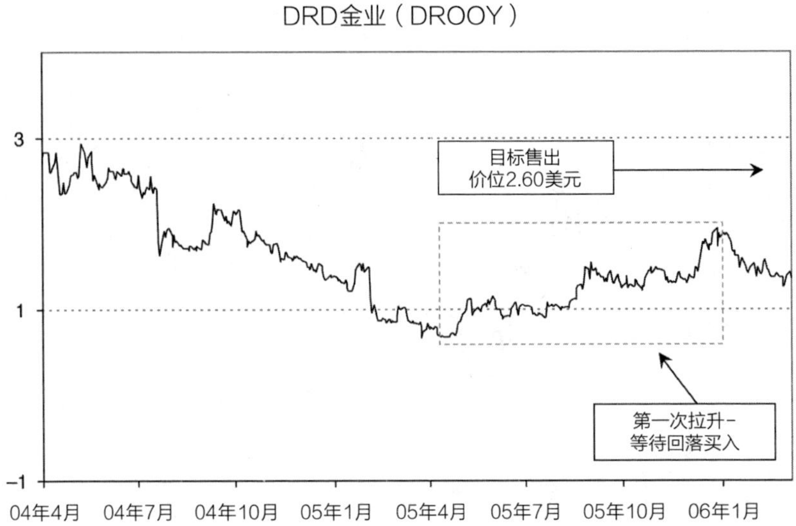

第9章

DRD金业（DROOY）

图中标注：目标售出价位2.60美元；第一次拉升-等待回落买入

图9.8 DRD金业上涨示意图

朗讯科技（LU）：朗讯科技去年完成了一次1美元（从2.35美元到3.35美元）的上涨。在拉回到2.50美元后，第二次上涨应该会在接下来几个月中将股票带到3.50美元，见图9.9。

北门矿业（NXG）：从2005年11月开始从1.3美元持续上涨到2.50美元，这只股票还没有经历过获利盘打压下跌，所以现在买还为时过早。但是其第一次下跌应该是一次买入的机会，见图9.10。

贝马黄金公司（Bema Gold, BGO）：这的确是一只挤进大联盟的低价股。这只股票在2003年从1美元涨到4美元，从那时起它就开始波动。现在股价在3美元左右，其顶点应该在6美元，见图9.11。

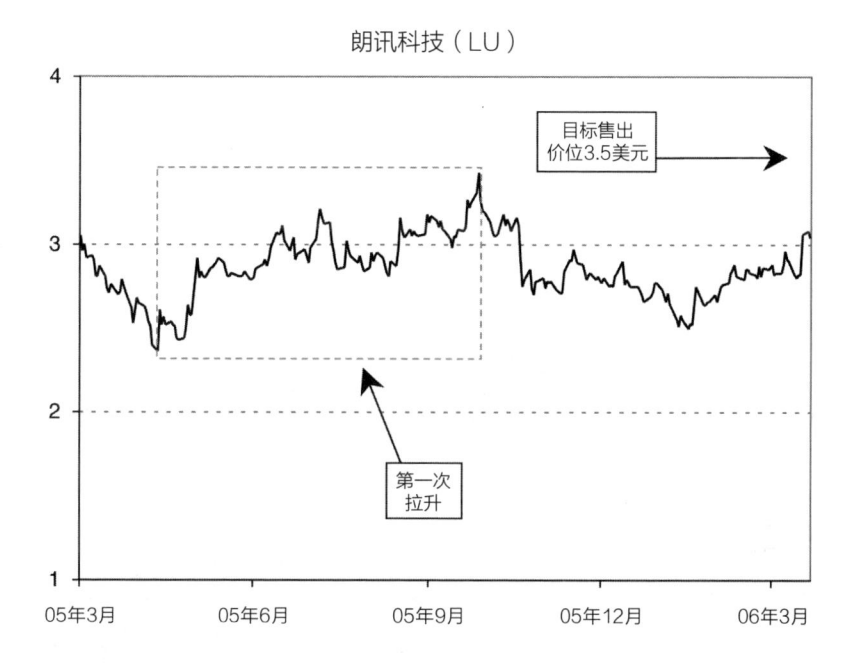

图9.9 朗讯科技上涨示意图

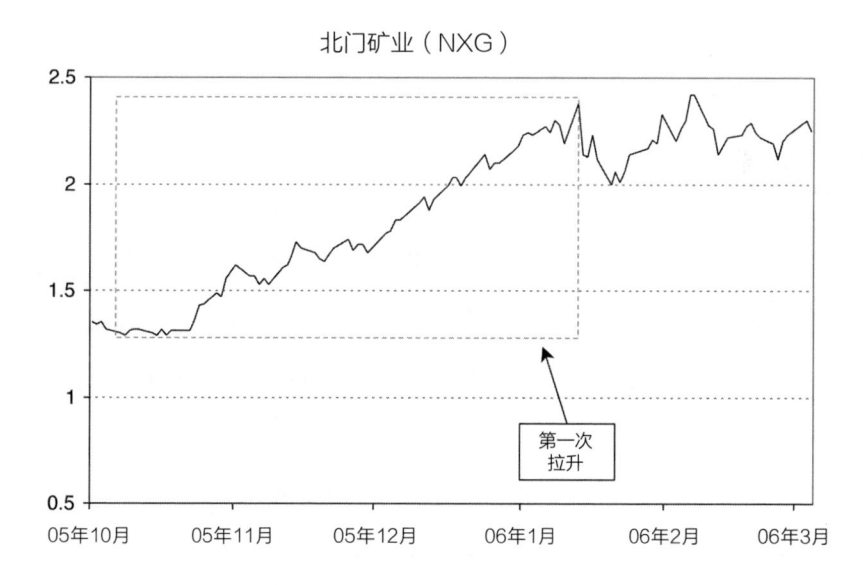

图9.10 北门矿业上涨示意图

第 9 章

贝马黄金（BGO）

图9.11 贝马黄金上涨示意图

表现不佳的股票

表现不佳的股票常常带来未来最佳的回报。因此，将这些表现不好的股票加入你的观察列表。请记住，这些股票需要一些时间来反转并带来稳定的收益。在最近的《投资者商务日报》中，以下的股票被认为是最近表现不好的：

- 一号码头（Pier 1, PIR）
- 心律不齐研究科技（Arrhythmia Research Technology, HRT）
- 扭奎斯特制药（Nucryst Pharmaceuticals, NCST）
- 托夫蒂（Tofutti Brands, TOF）
- 通航海事（Navious Maritime, NM）

- 音速快递（Velocity Express, VEXPS）
- 恩格斯（Engex, EGX）

所有这些公司都正处于或接近其52周的低点，而且它们的前景都看起来不好。讽刺的是，你将会在之后几个月从它们身上获得不错的收益。最大的未来收益倾向于在过去表现最差的股票中出现。这些不受欢迎的股票，它们带来的收益简直是耸人听闻的。这些目前白送都没人要的股票在几个月后会涨到新的高点，届时它们将炙手可热。另外，如果这些股票在低点徘徊了很长时间，你也不要惊讶。这就像修楼先建地基一样，价格猛涨之前肯定要有一些铺垫，这是必然的现象。不可否认的是，并不是每只股票都能凤凰涅槃。但是能涅槃的股票一旦积累了力量并开始上涨，肯定会超越像微软或其他蓝筹股那样的股票。

永远在支撑位买入

支撑位，这一术语定义的是买家买入并且股票在这一水平上不继续下跌的价位，通常是买进的好价位。一个支撑位可能会持续几周甚至几个月、几年。重点是股票落回支撑位的频率比投资者想的更高。想要找一只未来投资的候选好股，你就要看看公司的价格变动情况。前一个支撑位在哪里？股价现在正接近那个位置吗？如果不是，它有任何的可能性接近之前那个支撑位吗？这些都是在考虑支撑位时帮你做出明智判断的好问题。

记住考虑支撑位的经典原则。之前的阻力位置一旦被突破就很可能成为支撑位，这就意味着新的支撑位（你买入股票的位置）可能是你之前卖出的位置。有点糊涂？没关系。这是一个简单的概念。让我们看看例子，它们能让你的选择过程更加容易。

真人网络（Liveperson Inc., LPSN）：股价为5.5美元，这只股票在5美元以上有很强的支撑，见图9.12。

第 9 章

真人网络（LPSN）

图9.12 真人网络

诺瓦瓦克斯医药（Novavax Inc., NVAX）：诺瓦瓦克斯在3美元的地方有很强的支撑，这样的支撑位是非常合理的买入位置，但是它已经不太可能掉到这个价格了，见图9.13。

升阳微系统（Sun Microsystems, Inc., SUNW）：升阳微系统受重创之后形成了一个很强的支撑，一开始在3.50美元，而现在到了4美元（之前的阻力位）。如果股票涨到5美元，那么4美元区域就是股票上升前合理的买入区域，见图9.14。

金星资源（Golden Star Resources, GSS）：因为戛纳的矿产和出售股权所带来的现金流入，金星正待上涨。这只股票的支撑位在3美元之上，见图9.15。

在这些例子中，我们不是试着在低位购入股票——只是识别支撑位可能在哪些地方形成。我们的想法应该是在股票处于上涨趋势且风险较低时购买。支撑位就是一个低风险买入机会的区域。

诺瓦瓦克斯医药（NVAX）

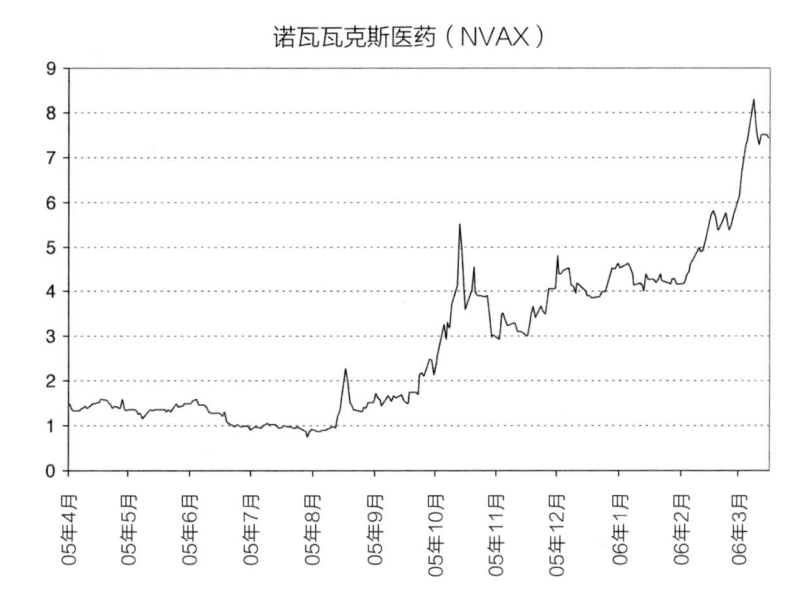

图9.13　诺瓦瓦克斯医药

升阳微系统（SUNW）

3.50美元的支撑位

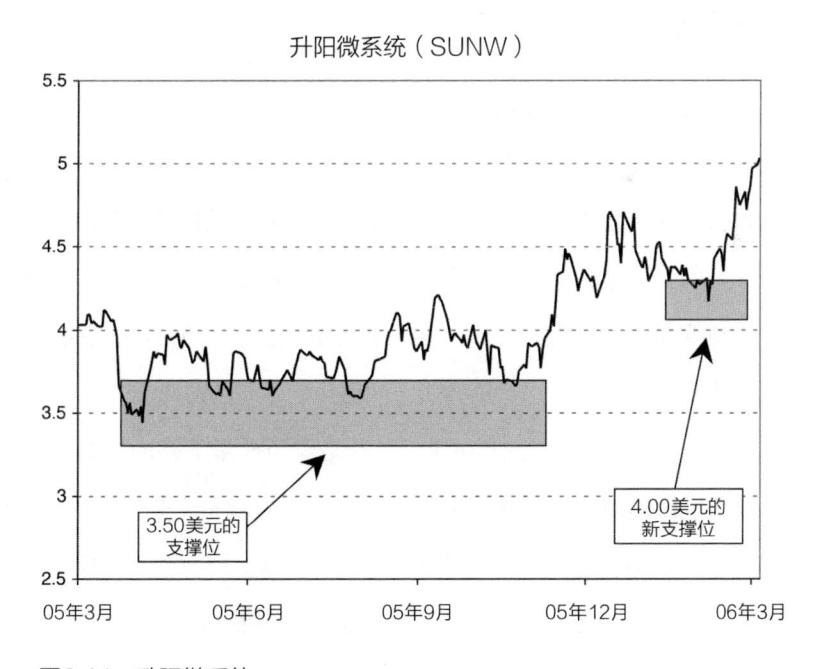

4.00美元的新支撑位

图9.14　升阳微系统

第 9 章

金星资源（GSS）

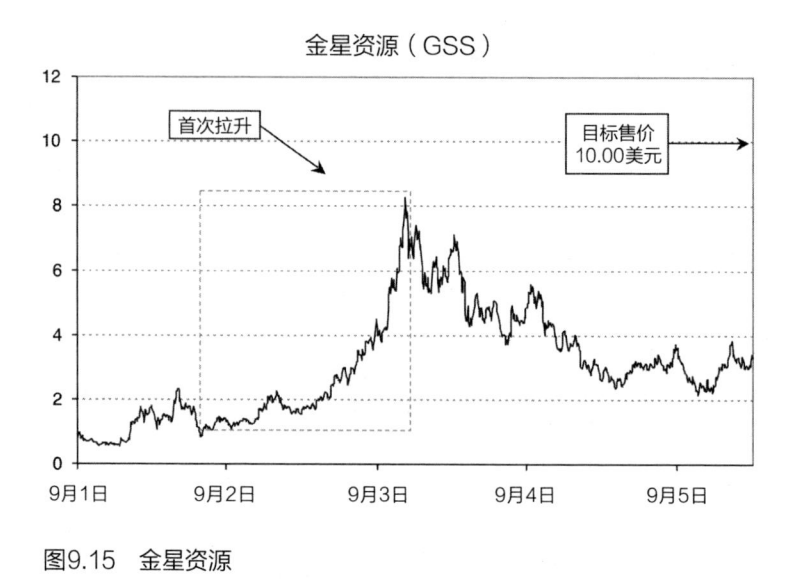

首次拉升

目标售价 10.00美元

图9.15　金星资源

放量下跌信号

在偶然的情况下，支撑位也会难以支持，这个时候你就遇到了技术分析者所说的放量下跌。当所有希望丧失且股权所有者根据自己的经验决定抛弃他们的股票时，这种情况就会发生。显然地，这对于投资者而言是极端痛苦的情况。但对于逆向操作者而言，这种悲观的抛售是一次机会。放量下跌是一种易于观察的现象。股价在成交量居高时陡然下跌。逆向操作者将这作为低价买入股票的机会。看一下最近的例子：

贝马黄金（BGO）：正如图9.16所示，这是经历放量下跌的股票最经典的例子，放量大跌之后即刻大涨。2005年5月23日，贝马在放量交易中下跌到了1.70美元一股。一个月之后，这只股票上涨了其市值的37%，在2005年6月23日涨到了2.33美元一股。在第二年1月，这只股票达到了52周的新高，3.85美元一股。

ON2科技（ON2 Technologies, ONT）：这只股票在60美分处展现了强力的支撑，但在2005年8月15日，它跌到了52美分，打破了支撑位。不到5个月之后，这只股票飞涨到市值的183%，升到了1.48美元的新高。对于抄底者来说，利用放量下跌是很好的逐利手段，见图9.17。

图9.16 贝马黄金：经典的放量下跌

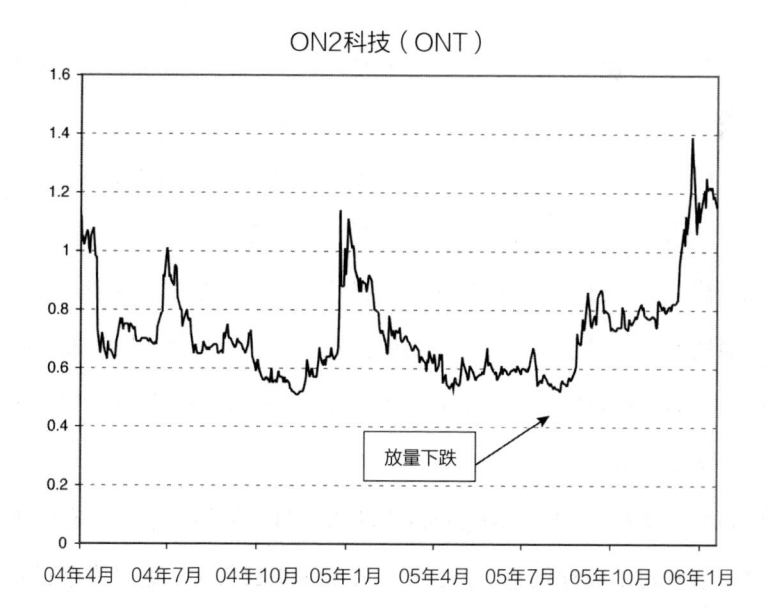

图9.17 ON2科技

升阳微系统（SUNW）：这次的价格反转非常容易发现，因为这只股票在达到年低点之后的一天就成交了1.535亿股，见图9.18。它的一般日成交量为485万股，所以成交量翻了3番，表明下跌走势已经到头了。从2005年4月28日开始，最低点是3.42美元，这只股票在跨年前涨了1美元多。

天狼星卫星广播公司（SIRI）：在2005年4月27日，它的成交量比1640万股的平均成交量高了5倍多，那天它达到了4.42美元的年低点。这次放量下跌说明下跌趋势已经结束。它后来更有冲劲地涨到了6.50美元附近的区间，见图9.19。

佩兰吉奥矿业（Pelangio Mines, PLG.TO）：这只在多伦多交易的矿业公司股票在2005年6月8日那天成交量是平均成交量的4倍，最后达到了52周的低点，也就是30分一股。在6个月之内，它的市值翻倍，并在2006年1月达到了新高。记住，当大众卖出时买入！佩兰吉奥最近又创近3加元一股的新高，见图9.20。

科胜讯系统（Conexant Systems, CNXT）：当2005年5月上旬科胜讯跌到1美元以下时，投资者放弃了。2005年5月4日，成交量是2470万股，是平时股票成交量1040万股的两倍不止。那天达到的低点是95美分，见图9.21。

正如这些例子说明的，大众的思维就是在底部放弃。学习将放量大跌视为一种机会，你就不会在市场向好时发现自己一股都没有持有。

如果你现在正在寻找获利机会赚钱，你必须愿意寻找当股票被过度抛售时频繁出现的市场恐慌。这些恐慌完全是情绪化的，纯粹而简单。无论公司的实际基本面情况怎样，其股价探底时的抛售与其股价登顶时的泡沫，从来都不是完全符合其基本面情况的。对于那些寻求良机的投资者而言，恐慌是购入股票时有用的线索。记住逆向操作者的信条：大众在大转变时的作为都是错。当股价跌破谷底时这一信条显得不能再对了。

以内斯特奇医药公司（Nxstage Medical, NXTM）为例，它是一家位于马萨诸塞州的没有盈利过的医疗设备生产公司。正如图9.22所示，这只股票在几个月中稳定地从14.80美元一股下降到9美元一股。因为一位美林证券（Merrill Lynch）的

升阳微系统（SUNW）

图9.18 升阳微系统

天狼星卫星广播公司（SIRI）

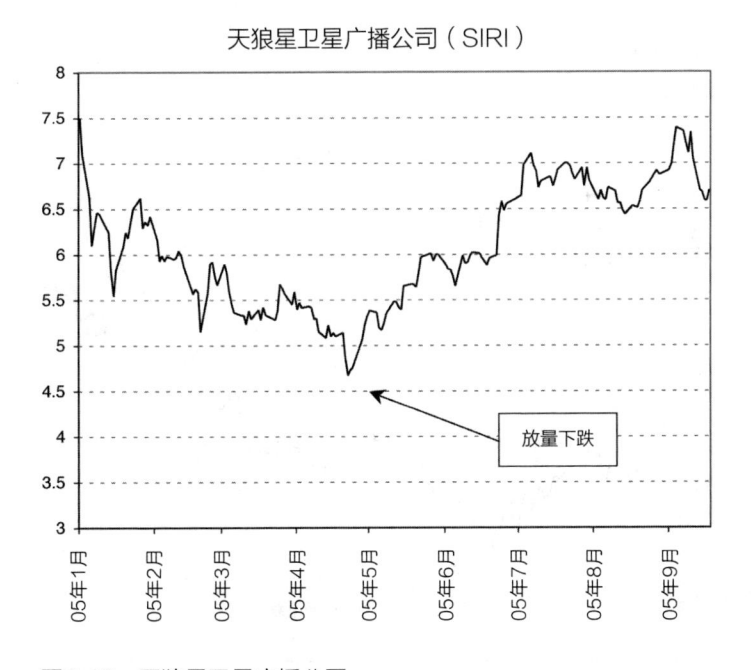

图9.19 天狼星卫星广播公司

第 9 章

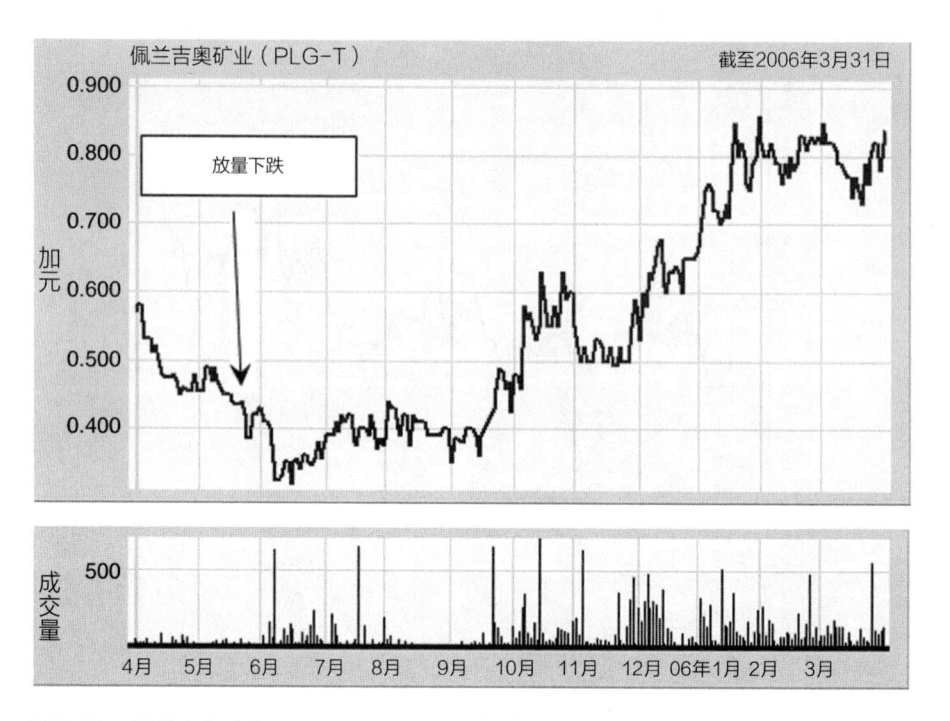

图9.20 佩兰吉奥矿业
来源：多伦多证券交易所

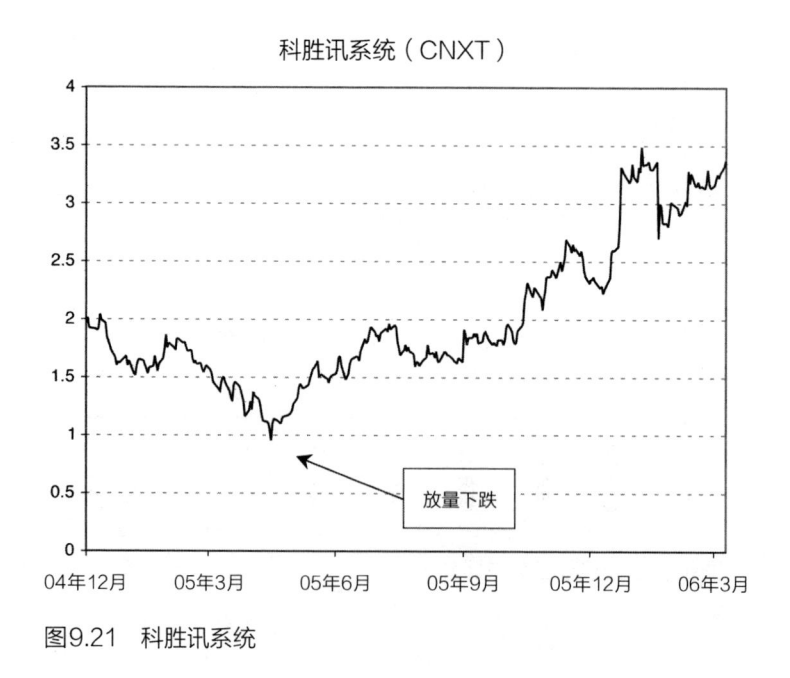

图9.21 科胜讯系统

内斯特奇医药公司（NXTM）

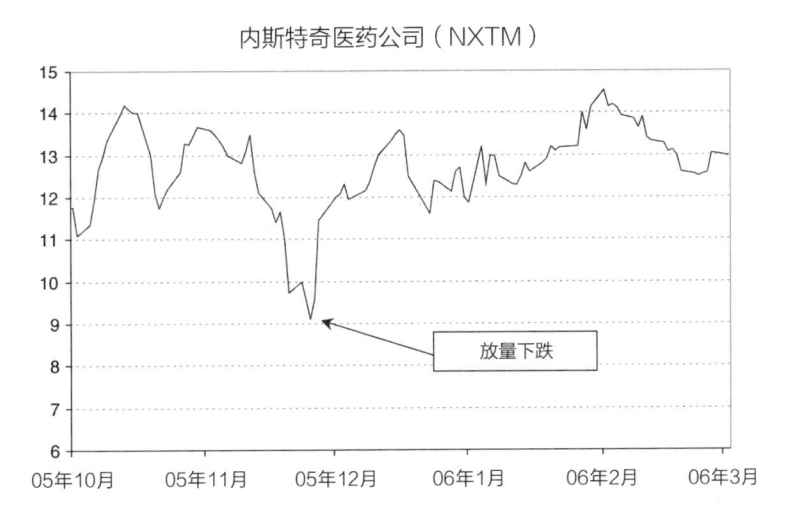

放量下跌

图9.22 当价底无法支持了会发生什么：内斯特奇医药公司

分析师提升这只股票评级的消息，内斯特奇的市值在其成交量高于平均水平的一天内就涨了14%。分析师发现这家他在2008年就认为将会盈利的公司，正在以"可观的折价"在9美元左右交易。他的目标售价：16美元一股。（实际上高价最后大概是15.61美元一股。）有些时候这就是股票价格反转所需的全部。这只股票的价格无视其两年的持续亏损开始疯涨。也就是说，损失将会迅速减少，公司将会马上开始盈利。在最近的两周内，这只股票涨了其市值的44%。

当一只股票准备上涨时，其基本面改变的速度是惊人的。我持有一只在放出未来盈利消息后一天内上涨了20%的股票。在这个消息扩散前，投资者普遍认为，这家公司什么也做不好。它的股票跌到了52周的最低点。这只股票精确地显示了放量下跌的情景。

一只真正无望的股票将要上涨的信号是它基本面的完全暗淡。它在报表上最后一栏一直写着红字，而经理也丧失了投资大众抑或是分析机构所有的信任。这样广泛传递的悲观情绪肯定会让股价下跌。一般而言，当止损令被触及，公众完全放弃时，这种悲观情绪会自动实现。这个时候，已经监控了这一情况很久的专业交易者带着他们的购买订单冲入市场，而这时你已经退出市场。股票可能马上暴涨。在这一阶段，股票的价格明显将要提高。

建立赢家思维

信不信由你，只学会寻找成功股票的方法是不够的。你必须要知道怎么样成为赢家。我在数年中一直在给我的朋友们提供赢家股票，但是他们之前都没有赚到什么钱。原因在于：我自愿提供的建议常常被当成耳旁风。出于某种原因，即使是写出一份成功股票的清单，对于不少人来说也是没有意义的。你对他们不投资的理由十分清楚：我现在没有那么多投资的钱。它的价格对我来说太高（低）了。我想我可能会关注一阵子市场（然后股票就涨到没影了）。我想要谨慎一些，所以我只会买500股。这里有很多借口可以用来解释为什么市场中的大量机会都被浪费掉了。

投资可能成为一种痛苦的体验。你可能会损失钱。而没有什么比在市场里损失钱更令人沮丧了。当你在拉斯维加斯的赌场输钱时，你至少可以说你玩得很开心。为了培养一种对市场的正确态度，你必须培养赢家思维。我不是说这可以让你盈利，但它却是最重要的习惯。如何做到这点？不是通过每笔交易都赚钱。一个人从来没有选中过一只亏钱的股票的可能性是非常小的。我曾经告诉过你们，我曾经把我自己和其他人的股票都亏没了。讽刺的是，有些破产的故事是公司在破败中重建而后重回正轨，但那时投资者的股权已被消除。当你向股票市场中投钱时，发生灾难的机会总是存在的。

然而，对于拥抱风险的成功交易者而言，收益和损失不过只是游戏的一部分。他们知道如何在风险环境下操作，而他们同样也知道随着时间的流逝，他们终将获胜——他们可以用完美的策略在这个游戏中获利。

比如，成功的交易者一旦有机会就会落袋为安。这和在市场中过度等待、等着投资利润消失的做法相反。的确，有些我最赚钱的股票最后却变成了零——在我落袋为安很久之后。你可以学会，在有些利润的时候，你至少要赚一点。举例说，以1美元的价格购买了股票而它涨到了2美元。在2美元时，你的本金已经翻倍了。通过减少你一半的头寸，你完成了一个无风险的交易。如果股价不幸下跌，也只不过是将你的收支平衡。如果股价继续上涨，你将在没有风险的情况下赚得更多。

你需要进入一种不断激励自己的精神状态。实现这一精神状态的最好方法就是不断地赚钱。这样一来，你不会因为害怕失去而易于犯错。投资的心理层面其实是投资非常重要的一个因素，但却很少被提及。当你看见一个机会（比如一只股票创下新低）时，你是无动于衷，并且决定袖手旁观吗？或者说你会相信你的直觉，决定冒一次险，不随大流逃离市场？记住，绝大多数投资者（尤其是在重大转变中）都是错的。

你能够接受投资的风险吗？还是损失钱财的恐惧正让你止步不前？

很多人将他们的投资策略定义为一种作战。投资的确是一场战争，但不是你和市场之间的战争。这是一场因你负面期望产生的情绪与你想得到丰厚回报的意愿之间的战争。当你期待好的事情时，它们总会发生。

我不知道你是否曾经历过这种处境——当你非常非常需要钱的时候，你却一点也挣不到？当你无忧无虑也并不担心挣钱的问题时，它经常会毫无预警地砸到你面前。多年来我数次目睹这种事发生，我怀疑这是宇宙的铁律。当你并不为钱而忧虑时，你就要开始挣钱了。多年来，我曾经目睹过一个人能在市场中犯的所有错误。的确，我自己也犯下过其中的不少错误。但是成功生存的人总有办法搁置他们的顾虑，放弃对钱的斤斤计较并向着他的投资目标前进。

市场不会因你在某一时间持有的某一公司的某些股份有什么不同。市场只会做它本来要做的事情，并不在乎这会对你造成什么影响。它并不是恶意打击你，相反，它其实并不在乎。所以，谁才是害你损失钱财的罪魁祸首呢？基本上，元凶都是你自己心理上的不足。它们大部分都和人类的天性有关。没有人喜欢损失钱。所以在市场中，如果你有一次非常好的机会购入股票，你会怎么做？你常常只是看着这只股票涨出你的视野，然后你决定在顶部购入。或者像那些数不胜数的在上一次泡沫中遭受损失的普通人一样，你在顶部随了大流！毕竟，在那个价位上人人都觉得股票会涨得更高。记住，股市在顶部是最欺负人的，而在底部是最忍让的。然而，为了赚钱，你必须做与你情绪让你做的相反的事。你必须在顶部售出并在底部买入。

虽然以上的观点可能很明显，但是你会为在股市中做正确的事的难度感到惊讶。当然，你愿意在低点买入高点卖出。而其他人同样也想要这么做。但是你能完成这个捉摸不透的目标吗？

讽刺的是，一种根治对应该买什么股票，和对市场走势的焦虑的百试百灵的方法，就是停止预测未来。事实上你并不会知道明天某家公司会怎么样或者新闻会对你的股票产生什么影响。针对信息缺乏的最好的方式，就是单纯地让事情演化。你在买入潜力不错而风险在你能够承受范围内的股票时反复这样做。打比方说，当你在买一只肯定能成功的股票，像是微软或通用汽车（General Motors）的股票并尝试着保持安全时，你就是在为长期成功下注。但是就像我们在最近几年的汽车市场中看到的那样，对一家美国的汽车制造公司投资并不是绝对安全的。而通过在创新技术，比如一项能够改变数百万人生活的科技上，或者是地下的某种资源上押宝，你就跃入了完全未知的世界，利润虽不确定，但回报可能非常丰厚。讽刺的是，最好的投资常常都是最不确定的。另一方面，对几乎完全确定的事情下注，就像是在开奖之后知道彩票的中奖号码。号码公布了，但已经太晚了。

投资中的心理陷阱不是本书要讲述的范围，但是如果你复盘并且分析自己什么时候做错了，你会做得更好。坦白地说，大部分投资者都不愿意这样做。他们不想为自己的错误承担责任。如果你曾经看过一些股票的论坛，你会发现大部投资者在他们的投资出问题时都想找个人来做替罪羊。他们试图归罪于公司的管理层，或者是那些发布负面信息的人，或是那些夸大事实让股票上涨的人。他们唯一不想做的一件事就是承担责任。

当你考虑购买或卖出股票的时候，你必须注意你需要关注的三种人：第一种，他们认为股价太低而股票这时相对划算；第二种，这些人认为这只股票被高估了且即将下跌；第三种，这些人非常迟疑，久久不能下定决心。最后这种人可能会支持或反对你，这会使你决定的天平倾斜。问题在于分析这么多没有下决心的个人的想法很难而且并不高效。因此，股票价格可能在某一天达到了买者和卖者之间的平衡，但第二天只会上涨或下跌，并不会保持平衡。这就像是成百人都跑到了一艘船的甲板上，且所有人都跑到了一边。根据船的大小，它可能会倾覆。市场就像这样。事情可能很快就发生变化。你的任务就是要认识到这些潜在的不平衡，并且尽可能地利用它们。

我曾专注在低价且常不受人欢迎的股票的投资上很长时间，这些股票有的创下新低。这是因为我坚定地相信好机会都是在表现不佳的股票中找到的。可以说，投资世界中遍地是机会。低价股的机会只是其中的一角罢了。

投资者的操作清单

以下14个问题都没有正确答案。它们只是为了警示你在选择、购买和退出一只成功股票时应该注意的事项。当你阅读这张清单时，试着搞清楚你的目标和关注点。我希望这些问题能够促使你调整你的投资风格，并且提示你需要努力的方向。

1. 你想买的股票，价格是在其52周低点附近吗？还是它正在因为投资者的热情而飞涨呢？今年最受欢迎的股票倾向于在未来表现得不好。你更可能在那些创造新低的股票中找到日后的成功者。看看艾芬豪能源（Ivanhoe

Energy Inc., IVAN）的股票。在几个月里，这只股票从2.4美元一股下滑到了1美元。然后仅在一个交易日之内，它涨到了2.8美元一股（见图9.23）。

艾芬豪能源（IVAN）

图9.23 当一只股票创下52周的新低时，你通常会有一次买入的机会

2. 你在一年中通常价位较低的10月买入吗？大众通常会喜欢在10月买入股票，因为季节性的低点通常于这个月在股市中发生。

3. 你的股票最近经历过放量下跌吗？这是一个很容易回答的问题，因为很多股票在最底部稍高一点的位置将最后一个信徒驱逐之前都不会上涨。寻找大量交易下的陡然下跌。当这只股票在这种技术形态下创下52周新低时，它的下跌将最终结束。第一时间买入股票。

4. 你想买的股票最近飞涨了吗？你没有时间可以浪费。你必须马上购买这只股票。当你的股票在横盘位调控上升时，就会出现所谓的突破性缺口，这意味着股票准备上涨了。

5. 你的股票开始首次拉升——并且已经回溯了一些上涨的幅度吗？如果你看

到的股票模式正是这样，这就是你的黄金机会。

6. 你能够识别出支撑位吗？如果能，它在哪儿？目前的价格是多少？风险怎么样？

7. 你所投资的公司的财务状况怎样？公司在赚钱吗？或者至少亏损在减少，而盈利即将到来？你必须像一个财务侦探一样分析公司的财务报表。你需要看到公司有良好的现金流，以防公司的前景和股价不断恶化。

　　你所投资的公司处于反转中吗？如果是，是什么让你这样认为的？新的管理层？新的产品？新的科技？你准备持有这只股票两年到两年半（通常是一次反转所需时间）吗？反转可能是最容易获利的情况，但是你需要耐心。

8. 你的股票受到新闻关注了吗？如果是，很可能你已经错过了价格变向的机会。广为人知的股票相对不知名的股票更少出现价格变向。这并不是说你不想你的股票在某一天变得广为人知，但那时是你应该卖出股票并收获因早早入场产生的利润的时候。有一只你肯定从未听说过的股票，至少最近之前没有听说过：音创（MakeMusic, MMUS）。6个月之前你可以在6美元一股时买入你想要的一切。现在它的价格已经接近10美元了（见图9.24）。

9. 你能在图表中看出触底形态吗？即将上涨的股票通常会形成底部形态。这个底部形态包括碟形底、盘整区间，以及非常清晰的支撑位和阻力位。如果一只股票花了6个月到9个月在底部徘徊，那它可能会形成强力的底部形态。看看天工通讯（Skyworks Solutions, SWKS）走势中的双底部。它现在是一只正要上涨的股票（见图9.25）。

图9.24 音创公司股价走势

图9.25 天工通讯股价走势

10. 你的股票可能会因某种潜在资产上涨吗？如果是，这项资产是什么？你有理由相信对这项资产的需求会上升吗？看一看坦桑尼亚皇家探索（Tanzanian Royalty Exploration, TRE）。这家温哥华的金矿公司，在非洲有资产，它在3年内从72美分涨到了7美元（见图9.26）。很明显，最近金价的大涨和这家公司的主要产品使得它的股价飞升。

坦桑尼亚皇家探索（TRE）

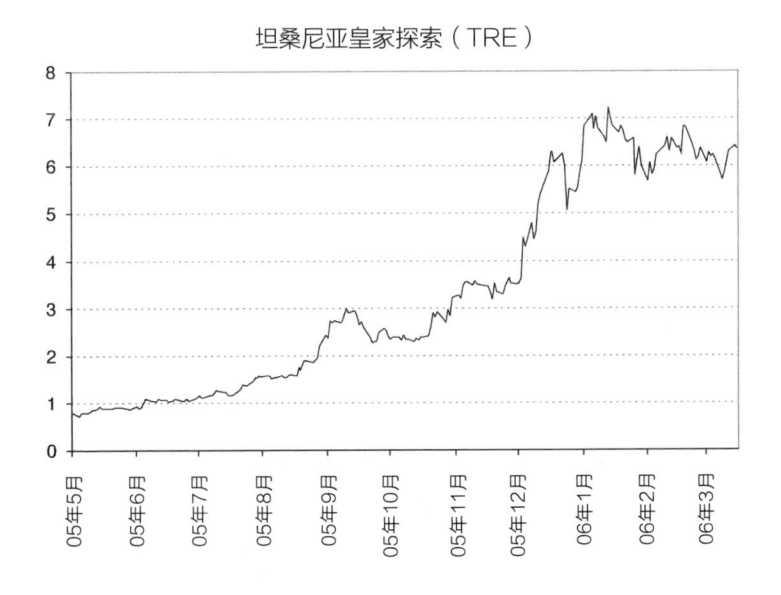

图9.26 坦桑尼亚皇家探索股价走势

11. 你能指出预示股价上涨的一些指标吗？一般情况下，一张图表并不足以形成一种信号。你需要有一系列指标同时指向相同的方向。在下一张图中，艾芬豪能源（Ivanhoe Energy, IVAN）的股价翻了三番（见图9.27）。关于基本面的消息都显示这只股票的牛市将持续，因为它刚在加州和远东地区签下了前景光明的天然气合约。从技术层面来说，所有随机事件都使图像发生了变化，许多技术指标也显示股票被严重超卖。反弹不可避免地出现了，股价也飞涨了。

12. 你是怎样通过计算5日震荡指数来分析股票的上涨动力的？简单的计算是基于近期区间数据的。它能够在股票开始上涨之前准确显示买方力量。

13. 你的股票可能发生一月效应吗？如果是，大众很喜欢这样的交易。在1月上涨的股票有很多例子。看一看欧塞恩特药业（Oscient Pharmaceuticals, OSCI）

的情况。这是一只稳定上涨到1月高点的股票（见图9.28）。像这样的股票还有很多。

图9.27　艾芬豪能源股价走势

图9.28　欧塞恩特药业股价走势

14. 你是当一只股票的新闻都是负面的时候买入的吗？正确的买入股票的时间就是没人想要买入的时候。当股票的故事人尽皆知时，就意味着股票的黄金期已过，股价变向带来的利润也已被有经验的投资者攫空了。在艾芬豪能源的例子中，股票在2005年12月22日达到了仅为99美分的低点，当日交易关闭时价格为1.04美元。不到一个月之后，在2006年1月19日时，艾芬豪就以3.42美元的高价交易了，涨到了之前的345%！倒回去看，在雅虎财经这只股票的留言板上仅有4条评论。前两条是积极的陈述："你再也得不到这么好的机会了。""是时候全力进场了。"但实际上股票的贬低者不会这么做："你们这些傻子认为你正在底部买入，好好动动脑子"——这句话是股价1.35美元时写的。最后，一位发现了成交量上升的投资者说了这句话："今天的成交量说明了可能是知道内幕消息的人正在从不喜欢这只股票的人手里买股票——或者有些人正在从即将到来的下跌中抽身。"剩下的都是更早的消息了。

观念的不同造就了市场。你其实永远也不知道你是不是正确的。但是如果你不愿意承担风险，你永远都不可能是正确的。不错，许多人都做了尝试，但真正做对的又有几个呢？你需要给自己一个答案。

展望未来

作为一个投资股票、期权、期货快40年的人，我能告诉你，投资小盘股可以带来巨大的收益。当然，对于新手来说，这些投资可能是非常危险的。然而，综合考量下来，我必须强调，便宜的股票收益常常能使你满意。近几年，无论是否受人关注，低价股都涨得很好。一些时候，这些股票的市场非常火热；其他时候，你必须要当心。不管你开始投资这些股票时你处于周期的哪个部分，你都应当记住：从长期来看，这都是市场里表现最好的部分，自1925年起每年都上涨了可观的12.8%。那可是总计80多年的时间啊！

同时，一般这种股票会有较高的风险，但现在其风险也降低了。那是因为市场中因为技术突破产生的增长对那些较小的公司特别有利。一家公司不再需要成为通用汽车或是宾州中央铁路（Penn Central Railroad）来吸引投资者的目光。现在，一个年轻的有想法的企业家也能得到华尔街的关注，得到一定的金融支持并且将想法变成现实。成功或是失败则取决于企业家的视野与内部驱动。幸运的是，即使是投资金额最小的投资者也能参与到这种小公司的成长中并且享受投资回报带来的愉悦。

风险永远不可能不在投资领域中出现，无论你是否想要它消失。哪里有不确定性，哪里就有风险。而世界上哪有比新公司的新点子更不确定的东西呢？我最近读了一篇关于新移动房屋发展的文章。这些房子设计得非常有风格，和可能是最像它们的近亲——双宽移动住宅很不相同。这些房子因为规模经济和市场上的新材料获益，它们给传统框架结构的移动房屋在价格上带来了很大的挑战。会有新成立的公司进入这一领域吗？肯定有。这是那种会带动巨大股票投资的点子。

过去10年间，我们看到以电子形式呈现的信息不断增多，流动性不断增加，资金流不断增大。这些改进能给新兴公司带来巨大的牛市。

什么因素可以为牛市增添动力呢？这里是一些例子：

- 持续降低资本所得税。因为我们现在正逐渐变成一个投资者的社会，资本所得税并不只是富人税了。
- 新的鼓励长期储蓄的法案，比如基奥账户法案（Keogh accounts）、个人退休账户法案（Individual Retirement Accounts, IRAs）和罗斯个人退休账户法案（Roth IRAs）。当存在更多的投资资金并且更多钱都流入资本市场时，市场的平均回报将会提升。
- 简化的免税代码。这能帮助投资者和小公司有更多的可利用资金用来投资。

- 全球化24小时营业的电子股票交易所的发展。
- 对冲基金和风险投资公司的发展。
- 互联网的发展，它使得投资世界的空间变得更大了。

本书的这些内容只作为新投资者的一个起点。大约40年前，我去了纽约的一家经纪公司并要求与一位经纪人交谈。那时与铀有关的股票都在疯涨，我之前了解过这种火热、崭新的股票，我走出经纪公司时为我已经拥有了100股这种股票而感到自豪。我那时不知道还有那么多可以学的东西。从那时起，我就在投资世界中遨游。如果我在这本书中做得足够好，应该也会有读者愿意分享我的热情、闯入这些富有激情的市场。

成长为一名成功的投资者是一个过程，而不是一个事件。还好，本书的材料将让读者加速这一过程并且掌握每个新投资者必须经历的学习曲线。这将会在你数年后的投资中为你带来丰厚的回报！祝你投资愉快！

关于作者

乔治·安吉尔是八本证券交易类图书的作者，包括《制胜期货交易》（*Winning in the Futrues Market*）和《必胜期权交易》（*Sure-Thing Options Trading*）。此外，安吉尔也会讲授期货和期权市场的课程，制作交易策略软件、录音带和录像带。他曾参加消费者新闻与商业频道（Consumer News and Business Channel, CNBC）和哥伦比亚广播公司（Columbia Broadcasting System, CBS）的节目，也录制了许多无线广播节目。他毕业于纽约大学，在芝加哥做过十年场内交易员。

股票投资获利必读投资经典

集中投资：巴菲特和查理·芒格推崇的投资策略
定价：59.00元

穿越周期的专业投机技艺：投机者经典教程
定价：59.00元

行为投资学手册：投资者如何避免成为自己最大的敌人
定价：39.00元

利弗莫尔的股票交易方法
定价：38.00元

投机教父尼德霍夫的股票投机术
定价：59.00元

如何找到100倍回报的股票：基于365只100倍股的研究成果
定价：59.00元

量价分析：量价分析创始人威科夫的盘口解读方法
定价：59.00元

量化价值投资：人工智能算法驱动的理性投资
定价：59.00元

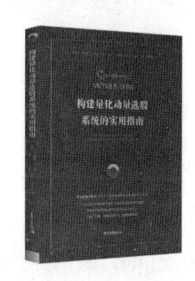

构建量化动量选股系统的实用指南
定价：59.00元

价值投资之外的巴菲特
定价：67.00元

股票基本面分析清单：精准研判股价的底部与头部
定价：69.00元

哈里曼股票投资规则
定价：79.00元

投机教父尼德霍夫回忆录：索罗斯操盘手的自白
定价：79.90元

在股市大崩溃前抛出的人：传奇投机大师伯纳德·巴鲁克自传
定价：59.00元

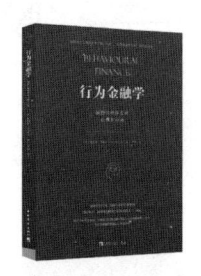

行为金融学：洞察非理性投资心理和市场
定价：69.00元

现代价值投资的安全边际：为慎思的投资者而作的25个避险策略和工具
定价：59.00元

威科夫股票交易与投资分析
定价：79.00元

量价分析实操指南：创建属于自己的高品质股票交易系统
定价：69.00元

马丁·茨威格的华尔街制胜之道：如何判断市场趋势、选股、择时买卖
定价：59.00元

选股
定价：59.00元

如何通过卖空股票赚钱：获得财富很简单，只需好方法
定价：59.00元

交易冠军：一个天才操盘手的自白
定价：39.00元

像格雷厄姆一样读财报："股神"巴菲特案头之作
定价：49.90元

cis股票交易术：在股市从23万赚到13亿元的制胜逻辑
定价：69.90元